「ドル覇権国」が
勝つのか、
「モノ供給大国」が
勝つのか

米中通貨戦争

産経新聞特別記者・編集委員兼論説委員
田村秀男

育鵬社

◎はじめに

本書の狙いは、中国がなぜ米国の覇権に挑むのかを具体的な出来事やデータをもとに解き明かすことである。

現代世界で起きる複雑極まりない事象には、経済はもとより、政治、社会、軍事、外交すべての底流にカネ、即ち通貨がついて回る。通貨とそれに付随する情報をフォローし、分析すれば、日本を取り巻く国際情勢、米中関係の深淵が見えるはずだ。以下、極めて簡単な例を挙げてみる。

独裁者、習近平中国共産党総書記・国家主席がたびたび繰り返す「中華民族の偉大なる復興」というフレーズにある〝中華民族〟は、民族学上では成り立たない政治的概念で、擬制である。漢民族に加え、モンゴル族、チベット族、満洲族、ウイグル族などいわゆる少数民族すべてを包含して〝中華民族〟だと、習は称した。

〝中華民族〟が最も偉大だったのは、モンゴル族が中心となってユーラシア大陸を席巻した元（げん）帝国の時代だ。元帝国が広大な領域を支配できたのは、満洲の女真族による金王朝が生み出した「交鈔（こうしょう）」と呼ばれる紙幣、即ち信用貨幣を元帝国が広めたからだ。党独裁の大義として習が目指す「中華民族の偉大なる復興」のために、共産党通貨＝人民元を最大の武器に活用するのは、当然の選択なのだ。

　中華人民共和国の建国者、毛沢東は自身の肖像入りのお札に触れることを忌み嫌ったという。毛はカネを必要としない共産主義の理想をもとに生産手段の私有制を否定し、人民公社方式でのモノの共同生産に走ったが、２０００万人以上に上る餓死者を出した。大失敗である。

　次の最高実力者鄧小平は一転してカネがすべての市場経済方式を導入し、「韜光養晦（とうこうようかい）（能ある鷹は爪を隠すという意味）」方式で米国、日本など西側世界に取り入って経済を飛躍的に拡大させた。そしていま、毛ばりの権力者を僭称しかねない習は、爪を剝き出しにして相手を威圧する。

　対する米国はいまなお、基軸通貨ドルで第2次世界大戦後の世界の覇権国でありつづけているが、次第にその神通力に揺らぎが生じている。モノの生産力、供給力では中国に劣り、ドルをベースにしたグローバル金融の総本山、ニューヨークも２００８年9月の未曽有の金融危機といわれたリーマンショック以降、不安がつきまとっている。

　中国はドル体制に準拠しながら力を蓄え、いまや、チャンスとばかりにドル体制を蚕食しはじめている。そのなかで、同じくドル体制を敵視するロシアのプーチン大統領は習に誘われるまま盟友関係を結び、ウクライナ侵略をはじめた。

米中の通貨覇権争いは超大国同士の壮大な策略戦であり、日本を含むグローバル世界をとめどもない大混乱の時代に陥れたのだ。

本書のおもな舞台は、習が政権の座についた２０１２年以降になる。それよりも前の人民元の歴史や米中、日米中関係については、拙著『人民元・ドル・円』（岩波新書、２００４年）、『人民元が基軸通貨になる日』（ＰＨＰ研究所刊、２０１０年）で詳述している。２０１８年に始まった米中の貿易摩擦についてはやはり拙著の『検証　米中貿易戦争』（マガジンランド刊、２０１８年）で詳しく述べているが、同書は残念なことに出版社の倒産のために絶版となっている。本書はそれを大幅に更新、加筆したものである。

本書では、序章で全体の流れを把握しやすくしたうえで、各論を展開している。最終章においては、米中通貨戦争によって日本経済が受ける衝撃に焦点を当てた。

忍耐強く編集作業に携わってくれた育鵬社の田中亨氏に感謝の念が尽きません。

2023年7月

田村秀男

第2章 救世主、武漢発新型コロナウイルス

第5章 デジタル人民元の虚と実

第6章 行き詰まった高度成長モデル

第7章　習近平3期目の焦燥

第8章　ハイテク戦争

第9章　チャイナマネーに呑み込まれる日本

最終章　人民元帝国にどう立ち向かうか

序章

米中通貨戦争が始まった

21世紀型覇権戦争

ロシアによるウクライナ侵攻（ウクライナ戦争）の本質は、米中の通貨代理戦争である。グローバル化された世界で基軸通貨ドルを握る米国に、ドル覇権に挑戦する、モノの供給超大国中国。その戦場のひとつがウクライナである。覇権争いはウクライナに限らず世界のあらゆる場所や分野で演じられる。

国際政治学者、ロバート・ギルピンが喝破した通り、世界の覇権国はただひとつであり、20世紀の覇権争いは世界大戦を二度引き起こした。だが、現下の核超大国同士の覇権争いでの直接衝突はお互い壊滅的な打撃を被る。軍事に代わる大量破壊兵器になるのがモノとカネ、あるいはいずれかなのだ。

言い換えると、米中対立が軸となる21世紀型覇権戦争とは、カネvsモノを通奏低音とし、その基調のうえで貿易とハイテク、金融、外交・軍事が複雑に絡み合う相克劇であり、時空に限りない消耗戦が展開される。モノは工業製品とその技術、エネルギー、食料、稀少資源、半導体などが鍵である。通貨、即ちドルと人民元はこれら各分野を巻き込みながら絡み合う幹である。

２０１８年央に号砲が鳴った米中貿易戦争は通貨戦争の序幕である。習近平中国共産党総書記・国家主席は貿易戦争が中国優勢となるや、ドル支配体制を切り崩そうとするプーチンロシア大統領と共鳴し、盟約を交わした。そのうえでのウクライナ戦争は米中通貨戦争の一端に位置する。

長い歴史の中でも、通貨こそが世界覇権確保で決定的な役割を果たしてきた。絶大な軍事力だけでは足りず、通貨覇権あってこそ世界の中心となる帝国となる。古代ローマ帝国、元（げん）帝国、近代では大英帝国、さらに第2次世界大戦後、英国覇権を継承した米国を見ればよい。

「パックスアメリカーナ（米国による平和）」と呼ばれる米国中心の世界秩序はドルが基軸通貨であってこそ成り立つ。覇権国の座を狙う習近平は毛沢東以来の伝統の戦術、「敵の武器で」戦っている。ドル体制に寄生しながら力を蓄え、じわじわとドルの領域を蚕食していく。

じつのところ日本もこの争いの渦中にいる。日本円は、世界最大の債務国米国の金融市場を下支えしているからだ。人民元はドルの金融市場を経由して日本の余剰マネーを吸収して膨張を続け、日本を呑み込もうとする勢いだ。

ウクライナは米中代理戦争の舞台

さて冒頭で挙げた命題に立ち返ろう。

核の時代では米ソ冷戦がそうだったように覇権代理戦争がどこかで起きる。現下のウクライナ戦争が米中の代理戦争であることは、モノ対カネの構図に焦点を絞ってみると歴然とする。

端緒は2022年2月4日の北京冬季五輪開幕式に出席したプーチン大統領と習近平党総書記・国家主席の共同声明だ。両首脳は「両国の友情に限界はなく、協力するうえで禁じられた分野はない」と宣言し、堅い握手を交わした。このフレーズに誘い込んだのはプーチンではなく習のほうだ。そして20日後、満を持したかのようにロシア軍はウクライナに侵攻を開始した。西側はただちに対露経済・金融制裁に踏み切った。

プーチンは中露共同声明をウクライナ戦争とそれが招き入れる西側の対露経済・金融制裁への備えとしていた。共同声明に付随する中露協力協定で、ロシア産石油、天然ガス、小麦の輸入拡大と両国間貿易決済からのドル排除と人民元及びルーブル取引の拡張で合意した。

要は、米欧のロシア産石油や天然ガスの輸入禁止に合わせ、中国が余剰分を買い上げ、使う通貨は人民元もしくはルーブルとする。謂わば、中露エネルギー・通貨同盟である。ところが、そこにはプーチン・ロシアにとっては陥穽が隠されている。西側の制裁で消耗するロシアには、歴史上は相克の関係にある中国の衛星国同然の運命が待っている。それは、当事国だけが荒廃する代理戦争の特色そのものだ（詳細は105～106ページ参照）。

プーチンは習の罠に嵌った

プーチンのドル体制潰しの執念はすさまじい。それが顕現したのが、2022年9月の演説「欧米は、ドルパワーと技術的独裁を駆使して本質的に世界の富を奪い、貢ぎ物を集め、不労所得を稼ぐ」である。プーチンはドルを潰したい。それに対し、習はドルを充分利用しつつ、長期的なゴールではドルに取って代わりたい。プーチンの野望とは異なるが、習は世界のドル支配体制を弱体化させるうえでの盟友なのだ。

「中華民族の偉大なる復興」を掲げる習はドル圏蚕食の布石を打ってきた。まずは、元帝国の版図と重なるユーラシア大陸及びその周辺を独自の広域経済圏に組み込む「一帯一路」を構想した。中国のカネ、国有企業及び労働力を総動員し、すべて人民元金融でまかなうインフラ建設プロジェクトを遂行し、相手国には高めの金利でのドル債務を押し付ける。ドルでの返済ができない、即ち債務返済不履行になれば、インフラ設備を押収する。

素人目からすれば、押し付ける債務を人民元建てにしてもよさそうなのだが、それを可能にするためには相手国が人民元資金を制限なく調達でき、自由に使えるようにしなければならない。ところが、そうなれば巨額の人民元が海外に流出し、結局は自由な取引市場が海外で生まれることになる。つまり、人民元の為替市場や資金取引市場、金利が北京のコントロールの及ばない場所で成立することになる。

カネは自由を選ぶ。がんじがらめに中国当局が規制している国内の為替、金融市場と資本市場は見向きもされなくなり、中国は人民元の全面的な自由化に追い込まれる。すると、党がカネを支配することで成り立つ「社会主義市場経済」が崩壊する。

もとより、拡大中華経済圏構想「一帯一路イニシアティブ（ＢＲＩ）」が本格化する前から、東南アジアなどの中国国境地帯では中国系カジノ特別区が設置されていた。そこではすべての取引が人民元で行われるが、特別区からの人民元持ちだしは禁じられる。出回る人民元は、カジノ営業と同時に支店を設置した中国の国有商業銀行が回収してきた。

東南アジアやロシアなど中国と国境を接する国、地域では、中国の製品が溢れ、中国人の商人や事業者が我が物顔で横行しているが、そこで使われる人民元はことごとく現地に進出した中国系の銀行によって回収される「カジノ特区方式」なのだ。したがって、見かけは「人民元決済圏」がじわじわと地理的に拡大しているようだが、その侵出ぶりは極めてローカルであり、限定的かつ閉鎖的で、グローバルなスケールでの基軸通貨ドルへの挑戦とはとても言えない。

貿易に限定する人民元国際化

習近平政権は米中貿易戦争が勃発した２０１８年から、次の作戦を始動させた。モノ貿易の脱ドル依存、人民元決済化である。

当面、規制だらけの人民元金融制度を温存したまま、相手国の対中貿易を人民元建てとすることだ。中国が人民元建てで輸出し、相手国には中国からの輸入代金を人民元で支払うように仕向ける。

中国側にとっての問題は、人民元資金が海外に滞留、蓄積することだ。繰り返すが、中国が回収できないと、海外に中国当局がコントロールできない人民元の為替や資産取引の自由市場が生まれる恐れがある。そうなると、為替や金利を中心に中国当局ががんじがらめに規制、管理している人民元金融市場に対するライバルが生まれ、本土の市場を揺さぶる。

カネは規制を嫌い、自由を好むから、中国からの資本逃避が激しくなる。一歩間違えると党による市場経済支配体制の崩壊に繋がる。人民元国際化は諸刃の剣なのだ。習政権はそこで、当面は人民元決済をモノの貿易中心とする。

輸出と輸入がバランスしている場合、人民元で輸出して、輸入すればよいので、人民元資金の余剰は生まれず、相手国も人民元を持て余すことはない。

中国からの輸出が輸入を上回っている相手の場合、相手国は中国への輸出分を人民元で受け取り、その人民元を中国からの輸入に当てる。相手国は輸入超過分は従来通り、ドルで決済することになる。逆に相手国の対中輸出が輸入を上回っている場合、輸出の一部を人民元で受け取り、その人民元で中国から輸入することになる。

ペトロ人民元の策謀

習近平党総書記・国家主席の脱ドル戦略は２０２２年のウクライナ戦争で新たな段階に入った。それは「ペトロダラー」、即ちドルが独占してきた石油の決済通貨の一角を「ペトロ人民元」で突き崩す策謀である。習はウクライナ戦争勃発直前に、ロシア産石油、天然ガスの非ドル決済を狙うロシアのプーチン大統領と盟約を交わし、脱ドルで「限りない協力」を申し合わせている。

石油の人民元決済の実現はそれなりにシンボリックな政治的意味を持つ。ドルが金の裏付けを断ち切った１９７１年のニクソン・ショックから3年後、米国がサウジアラビアに石油のドル決済を呑ませて基軸通貨ドルの座を死守したペトロダラーの〝盗用〟である。

習は２０２２年12月にサウジアラビアを訪問し、石油の人民元取引を働きかけて以来、水面下で詰めの交渉を進めている。周辺産油国はすでに液化天然ガスの人民元建て輸入に応じている。中国は２０２３年3月には人民元決済国であるイランと対立するサウジアラビアの国交正常化を仲介した。

人民元はペトロダラーの一角を崩せば、より大きな崩壊を誘発できるだろうか。とりわけ、石油輸出国機構（ＯＰＥＣ）盟主のサウジが人民元決済に応じると、ほかの資源輸出国の追随を誘うだろう。

強権国家は民主化や人権問題などで圧力をかけてくる米国に反発を強めながらも、ドル取引の停止をちらつかされるだけで経済不安に陥りかねない。核開発に励むイラン、北朝鮮、そしてロシアはドルの金融制裁を食らい、経済難に陥っている。そうした国々はエネルギーや資源の対中輸出が多ければ、人民元決済を導入しやすい。輸出で入る人民元資金は中国製品輸入決済に回せば済む。中国にしてみればこうした産油国向け輸出を拡大できる。

人民元決済を検討する国はドル決済依存を減らしたいブラジルなど、ほかの資源輸出国に広がる様相を呈している。

モノ資源をしてカネ（ドル）に対して優位に立たせたい。こうした動機のため、いわゆるグローバルサウスが中国によって刺激されている。

では、世界の金融市場で人民元の占める位置はどの程度か。世界の外国為替取引（２０２２年、国際決済銀行調べ）ではドル85％、円17％に対し、人民元は７％にすぎない。国際通貨基金（ＩＭＦ）統計、２０２３年３月時点での外貨準備通貨のシェアはドルが59％、円5・5％、人民元2・6％という具合だ。

人民元はドルへの挑戦資格すら疑わしいように見える。だが、モノの貿易とドル金融が極度にまでグローバル化した時代ではドルパワーがモノに優越するとは限らない。

繰り返す。中国の強みは輸出に代表されるモノの供給力と、それに伴うモノの購買力である。中国のモノ輸出の世界シェアは15％超、米国の2倍である。同時に石油輸入は日量1000万バレルを超え、米国の1・7倍である。米欧を中心とする脱炭素政策の影響で中長期的な石油需要が減る見通しのなか、サウジなど産油国にとって輸入を増やす中国との人民元取引受け入れ拡大は不可避なのだ。

先述したように中国金融資産市場は規制だらけで、石油輸出国にとって人民元を手にしても運用は不自由だが、中国からのモノの輸入に人民元を充当できる。謂わば中国のモノパワーが人民元国際化の原動力なのである。

無論、人民元というチャイナマネー自体も実体経済の成長とともに膨張を遂げる。中国の現預金総量を日本円に換算すると、2022年末で5055兆円に上る。日本の1212兆円、米国の2802兆円を圧倒する。

金融市場が極度に発達している米国の金融資産は証券中心なので別格としても、人民元の現預金増は１年間で約１２００兆円、即ち日本の現預金相当額が１年で追加される。だからこそ、慢性デフレで需要が弱い日本国内では中国からのインバウンド消費に期待する羽目になる。

だが、人民元パワーには脆（もろ）さがつきまとう。米国はいざとなればそのアキレス腱を衝ける。

ドルに寄生して膨張する人民元

巨大な人民元マネーの信用を支えるのはドルを中心とする外貨準備である。中国人民銀行は流入する外貨の大半を買いあげ、それに応じて人民元資金を発行するし、ドルと人民元の為替レートを前日の終値を基準に上下２％の範囲内に収める準ドル本位制をとっている。

人民元金融は外貨準備が減りだすと引き締めるしかない。外準が減っているにもかかわらず、人民元資金を増発すれば人民元の信用が失われ、巨額の資本が海外に流出し、金融危機に発展しかねないからだ。

日本での「爆買い」や北海道などの原野や沖縄の離島買い占めなどに代表されるチャイナマネーのパワーはドル準備次第であり、米国の銀行が中国の銀行とのドル取引を禁じると、たちまちのうちに消滅しかねない。マネーパワー維持のためには貿易で黒字を稼ぐばかりではなく、海外からの債務を意味する投融資を絶えず必要とする。

だからこそ、習政権は人民元決済による経済圏の形成を目指すのだが、それとは裏腹に外貨不足の不安はその足下につきまとう。

ウクライナ戦争勃発後、海外からの対中証券投資が減少に転じた。同時に不動産バブル崩壊が始まり、住宅など不動産投資主導の経済モデルが行き詰まりつつある。リスクに敏感で逃げ足の速い株や債券の投資家は腰が引けたままだ。

習政権は2022年秋の党大会、そして2023年3月初旬の全国人民代表大会（全人代、共産党主導の国会で年に一度開催）を通じて、党が経済と金融政策を直接指揮する体制へと移行した。中国の金融は海外の投資家や企業が持ち込む外貨に大きく依存している。中国経済の致命的な弱点だ。習政権は党主導で克服しようと狙い、外資を繋（つな）ぎとめるためには手段を選ばない。外国人拘束は言うに及ばず、サプライチェーンからの締め出しや部品・原材料の供給停止、輸入禁止などの経済的威圧だ。

米国の対中政策は「協調」から「競争」、「融和」から「封じ込め」へと変わってきたが、モノ超大国相手では時折、強硬策はブレる。米国の主力武器は無論、金融とハイテクだ。人民元がドルとの交換を禁止されると、たちまち紙くずと化し、習政権の足下が崩れるだろう。だが、そうなると、グローバル化されたドル中心の国際金融市場が〝返り血〟を浴びる。

２０１７年発足のトランプ政権は覇権国の座を狙う習政権の野望を見抜き、まずはドルとハイテクを中国に渡さない戦術に出た。２０１８年６月に勃発した貿易戦争である。中国の不公正貿易慣行に対して制裁関税を発動し、中国通信機器大手の華為技術（ファーウエイ）などを米市場から締め出した。香港での高度な自治剝奪や民主化運動弾圧には金融制裁で対抗する構えを見せたが、即座の発動は控えた。２０２１年発足のバイデン政権は半導体関連などハイテク輸出規制を強めているが、対中金融制裁には極めて消極的だ。

さらに日欧となると、中国に向かって米国よりも遥かに弱い対応しかとれない。

対中制裁が誘発する国際金融危機

ロシアによるウクライナ侵攻ではどうか。習近平党総書記・国家主席はウクライナをロシアの一部と見なすプーチン大統領が西側から受ける金融制裁による打撃をかわせるよう、裏でロシアを貿易と人民元決済ネット利用の提供など金融面で支える。中国はバイデン政権が金融制裁に逡巡している弱さも見透かしている。そして台湾を中国の一部と見なし、強制的な併合に向かった場合、米国がどの程度まで対中制裁をするか、さらに日米欧が対中でどこまで結束できるか見据えて工作し、切り崩しを狙う。

フランスのマクロン大統領は2023年4月初旬の訪中で、習と会談したあと、一部米欧メディアに対し、「欧州は台湾問題で米国に追従すべきではない」と打ち明けた。これは、モノの巨大市場である中国への食い込み狙いばかりではない。かつて米国の金保管基地に輸送機を乗りつけさせて大量の金を運び出し、ニクソン大統領にドルの金リンクを断念させたド・ゴール大統領の遺伝子と、脱ドル依存の習の野望の共鳴なのだ。

米下院で多数派を占める共和党は対中金融制裁圧力をバイデン政権にかける。来年（2024年）の大統領選で共和党政権ともなれば、台湾問題で一段と米中の緊張は高まる。

かようにモノの中国対カネの米国の対立は止まることはなく、前述したように長期の消耗戦になるだろう。

日本はどうだろうか？　米側に従属しつつも中国市場も重視する両にらみ路線では、米中通貨覇権戦争を乗り切れないことはもはや明白だ。岸田文雄政権と経済界は「日中友好」路線と決別し、脱中国を毅然、且つ着実に進める長期戦略を固めるしかない。そのためには、世界最大のカネの出し手となって中国を肥らせる元凶とも言うべきデフレ経済から脱し、国内市場を活性化し、経済成長を遂げるしかないのだが、日本も西側の米欧も膨張中国に対する結束は乱れがちである。

広島サミットで露呈した西側の結束の乱れ

主要7ヶ国首脳による広島でのG7サミットが2023年5月21日閉幕した。韓国やインドなど新興国が招かれたばかりでなく、ロシアと戦っているウクライナのゼレンスキー大統領の飛び入り参加があって、メディアの目は勢いウクライナ情勢に注がれたが、日本にとっての最大の問題国は中国である。ところが、20日に繰り上げ発表された首脳宣言は中国への対抗どころか、宥和色で覆われている。

首脳宣言は「シェルパ（事前準備のための首脳の代理）」と呼ばれる外務官僚があらかじめすり合わせた作文集のようなものだが、当然のように議長国の意向が大きく反映する。つまり広島サミットは日本、厳密に言えば日本のシェルパが宣言を主導したはずだ。5月21日の『NHK日曜討論』には外務省OBがふたりも登場し、宣言文をしたり顔で自賛した。

件の宣言文書、とくに鍵となる中国についてはどう書かれているか。首相官邸ホームページでは英文を掲載している。項目数66、40ページに及ぶ長文だ。しかしながら、長ければよいというものではない。この手の文書で長いものは得てして作文の寄せ集めにすぎず、歯切れが悪くなる。

次々にページをめくっていって、最終分野「地域情勢」、第51～52項目にやっとCHINAに関するくだりが表れた。

そのポイントは以下の通りだ。

＊我々は中国と率直に関与し、中国に対して懸念を直接表明する重要性を認めつつ、中国

との建設的で安定した関係を構築する用意がある。国際社会における中国の役割と経済規模を考慮すると、地球規模の課題や共通の利益分野において、中国と協力することが必要だ。

＊我々の政策アプローチは中国に損害を与える目的ではなく、中国の経済的進歩と発展を妨げようとするものでもない。分断したり、内向きにはなったりはしない。

＊我々は、世界経済を歪（ゆが）める中国の非市場的政策や慣行がもたらす課題への対処を目指す。そのうえで違法な技術移転やデータ開示などの悪意のある行為に対抗する。

＊我々は経済的威圧に対する回復力をつけていく。安全保障を脅かすために利用される可能性のある特定の先進技術を保護する必要性を認識している（筆者注：このくだりは中国を名指しにしていない）。

＊我々は、東シナ海と南シナ海の状況について引きつづき深刻な懸念を抱いており、力や強制によって現状を一方的に変更しようとするいかなる試みにも強く反対する。両岸問題の平和的解決を求める。

＊強制労働が大きな懸念となっているチベットや新疆（しんきょう）ウイグル自治区を含め、中国の人権状況について懸念を表明しつづける。我々は中国に対し、香港の権利、自由、高度な自

治を謳った中英共同宣言と香港基本法に基づく約束を守るよう求める。

以上総覧すると、なんだ、この宣言は相手国を威圧する独裁者、習近平党総書記・国家主席に対するラブコールではないか。

これまで〈中国と率直に関与〉し、〈中国との建設的で安定した関係を構築〉した結果、〈中国の経済的進歩と発展〉を支えてきたが、中国は〈非市場的政策や慣行〉や〈違法な技術移転やデータ開示などの悪意のある行為〉を恣にしてきたのではなかったか。その結果、西側は重要なサプライチェーンで中国に過度に依存し、〈経済的威圧〉に晒されている。

チベット、新疆ウイグルの強制労働、人権問題、香港の自由と自治の破壊、さらに台湾問題は空文化したのも同然で、今回の宣言文書は従来のＧ７宣言の繰り返しにすぎない。

思い出したのは２０１８年６月、カナダ・ケベックで開かれたＧ７シャルルボワ・サミットだ。その当時、米国はトランプ政権で、通商面での「米国ファースト」政策が欧州のＧ７首脳の反発を買って、中国への対抗で足並みがそろわなかった。しかし米国の強い主張で、「市場指向的ではない政策・慣行及び強制的な技術移転、またはサイバーによる窃取等の不適切な知的財産権の保護」「市場歪曲的な産業補助金及び国有企業による貿易歪曲的な行動」「鉄鋼の過剰生産能力」を問題視し、新たに強固な国際ルールを構築する必要性を強調している。名指しにこそしてはいないが、標的は中国だった。

トランプ政権は翌月19日に発表した報告書「米国と世界の技術・知的財産を脅かす中国の経済侵略」に沿って、G7サミットを史上初めて、「対中国」に方向転換させたのだ。中国を西側世界に取り込もうという米国の伝統的な「エンゲイジメント（関与）」路線は廃棄され、トランプ政権は中国の脅威に対抗するリーダーとなった。

ところが、広島サミットでは、再び〈関与〉の用語が動詞形で使われた。〈分断〉や〈内向き〉という言葉は、日本を含む西側メディアやバイデン政権がトランプ路線を批判するときの常套句（じょうとうく）である。即ち、広島サミットは２０１８年以前に対中政策を逆戻りさせる意味が込められていると言えよう。

岸田文雄首相と官邸及び外務官僚はそのバイデン大統領の意図に沿って、被爆地広島を舞台にわざわざ、対中宥和へとG7首脳を導いた。

ゼレンスキー大統領まであとで加わったサミットだが、対露経済制裁強化は申し合わせただけで、中身に乏しい。何よりも、最大の問題は中国による対露経済・金融支援のはずだが、G7宣言はそれに一切触れていない。中国の存在の大きさに西側世界は圧倒されつつある。

Ｇ７宣言を見て、中国外務省の孫衛東次官は日本の垂秀夫駐中国大使を呼び付け「議長国の日本は関係国とともに中国を中傷し、内政に干渉した。断固反対する」「米国は国際秩序を破壊し、世界経済を混乱させる最大のリスクだ」と抗議した。

習は日米首脳などの対中宥和の誘いを、西側の弱さだと見なし、ますます増長していくだろう。

そして、米国では２０２４年秋の大統領選挙の前哨戦が始まった。対中金融制裁を辞さない強硬派の多い共和党が、中国に軟弱なバイデン大統領ら民主党からの政権奪回を狙う。復活をかけるトランプ前大統領か、それとも若手のデサンティス・フロリダ州知事か、共和党候補が誰に決まるかはまだ不明だが、世界覇権をかけた米中の対立は延々と続く。

第1章

貿易戦争から通貨戦争へ

脱ドル化の布石を打つ習近平

中国の対外膨張主義の阻止をもくろむ覇権国米国。この対立の構図は高校世界史の教科書にある「百年戦争」を思い起こさせる。百年戦争というのは、もともと１３３７年11月から１４５３年10月までの英国とフランスの１１６年間の対立状態を指すが、戦争状態は間欠的で、ときには休戦状態になり、終始戦闘を行っていたというわけではない。両国とも戦費調達など弱みを抱えていたためだ。

米中とも内部に弱点を抱えるだけに、中世の英仏と同じく米中通貨戦争もしばしば休戦するだろうが、覇権争いという根本的な対立構造が解消するはずはない。

米中のせめぎ合いは威嚇と妥協、騙しと懐柔の繰り返しである。この戦いの流れは貿易に始まるが、底流はモノ、ハイテク、エネルギーが複雑に絡み合い、渾然一体(こんぜんいったい)となっているように見える。が、真のコア（芯）は通貨であることを、米中双方の首脳は見抜いている。通貨こそはすべてを網羅する国家の生命線なのだ。米中貿易戦争の経過に踏み込む前に、まずは、グラフ１－１を見てみよう。

グラフ1-1　中国の対外決済通貨別シェア（%）

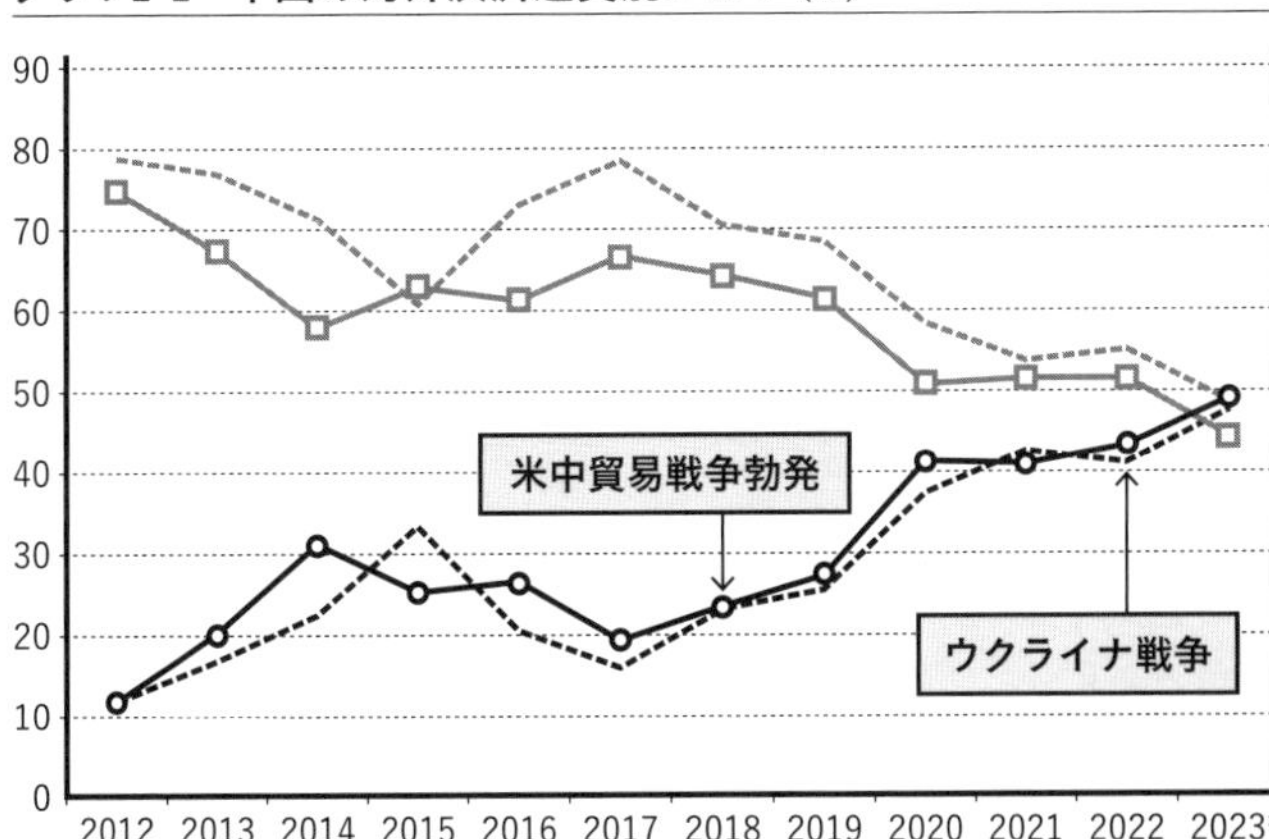

ドル支払い　ドル受け取り　人民元支払い　人民元受け取り

データ：中国外為管理局、CEIC　＊各年3月時点、ただし米国債保有2023年は2月時点

中国の貿易、投資などの対外決済に使う人民元とドルの比率の推移である。2023年3月の時点で、支払いのほうは人民元49%で、44%のドルを凌いだ。受け取りは人民元47%、ドル48%でほぼ拮抗している。中国は2018年6月の米中貿易戦争勃発を機に、対外資金決済の脱ドル化に本腰を入れてきた。さらに2022年2月下旬のロシアによるウクライナ侵攻が始まると、決済通貨の脱ドル化を加速させている。

ウクライナ戦争勃発後、習近平中国共産党総書記・国家主席及びその周辺の脱ドル外交への執着ぶりには目を見張らされる。

習はまず、2022年12月7日から10日までサウジアラビアを訪問し、サルマン国王、ムハンマド皇太子と会い、包括的戦略パートナーシップ協定に署名した。同協定の目玉は情報技術（IT）を中心とするハイテク協力である。中国の通信機器大手、華為技術（ファーウエイ）との協力覚書に署名した。サウジ国内都市でのクラウド・コンピューティング及びハイテク複合施設の建設をファーウエイが請け負う。米国はファーウエイを安全保障上の脅威だと見なして、米市場から締め出し、同社向け禁輸に踏みきったばかりだ（第8章参照）。日欧、さらに湾岸諸国にも追随を呼びかけているが、中国はサウジを取り込んだ。

習のもっと大きな狙いは石油の人民元建て取引である。習は12月9日、中国・湾岸協力会議（GCC）首脳会議で、石油・天然ガス貿易の人民元建て決済を推進するとし、石油とガス貿易の人民元建て決済のプラットホームとして、上海石油天然ガス取引所を「最大限に活用する」と表明した。

さて、なぜ石油の非ドル化が米覇権の切り崩しになるのか。

ドルは1971年8月のニクソン声明で金（きん）とのリンクを断ち切ったあとも、世界の基軸通貨としての存在を維持しつづけている。1973年に変動相場制に移行したドルは、ペーパーマネーつまり紙切れとなったのだが、その信用を繋ぎとめる錨となったのが石油である。１９７４年、キッシンジャー米国務長官がサウジの首都リヤドを訪問。ファハド皇太子と会談し、「ワシントン・リヤド密約」とも呼ばれる秘密合意が成立した。サウジがすべての国々への石油の販売はドル建てで行うと約束、米国はその見返りとしてサウジ王家の保護と同国の安全保障を引き受けた。

　世界最大の石油輸出国で、石油輸出国機構（ＯＰＥＣ）の盟主が石油取引をドルに限定したことから、石油と同じ炭化水素である天然ガスの国際相場はすべてドル建てとなり、当時のソ連も石油輸出はドル建てに合わせざるを得なかった。あとで詳述するが、旧ソ連は１９８０年代の米レーガン政権の高金利政策によって大幅に下落した石油価格のために財政難に陥り、最終的に体制崩壊へと追い込まれた。ゴルバチョフ元ソ連共産党書記長はソ連崩壊の原因について、ロシア専門家で作家の佐藤優氏に聞かれ、「サウジアラビアのことを知らなかったからだ」と答えている。

　プーチン大統領はこのペトロダラーの教訓を明らかに知っており、ロシア産石油、天然ガスの非ドル決済をウクライナ戦争前から試みてきた。習はそのプーチンと脱ドルで気脈を通じている。

さて２０２３年は短兵急にドラマが続く。本書執筆時点の５月初旬にして拾い上げると以下のようになる――以降の展開はさらに事例の積み重ねになるだろうが、下記の事例はそれを読む有力な手がかりになるだろう。

・２０２３年１月、サウジ財務省が、ドル以外の通貨での貿易決済の話し合いに応じると言明。
・２月にはイラク中央銀行は対中貿易で人民元決済を認めると表明した。
・脱ドルの動きは３月にさらに盛り上がった。中国輸出入銀行とサウジアラビア国立銀行が人民元建て国際融資協力に踏み切った。
東南アジア諸国連合（ＡＳＥＡＮ）財務省・中央銀行総裁会議は中国の働きかけを受けて、域内の各国が貿易、投資での自国通貨使用への切り替えを話し合った。

サウジ政府は上海協力機構への加盟を決定。中国とブラジルが人民元及びブラジル通貨でのリアルの貿易、金融取引開始で合意した。

中国の上海石油天然ガス取引所は、人民元建てでは初の液化天然ガス（ＬＮＧ）取引の決済が中国海洋石油（ＣＮＯＯＣ）と仏エネルギー大手トタルエナジーズとの間で完了したと発表した。このＬＮＧはアラブ首長国連邦（ＵＡＥ）産である。
・4月には、ロシアのアレクサンドル・ババコフ下院副議長がＢＲＩＣＳ（ブラジル、ロシア、インド、中国、南アフリカ）共通通貨構想を提案。続いてブラジルのルラ大統領は訪問先のスペインで演説し、「欧州諸国がユーロを創設したように、ＢＲＩＣＳ内にこの国々の貿易通貨を創設することを支持する」と述べた。同大統領は米ドルへの依存度を減らしたい考えで、南米諸国の共通通貨創設案にも支持を表明した。

いわゆるグローバルサウスを中心とした脱ドル機運はまさに、中国主導で広がっている。前述したように、習近平政権が脱ドル戦略に傾斜するきっかけになったのは２０１８年央の米中貿易戦争開戦である。

通貨戦争の序奏となった２０１８年６月からの米中貿易戦争前夜に遡（さかのぼ）ってみよう。

トランプ政権～対中融和政策の終焉

２０１７年１月に発足したトランプ米政権は、新国内政策の目玉である医療保険制度改革（オバマケア）代替法案が撤回を余儀なくされ、出だしからつまずいた。失地挽回は通商など対外政策に求めるしかない。矢継ぎ早に通商と軍事の両面で対中強硬策を繰り出した。トランプ政権による貿易戦争の仕掛けは、それまで歴代米政権が続けてきた対中取り込み路線の終焉（しゅうえん）を意味する。

米国はクリントン、ブッシュ、オバマまでの歴代の政権が中国をモノ、カネのグローバリゼーションに取り込むことが世界経済の成長と安定をもたらすと判断してきた。２００１年には中国を世界貿易機関（ＷＴＯ）に加盟させるなど、融和を基調とする対中エンゲージメント（関与）政策をとってきた。

２０１２年秋に党総書記に就任した習近平は、米国のソフトな対中政策に乗じて、党の企業支配や国家によるハイテク産業支援を強化し、進出外資には先端技術を提供させてきた。その結果、中国は産業競争力を高め、高まる経済力を背景に軍事面でも米国に挑戦するようになった。トランプ政権はそれを脅威と見なした。

２０１７年2月末、米商務長官に就任したウィルバー・ロスは中国を「最も保護主義的」と名指しし、「準備ができ次第、対中具体策を発表する」と言明。トランプ大統領は国防費の前年度比10％増額方針を議会に提示した。

３月１日にホワイトハウスは、世界貿易機関ルールによる制限に構わず、束縛されずに米通商法報復条項（３０１条）を発動できる「２０１７年大統領の通商政策」を発表し、３日には中国の鉄鋼製品への制裁課税を決めた。これらは大統領直属の新設機関、国家通商会議（ＮＴＣ）のピーター・ナバロ委員長が作成中の通商・通貨と軍事一体の対中強硬策の前触れだった。

３月５日には北京で、共産党案を国家政策として承認するための全国人民代表大会（全人代）が開幕した。習政権は軍事支出の増額を打ち出したが、軍拡予算を裏付ける経済力に不安を抱える。経済成長率目標は６・５％前後に落ち込む一方で、国内総生産（ＧＤＰ）の10％近くの資金が海外に流出していたからだ。

思い起こすのは１９８０年代のレーガン政権の対ソ連強硬策である。レーガン大統領はアフガニスタン侵攻など対外膨張政策を展開するソ連に対抗し、戦略防衛構想（通称「スターウォーズ計画」）を打ち出すと同時に、高金利・ドル高政策をとって石油価格を数年間で三分の一に急落させた。国家収入をエネルギー輸出に頼るソ連は軍拡競争に耐えられず弱体化し、１９９０年代初めに崩壊した。

トランプ政権もまた、中国の弱点を確実に衝いてきた。貿易面での制裁が対米輸出に打撃を与えるばかりではない。米株高と連邦準備制度理事会（ＦＲＢ）による利上げは中国からの資本逃避を促す。

中国人民銀行は人民元防衛のために外貨準備を取り崩す。３兆ドル弱の外準は中国の対外負債４・７兆ドルを大きく下回り、実質的には対外債務国に陥った。アジアインフラ投資銀行（ＡＩＩＢ）を主導し、全アジアを北京の影響下に置こうとする当時のもくろみは危うくなった。

米大統領選でトランプが勝利した２０１６年秋からの米株価の上昇は、「トランプ・ラリー」と呼ばれた。トランプのインフラ投資、法人税減税路線の先取りによるとの見方だったが、実際には中国の逃避マネーによって押し上げられた株価が飛躍したようだ。

中国からの資金流出額は２０１７年12月には２８９５億ドル（同年10～12月の合計額）と、半年前の１５０８億ドル（同年４～６月の合計額）から約２倍に膨らんだ。この間に米株価は１２００ドル弱上昇した。トランプ政権は図らずも中国のマネーパワーを吸い取ったのだ。

北京は資金流出や人民元暴落阻止に向け、旅行者による海外での「爆買い」禁止などを打ち出したが、小手先では対応しきれない。金融を引き締めると国内景気が持たない。逆

グラフ1-2　米国の対中貿易（億ドル／年）と対全貿易赤字シェア（%）

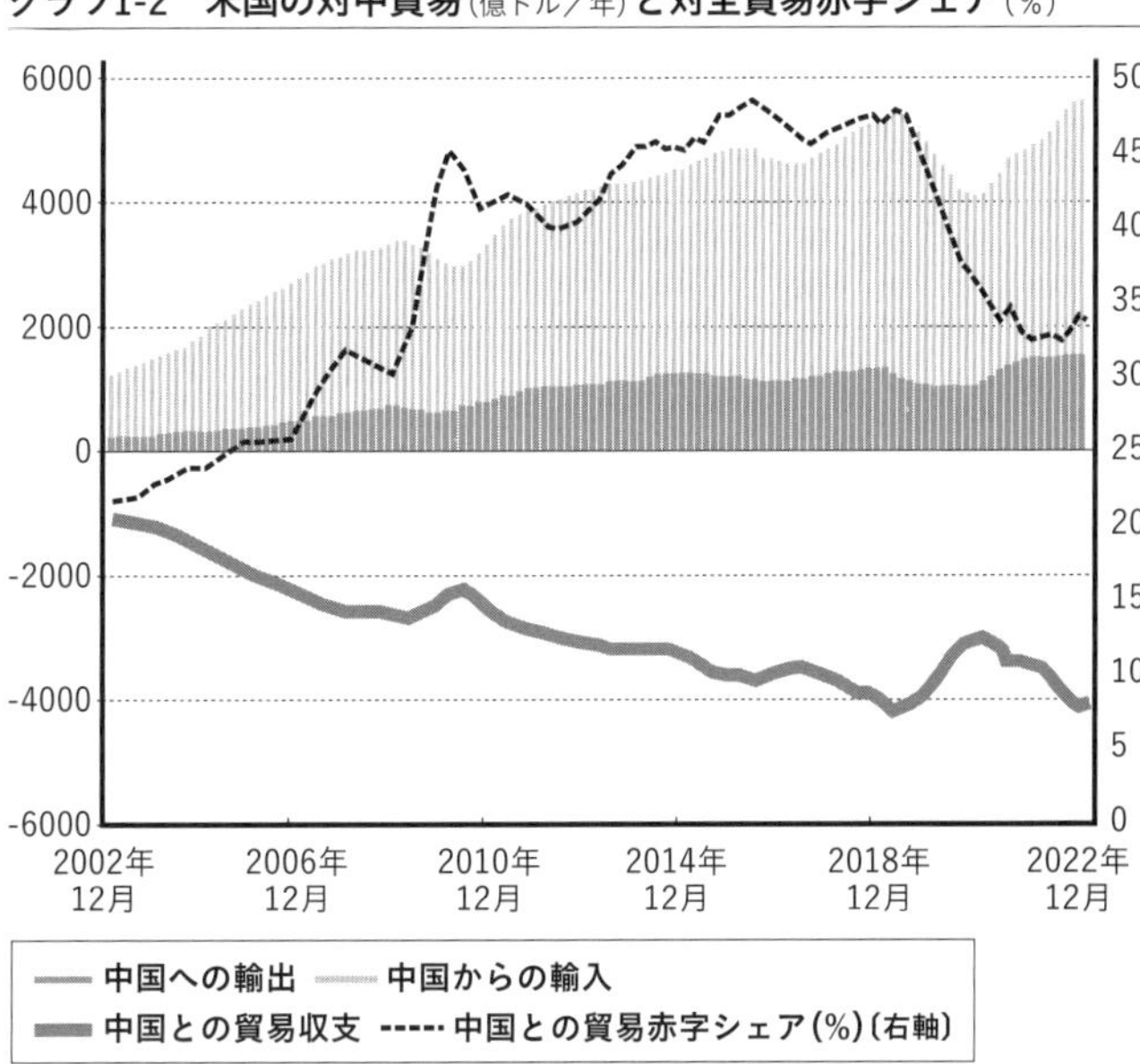

データ：CEIC

に、銀行融資を急増させて不動産相場の下支えや地方政府のインフラ投資の後押しに躍起になったが、結果は地方政府や企業債務の膨張、即ち人民元マネーバブルであり、暴落不安がつきまとう。

習は2017年1月の世界経済フォーラム（通称「ダボス会議」）で、トランプの強硬策を念頭に、「保護主義を追い求めることは、暗い部屋に閉じこもるようなもの」と大見得を切った。実際には、中国こそが関税・非関税両面での貿易障壁を張り巡らせている。市場は共産党官僚の裁量次第で不透明極まりない、のにである。

トランプは「公正貿易」の名のもとに高関税による制裁を振りかざしたので、保護貿易主義者のレッテルを貼られているが、米国が公正で透明度の高い自由市場国家であるという現実は世界の誰もが認めるだろう。2017年4月、トランプは、同年2月に安倍晋三首相を招いたフロリダ州の別荘「マール・ア・ラーゴ」で、習と会談した。謂わば騙し合いのポーカーゲームだ。

中国は世界最大の輸出大国であり、米国は最大の輸入国で、中国は輸出をひたすら増やし、輸入を減らしている。米国は輸出、輸入とも上向きだが、輸入が圧倒的に大きい（グラフ1－2参照）。中国は典型的な重商主義国であることは明らかで、それをおくびにも出さずに「中国は門戸を開きつづけ、閉じることはない」（ダボス会議での習の発言）とはよくぞ言ったものだ。

２０１８年、米中貿易戦争の号砲

米中間の通商協議はまず、２０１８年5月初旬に北京で開かれた。米側は２０１８年6月1日から12ヶ月の間に対米貿易黒字を１０００億ドル、２０１９年6月1日から12ヶ月の間にさらに１０００億ドルを削減するよう求めた。そのほか、知的財産権侵害やハイテク技術供与の中止などを中国側に迫った。

続くワシントンでの2回目の協議のあと、中国側は黒字削減目標を全面拒否したが、農産物やエネルギーなどの輸入拡大を表明した。米側はとりあえず対中制裁関税の適用を棚上げした。

何が争点なのか。グラフ１－３は２０２２年12月までの中国の国際収支と米中貿易収支である。

中国は輸出を通じて巨額の経常収支黒字を生み出してきた。これと日米欧など海外企業による対中投資で外貨が流入する。共産党支配下にある発券銀行の中国人民銀行は外貨を吸いあげて外貨準備とし、外準の増加に見合う人民元を発行し、商業銀行を通じて融資を

グラフ1-3　米国の対中貿易赤字と中国の国際収支（%）

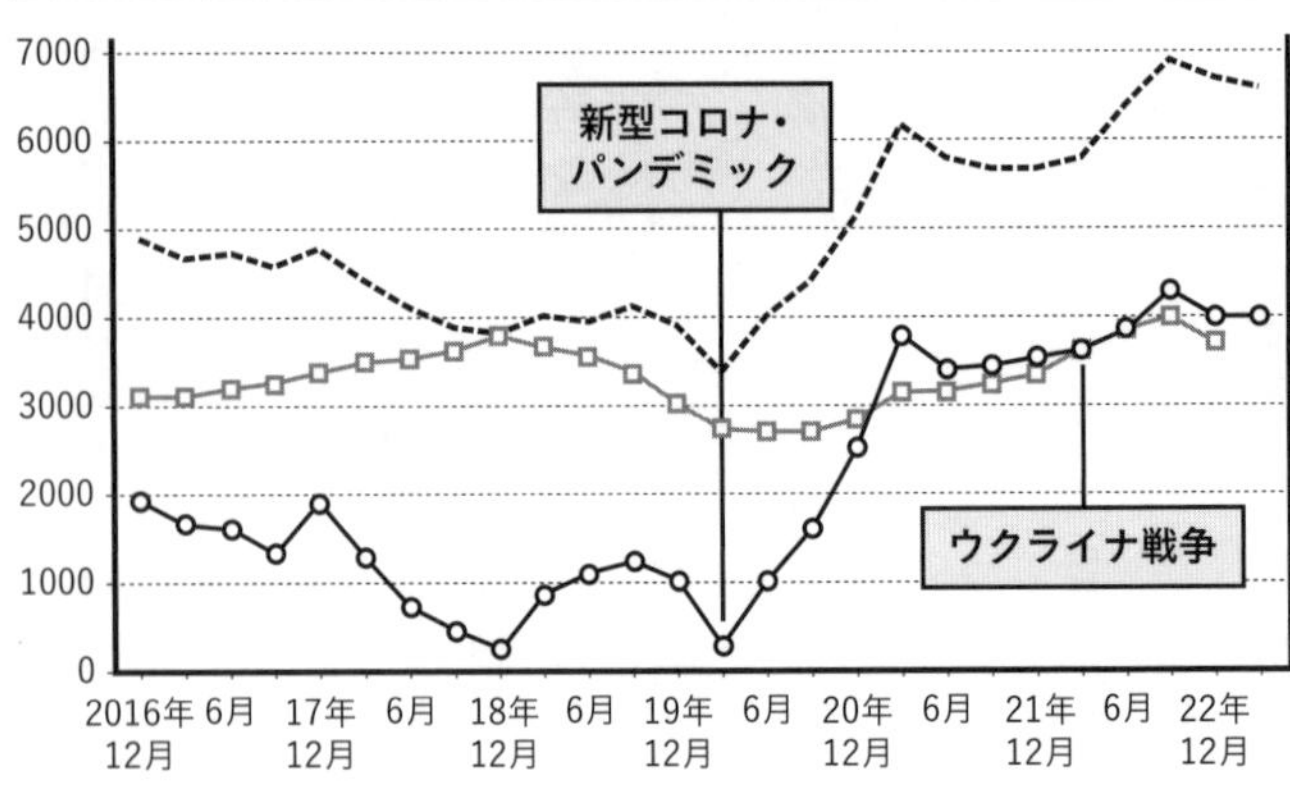

米国の対中貿易赤字　中国の経常収支黒字　中国のモノ貿易黒字

データ：CEIC

拡大させる。この通貨金融モデルが功を奏し、高度成長を実現させてきた。

　とくに２００８年9月のリーマンショックは中国膨張のきっかけになった。ＦＲＢは５年間でドルの発行額を４倍、３兆ドル以上増やした。中国には貿易黒字や海外からの投資を通じてほぼ同額のドルが流入し、人民銀行は米国と同じ速度で金融の量的緩和を行い、ふた桁台の経済成長率を取り戻した。

　北京は金融の拡大に合わせて軍拡を加速させ、２０１２年秋に党総書記に就任した習近平はさらに２０１４年11月、ユーラシアから中近東・アフリカまでの陸海を結ぶ経済圏構想「一帯一路」構想を打ち上げた。東南アジア各国に有無を言わせず南沙（なんさ）諸島を埋め立てる強引な領域拡張策を支えるのもマネーパワーである。

流入外貨こそが経済・軍事両面にわたる膨張の原動力なのだが、中国は致命的ともいえる脆弱な構造を内包している。グラフ１－３が示すように、モノ貿易黒字は対外利子、配当や特許料などの支払いを含めた経常収支黒字を一貫して上回る。対米貿易で巨額の黒字を稼げなければ、中国は通貨発行も金融も拡大できないのだ。

当時のトランプ政権がその中国経済モデルの欠陥を衝く政治的意図があったかどうかは不明だが、米側統計で２０１７年に３７５０億ドルに上った米国の対中貿易赤字を２０００億ドル削減せよと迫った。

中国の経常収支黒字は２０１７年以降、縮小する傾向にあり、２０１８年は２４１億ドルまで激減した。単純に引き算をすれば、２０００億ドルもの対米黒字を減らせば、中国の経常収支は大幅な赤字に転落し、習政権の対外膨張戦略は頓挫するはずだった。

ところが、２０２０年初めの中国武漢発、新型コロナウイルスの世界的大流行発生後、対米を含む中国の輸出が増勢に転じ、２０２２年は中国の経常収支黒字が４０１８億ドル、米国の対中貿易赤字は３７０９億ドル、まさに元の木阿弥となった。

中国は共産党政権の強権を発動して、新型コロナ流行をいち早く抑えることに成功して

グラフ1-4　中国の資本流出と対外負債(億ドル)

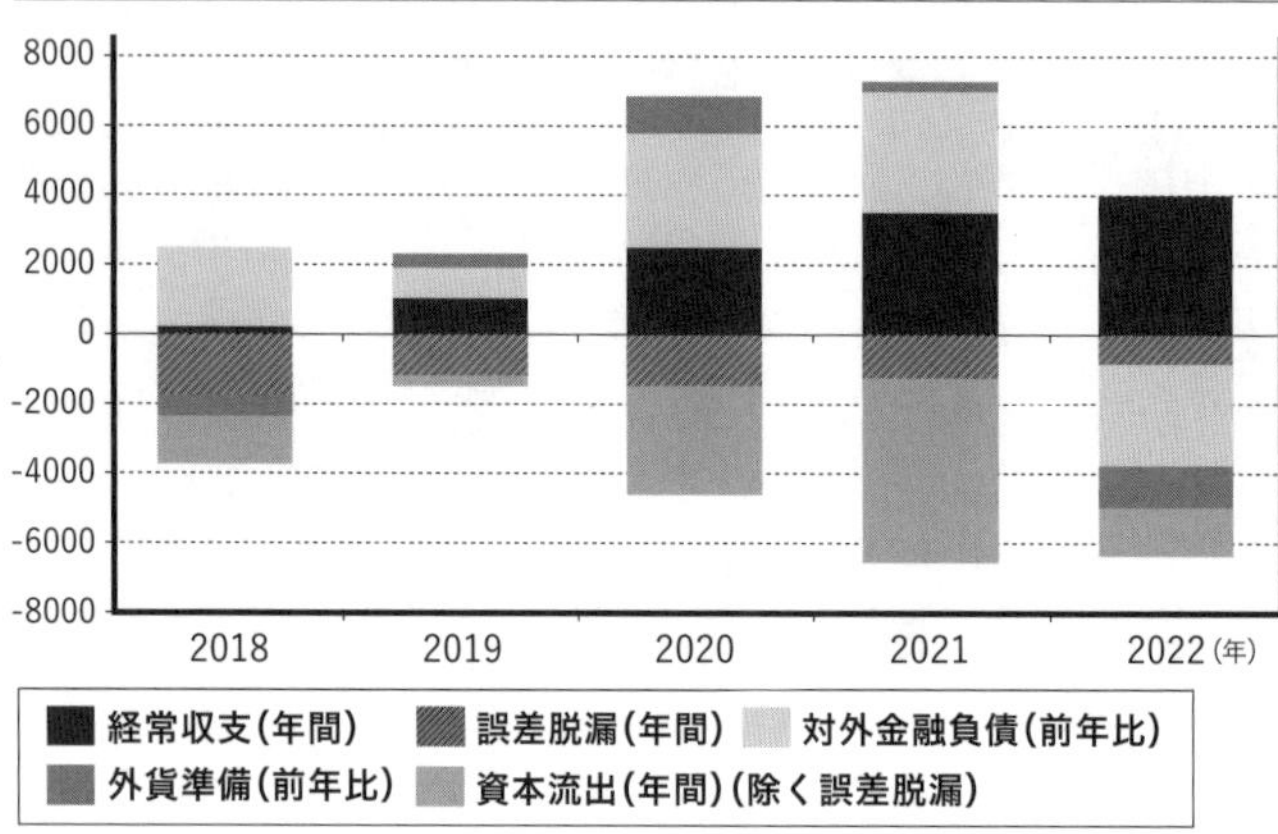

データ：CEIC、中国為替管理局

工場を再開し、生産活動が止まった米国など世界に輸出攻勢をかけたのだ。

中国のマネーパワー自体、見かけだけで中身は脆弱だ。外準は3兆ドルを超え、世界ではダントツだが、構造は上げ底だ。外国企業の直接投資、海外市場での債券発行、銀行借り入れなど負債によって入る外貨も人民銀行が最終的に吸収するので、外準にカウントされるからだ。グラフ1－4が示すように、負債の増加額は外準の追加分を遥かに超えている。貿易などの経常黒字に加えて負債も大きく増えているが、外準は前年をかろうじて上回る程度である。これは中国から巨額の資本逃避が絶えないからだ。

資本逃避の規模は2015年で年間1兆ドル

に上った。第5章で詳述するが、当局が輸出競争力強化のために踏み切った人民元切り下げを嫌って、中国国内の投資家や富裕層が闇ルートや仮想通貨（暗号資産）のビットコインを通じて資金を海外に移したためだ。その後、当局が人民元相場をやや高めに誘導したことで、資本逃避は減ったが、昨年（2022年）でも2000億ドル前後の水準だ。そんなお寒い外準事情ならなおさらのこと、習政権は2000億ドルもの対米黒字削減に応じるはずはない。

今後、数年、数十年、米国が中国の脅威の増大を食い止めるために最も効果的な方法は、中国の対米黒字大幅削減なのは火を見るよりも明らかだが、死活に関わる中国の共産党政権はそうはさせじと、さまざまな権謀術数を試みるだろう。

トランプvs習の経緯

2018年7月、米中関係は貿易で制裁と報復の応酬を演じる「貿易戦争」に発展した。繰り返すが、トランプ政権は同年5月、中国に対し、米国の対中貿易赤字2000億ドル削減、先端技術への補助金打ち切り、米企業に対する技術移転強要の停止、知的財産権の保護強化を強く求めた。以来、トランプ政権は中国の譲歩を引き出すために、４段階に分けて関税の引き上げを実施した。

巨額の対中貿易赤字是正は、トランプ政権に限らず米議会の党派を超えたコンセンサスである。それは貿易という範囲を超えて軍事・安全保障上の危機感と一体になっている。先鞭(せんべん)を付けたのがトランプ政権だった。ドルを渡さないため、対中貿易赤字削減要求にとどまらず、中国企業の米国株式市場上場を制限し、市場からの巨額の資金調達を抑え込んだ。

トランプ大統領の対中通商政策の骨組みをつくったホワイトハウスのピーター・ナバロ通商製造政策局長はその著書〝CROUCHING TIGER：WHAT CHINA'S MILITARISM MEANS FOR THE WORLD〟（２０１５年刊、邦訳は『米中もし戦わば』〔赤根洋子訳　文藝春秋刊〕）で、〈我々は中国製品を買うたびに、中国の軍事力増強に手を貸している。〉と、中国の対米貿易黒字を軍拡に結びつけて論じ、〈中国に自国通貨の操作を許せば、中国は予算留保を増やし、そのカネでアメリカを打ち負かすための兵器システムを外国から買う。そんなことが毎年のように起きている。〉との米国の専門家の見方を紹介していた（訳は引用者による）。

２０２０年1月に第1段階の合意に達し、貿易戦争はひとまず「一時休戦」となった形だが、米国は中国からの輸入品の75％に関税を発動したままで、中国側も対米報復関税を取り下げていない。

第1段階合意は、中国が米国からのモノとサービスの輸入を2年で２０００億ドル増やすことや、知的財産権の保護など7項目にわたる。トランプ政権は中国製品の7割弱に制裁関税を課し、中国製品に対する米国の平均関税率は3・1％から21％に切り上げた。２０２１年1月発足のバイデン政権も据え置いている。中国も報復措置として関税を同程度に引き上げたままだし、米国が求める産業政策の抜本見直しを拒みつづけている。合意の中身は、中国が米製品の輸入を2年間で２０００億ドル積み増して約1・5倍に増やす。中国政府はまた、知的財産権の保護強化、外国企業への技術移転強制の禁止、証券や保険会社の外資規制撤廃等も約束した。

米国のほうは対中輸入品の約7割に制裁関税を課したままで、中国の通信機器大手、ファーウエイなどへのハイテク禁輸緩和は拒否した。米側は中国の為替操作国指定を解除したが、中国は人民元切り下げを控えるという具合である。合意の中身だけ見れば、「アメリカ第1主義」を掲げるトランプ米国の勝利であるかのようだった。

西側の足並みそろわず、メディアはトランプ批判一色

中国側が受け入れた知財や技術の保全、証券、証券出資規制緩和は米国以外の外資にも適用される。とりわけ、中国側の技術提供の強制、知財権の侵害などに泣き寝入りさせられてきた日本企業にとっても朗報となるはずだし、何よりも中国をめぐる公正貿易への前進である。

ところが、日欧のメディアの大半がトランプ米政権の対中貿易強硬策を「保護貿易主義」と決めつけ、中国が対米輸入の大幅増を迫られる結果、世界貿易秩序が混乱すると騒いだ。西側は情報戦で中国側の思う壺に嵌（はま）ったのだ。

習近平党総書記・国家主席は国際世論に対し先手を打っていた。２０１７年１月、スイスでの世界経済フォーラム年次総会（ダボス会議）に出席し、演説冒頭から「経済のグローバル化は世界経済の成長に強い力を与えた」と断言した。加えて「保護主義は暗い部屋に自身を閉じ込めるようだ」と述べ、当時就任直前のトランプが掲げていた「アメリカ第１主義」政策とは際立った対照をなし、習はダボス会議参加者の喝采を浴びた。

西側のメディアの多くが批判する先はもっぱら、貿易戦争を先に仕掛けたトランプ政権

だった。とくに欧州は米中貿易戦争勃発前から、トランプ政権の「アメリカ第1主義」を非難していた。代わりに、自由貿易ルール違反のデパートのはずの中国が擁護されるという皮肉な結果が生まれた。

英『フィナンシャルタイムス（FT）』紙コラムニストとして影響力のあるマーティン・ウルフは、トランプの対中国強硬策について〈米国が築きあげてきた貿易制度を支える非差別主義や多国間協調主義、市場ルールの順守といった原則に反する。米国は自分たちを恥じるべきだ。〉（2018年5月9日付『FT』）と激しく噛みついた。

米有力紙も、米国の対中制裁関税が米産業界にとって打撃になるとしばしば警告する。トランプは鉄鋼・アルミの輸入制限など、日欧など同盟国や友好国にまでやり玉に挙げるので、〈世界を乱す米国、危機に対応できるのか。〉（2018年6月21日付『ウォールストリート・ジャーナル（WSJ）』）と自重を求めていた。

先進7ヶ国（G7）はどうか。すでに述べたが2018年6月8、9日にカナダで開かれたG7首脳会議（シャルルボワ・サミット）では、トランプが欧州やカナダの首脳と通商問題で激しく対立し、日米欧のメディアはそろって〈G7の亀裂〉と報じる始末だった。

サミット宣言では、米国の提案を受けて「市場指向的ではない政策・慣行及び強制的な技術移転またはサイバーによる窃取等の不適切な知的財産権の保護」「市場歪曲的な産業補助金及び国有企業による貿易歪曲的な行動」「鉄鋼の過剰生産能力」を一応、問題視したが、「中国」の名指しは避けた。新たに強固な国際ルールを構築する必要性を強調したが、「サミット・シェルパ」による官僚作文にとどまった。以来、G7サミットでは中国の一連の不公正貿易慣行に対する強固な国際ルールが真剣に話し合われたことや、つくられたことはない。

広島サミットについては序章で述べた通り、2018年以前に対中政策を逆戻りさせかねない対中宥和の意図がちりばめられた宣言が出されたほどだ。

そもそも世界の自由貿易体制とは透明で開かれた自由な政治システムを基盤とする市場経済国家間でこそ正常に機能するはずだが、共産党独裁体制が市場を規制、支配する中国が世界貿易シェアを増大させればさせるほど混乱し、持続不可能になる。トランプ政権の「米国第1主義」はたしかに、世界貿易機関（WTO）を中心とする多国間貿易ルールの枠組みを超越するのだが、中国の不公正貿易を許容しつづけるほうがはるかに世界自由貿易体制を不安定にさせている。

劇薬とはいえ、トランプが「保護主義的」制裁関税を手段に不公正中国に立ち向かうことで、世界貿易機関を中心とする自由貿易体制の欠陥を除去するチャンスだったが、日本など西側のメディアはトランプに冷たく、「中国びいき」で、先進7ヶ国の足並みはそろわないままだった。

トランプ政権が中国向け高関税を打ち出すたびにメディアのトランプ批判は続いた。〈米国の高関税政策はあまりにも危険だ。〉（２０１９年5月15日付『日本経済新聞』社説）〈対中貿易戦争、トランプ氏の敗色濃厚～中国は世界各国とのつながりを強めているが、米国は一段と孤立化〉（２０１９年8月20日付『ＷＳＪ』寄稿記事）、米中の〝休戦〟合意が成立しても、〈米中「管理貿易」ゆがむ世界〉（２０２０年1月16日付『日経電子版』）という具合である。

こうしたトランプ批判を見れば、中国側がトランプ政権との合意履行に真剣になるはずはない。結果はどうなったか？

結局、どちらが勝ったのか？

貿易戦争の経過は、本書執筆の２０２３年5月時点で見ると、どうやら習近平政権の〝優勢勝ち〟である。対中貿易赤字を通じて、中国膨張の源泉であるドルを中国に渡さないという米国の意気込みは、モノのグローバル供給ネット（サプライチェーン）を牛耳る中国によって見事に挫かれている。

中国の貿易慣行に関する米通商代表部（ＵＳＴＲ）の２０２２年版報告書（２０２３年２月発表）では、国家補助、過剰生産能力放置、技術窃盗と移転の強要など国家主導の非市場的な方法は、減るどころか増えている。そして、それが生む重商主義が米国やそのほかのＷＴＯ加盟国の労働者と企業に損害をもたらしていると非難した。

先に触れた米中貿易第１段階の合意についても、２０２０年、２０２１年ともに米国からの輸入量が増えておらず、約束履行にはほど遠いなどの諸問題を認めざるを得なかった。１９７４年通商法３０１条に基づく、中国原産の輸入品に課している追加関税（３０１条関税）は維持するものの、報告書には〈米中間に壁を築くつもりはない。たとえそれが可能であっても、中国がもたらす問題に対処することにならない。〉とも明記し、対中制裁関税のさらなる引き上げなど追加制裁に消極姿勢を示した。バイデン政権はこと対中モノ貿易に関する限り、戦う意志が薄弱なのだ。

モノは中国が優勢に

米側統計から米中貿易の趨勢を見ると、米国の対中貿易赤字額は2017年の約3363億ドルから、2022年には3736億ドルへと増えた。トランプ政権が当時目指した2000億ドル圧縮目標の達成どころではない。2020年は武漢発新型コロナの勃発という貿易外要因がとくに輸入面で作用したが、2021年からは対中赤字は年間4000億ドルに迫る勢いである。

対中輸出は2017年の1300億ドルから、2022年の1538億ドルと238億ドルの増加となっているが、これもまた第1段階合意の2000億ドル増目標の1割あまりにとどまっている。

以上はあくまでも対中貿易という2国間での話である。米国の全貿易赤字は2017年の7995億ドルから、2021年に1兆1910億ドルに拡大した一方で、42％だった米国の全貿易赤字に占める中国のシェアは2022年には31％まで下落している。

グラフ1-5　中国輸出の2022年／2018年増減率(%)

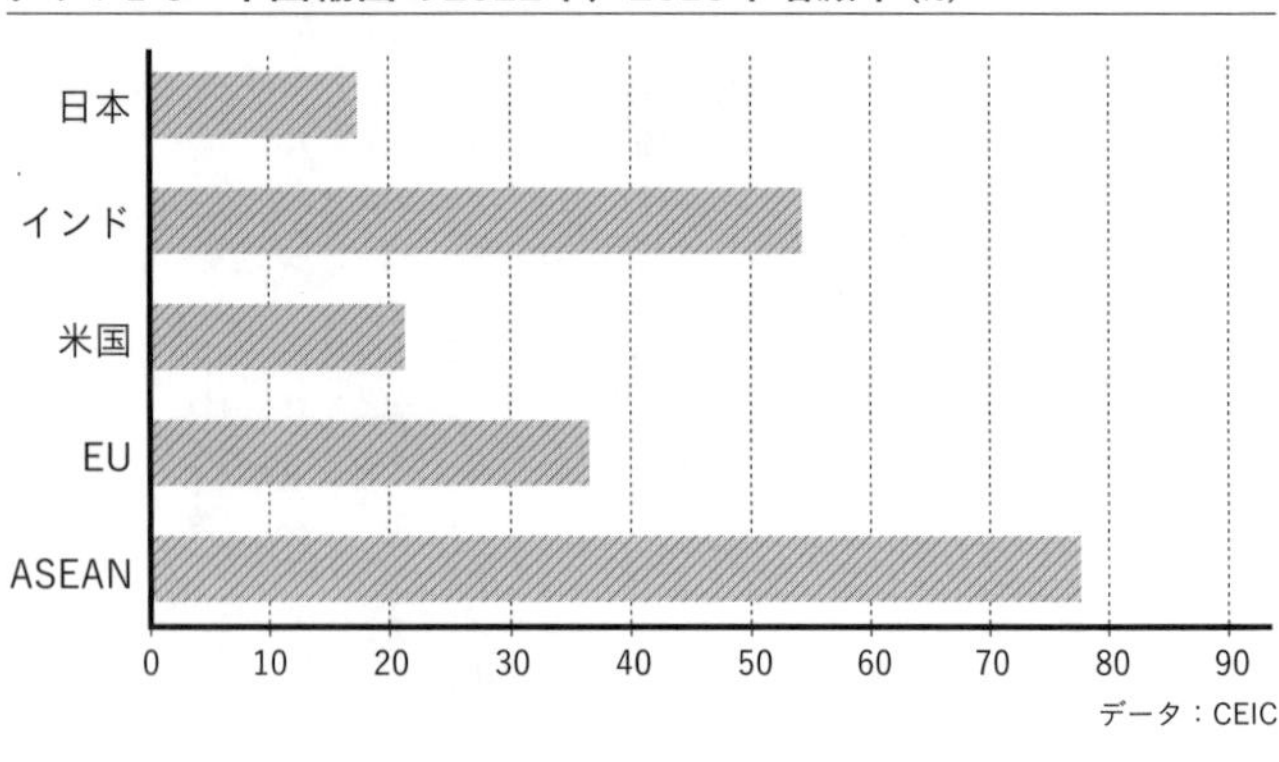

データ：CEIC

モノのグローバリゼーションが中国を優勢に

ドル基軸のグローバル貿易体制のもと、中国が外貨を得る源泉は対米貿易に限らない。中国側の統計では、中国の全貿易黒字は２０１８年は３８００億ドルだが、拡大を続け、２０２０年は５１１１億ドル、２０２１年は５６２７億ドル、そして２０２２年は７０００億ドルを超える勢いである。グラフ１－５は国地域別の中国の輸出動向で、２０２２年の対２０１８年比増減率である。対米欧とも２０２１年以降増え、２０２２年後半は頭打ちになっているが、ＡＳＥＡＮ向けは急伸を続け、77％増、対日米欧を圧倒している。

外国企業に限らず中国企業を含め、中国に拠点を置くメーカーの製造ラインの一部をベトナムなど東南アジアに移転させている。対中高関税の回避、習政権のゼロコロナ政策、さらに米中関係の悪化が長期化する情勢から来るリスクを回避するため、製造業のＡＳＥＡＮ諸国、さらにインドへのシフトを引き起こしている。

それは必ずしも中国を中心とするサプライチェーンの寸断や空洞化を意味するわけではない。おびただしい数の部品と多岐にわたる組み立てラインを中国の生産拠点と繋げる必要があるからだ。ベトナムやインドでスマートフォンを組み立てるには、依然として中国製部品や材料の供給に頼らざるを得ないのだ。それほど深圳（しんせん）とその周辺地域、さらに長江デルタ地帯などでの部品、材料生産の集積は、ほかのアジア諸国の追随を許さない。こうして一部の完成品生産は中国から周辺アジアにシフトし、そこから対米輸出が増えると同時に、中国から対アジア輸出が増えるという循環が生じている。

他方、完成品でも、中国のスマホなど電子製品、自動車などを安く作れる工場設備が多く、東南アジアなどに対する価格競争力が近い将来に大きく落ち込む可能性はほとんどない。中国は２０２０年には東アジア地域包括的経済連携（ＲＣＥＰ）に署名し、貿易関税を引き下げ、経済圏拡大への布石も打っている。

中国からの対米輸出もまた増勢基調が続く。習政権ははからずも、米国が推し進めた貿易のグローバリゼーションの波に乗って、対米貿易戦争による打撃をかわしている。
これに対し、バイデン政権は本章の冒頭で触れたように、なす術もない。米中貿易戦争第1幕はモノ消費大国米国に対するモノ供給大国中国の粘り勝ちとなっている。

日米通商摩擦との違い

思えば、1980年代から90年代前半にかけて、米国は鉄鋼、家電、自動車、さらに半導体で日本との通商摩擦を繰り広げた。日本側は対米輸出自主規制等で譲歩する一方、自動車のように国内投資よりも対米投資によって米側の歓心を得るよう腐心した。しかし、日米通商摩擦や1985年のプラザ合意による大幅な円高の試練を乗り切って、GDPが米国に追い付く勢いを見せた1990年代前半に、米国内では「日本異質論」が高まりを見せた。日本は経済構造が排他的で異質だから、封じ込めるべきだというのだ。

1993年に登場したクリントン政権は日本異質論の影響を受け、終結したばかりの米ソ冷戦をもじって日本とは「冷たい平和」だと見なして「経済超大国日本」への警戒感を

グラフ1-5　日本、中国の対米国GDP比（%）

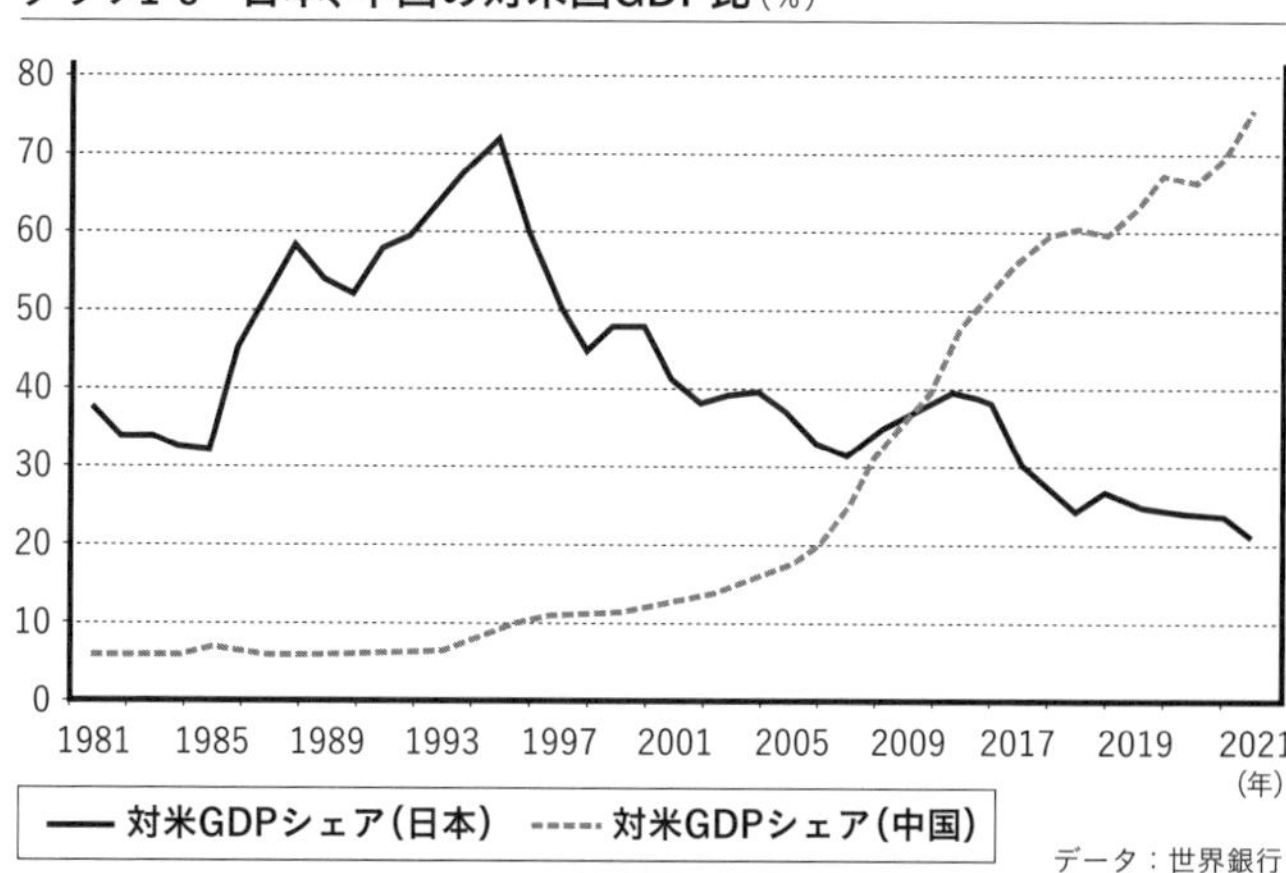

データ：世界銀行

露にした。クリントン政権は対日経済戦略「ジャパン・ペーパー」を作成し、半導体などで米国製品輸入目標を強要する一方で、超円高へと為替相場を誘導し、日本の貿易黒字半減を求めた（拙著『現代日本経済史——現場記者50年の証言』〔ワニ・プラス刊〕参照）。

折しも、日本では政策無策のために平成バブル崩壊不況が深刻化し、１９９０年代後半から慢性的なデフレという泥沼に嵌った。日本は謂わば自滅した格好で、１９９５年には米国の７割を超えた日本のＧＤＰはデフレとともに急坂を転げるようにして凋落し、現在に至る。

その日本に代わって、米国のＧＤＰを急追しているのが中国である。

もとより、共産党が支配・指揮する中国式市場経済は、異質の域を超えた異次元の世界なのだが、クリントン政権以降の米歴代政権はトランプ登場までは、共産党政権が統制する中国経済を西側の市場経済と同一視し、融和路線をとった。

一方で、真っ当な市場経済であり、民主主義で同盟国でもある日本に対して、封じ込めんばかりの政策をとったのとは雲泥の差である。米国は真の敵と味方を取り違えたのだ。繰り返す。いまの中国は経済ばかりでなく軍事でも米国を脅かす。それに気付いたトランプ政権は対中貿易戦争を仕掛けたが、バイデン政権になって敗色が鮮明になっている。米国は中国に対してモノ貿易以外の分野でどう封じようとするのか。習近平の中国はどう対抗するのか。軍事での直接衝突抜きの米中戦争のドラマは延々と続く。

第2章

救世主、
武漢発新型コロナウイルス

コロナ危機が踏み台

2019年末、米中両国が貿易戦争第1段階合意に達して間もなく、中国湖北省武漢発の新型コロナウイルス感染症が猛威を振るいはじめ、「世界の工場」中国から流れ出たウイルス禍は瞬く間に世界中に伝播(でんぱ)した。恐慌状態に陥った西側世界を尻目に、習近平政権は強権を発動して国内感染者の増加を抑え、コロナウイルス戦争での「勝利」を誇示する。中国経済は米トランプ政権の対中貿易強硬策を受けて行き詰まりかけていた矢先である。中国は2008年9月の世界金融危機「リーマンショック」からいち早く立ち直り、米国に次ぐ経済超大国に躍り出たが、コロナ危機はリーマンショックと同じく中国の、経済の膨張を加速させる踏み台にしようとする野心を伴っていた。

ところが、コロナショック克服のための中国版緊急経済対策は米日欧に比べてしょぼかった。習近平政権は減税と社会保障負担軽減による財政措置を0・4兆元にとどめた。あとは中小企業向け小口金融支援が中心だ。リーマンショック時は4兆元（円換算で60兆円）規模の財政出動を行い、国有商業銀行には巨額の新規融資を実行させた。それに比べて、習政権のコロナ危機対策の規模は遥かに小さい。

だからこそ、と言うべきか。習政権は「コロナ恐慌」からいち早く脱出したと喧伝し、「成長市場」を看板に世界の余剰マネーを惹きつけ、世界金融危機、即ち２００８年９月のリーマンショック後の膨張ドラマを再現しようと図った。

習は２０２０年４月８日、武漢市の都市封鎖を２ヶ月半ぶりに解除した。湖北省のほかの地域は3月25日に封鎖解除済みだ。情報の隠蔽工作が常習の全体主義国家の発表を真に受けるわけにはいかないが、同市をはじめ、中国全土の工場生産が徐々に正常化しはじめた。

リンクするＦＲＢの量的金融緩和と人民元資金発行

リーマンショック時のカネの流れはどうだったか。

リーマンショック後、中国共産党中央は指令を発し、国有商業銀行にそれまでの2～3倍もの規模で国有企業に融資させ、政府はインフラ投資を加速させた。大幅に生産が縮小する日本や米欧を尻目に、中国はふた桁台の高度経済成長軌道に復帰し、２０１０年には国内総生産（ＧＤＰ）規模で日本を抜き、米国に次ぐ経済超大国となった。

グラフ2-1　米中の中央銀行資産発行高(兆ドル)

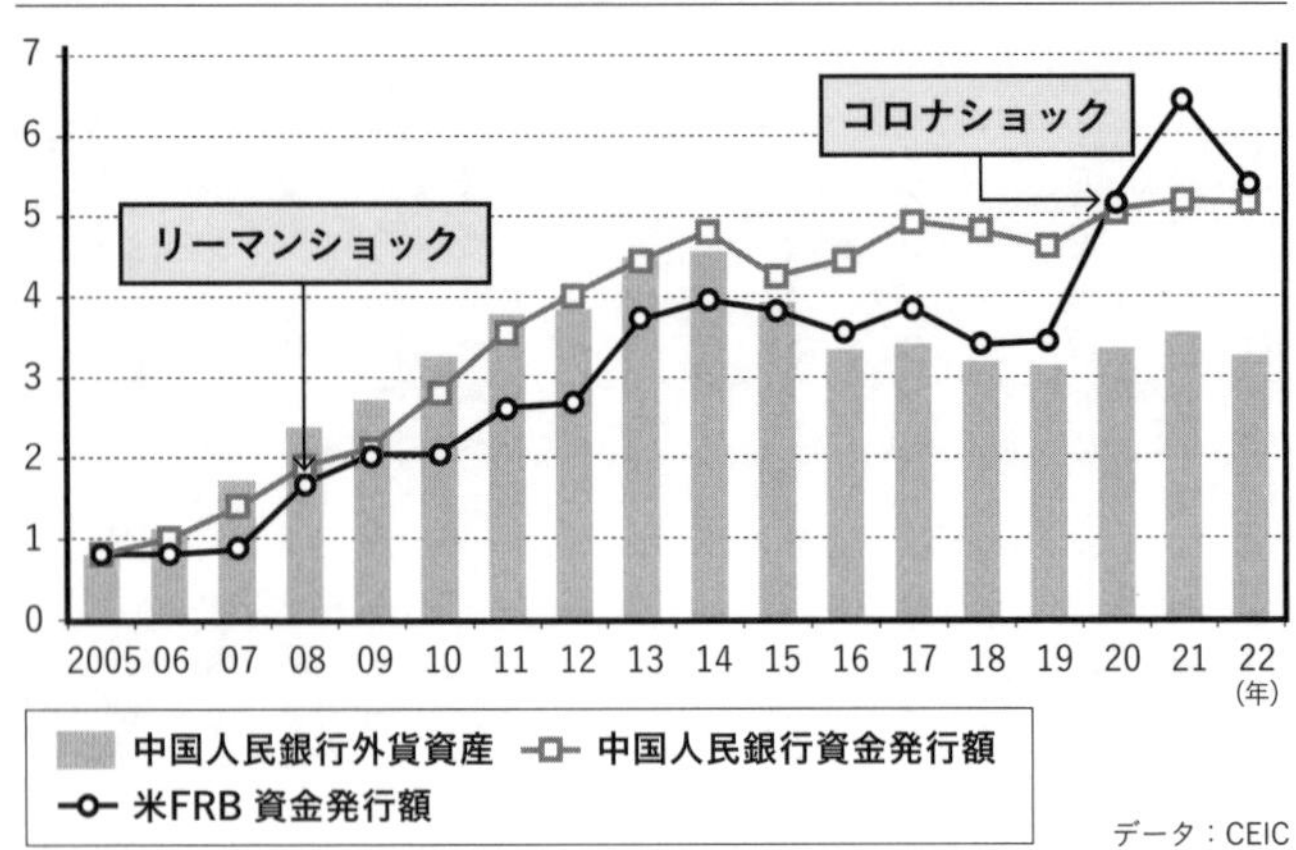

データ：CEIC

中国の高度成長を支えた「軍資金」はドルであり、米連邦準備制度理事会（ＦＲＢ）による金融の量的緩和に伴って米国から流入してきた。

グラフ２－１はリーマンショック前後、さらにコロナショック時のドル資金とドル換算した中国人民銀行の人民元資金の発行額及び人民銀行外貨資産と、ＦＲＢ資金発行額の推移である。

一目瞭然、人民銀行はＦＲＢの量的金融緩和に並行するようにカネを増発してきた。そしてＦＲＢが量的拡大策を打ち止めた２０１５年以降、コロナショック前の２０１９年までは人民銀行の資金発行も抑制されている。人民銀行がＦＲＢの金融量的拡大政策にぴったりと追随できるわけは、ドルがコンスタントに中国に入ってきたことにある。

共産党中央が市場経済を支配する中国経済の根幹を成す通貨・金融制度はドル準備に依存している。人民銀行はドル資産に応じて人民元を発行する。党中央が中央銀行に命じて、人民元を刷らせ、それを国有商業銀行経由で国有企業や地方政府に流し込み、設備、不動産開発、インフラに投資させる。人民銀行は党の指針通り、人民元の為替レートを管理して低めに安定させ、製品輸出を後押しする。

中国に流入する外貨は原則として、中国人民銀行の資産の部に集中させ、外貨準備に組み込むことになっている。したがって、人民銀行の外貨資産（外準にほぼ等しい）が増えないと、人民元資金の増発を抑制せざるを得ない。

中国へのドル流入のルートは大きく分けると外資の対中投融資と対外貿易黒字のふたつに分かれるが、最も大きな比重を占めたのは対米貿易黒字である。

２００８年から２０１８年までの対中貿易赤字累積額は３・４兆ドル、その間の人民元資金増発額のドル換算は３・５兆ドルでほぼ一致する。ドルの流入額に応じて人民元を発行する中国特有の通貨・金融制度は米国の金融緩和と自由貿易の恩恵を受けて、思う存分に経済規模を拡大できた。南シナ海への海洋進出などの軍拡、拡大中華経済圏構想「一帯一路」への対外投資もドル資金の流入あればこそ、である。

グラフ2-2　中国の軍事支出と人民元発行の推移（億ドル）

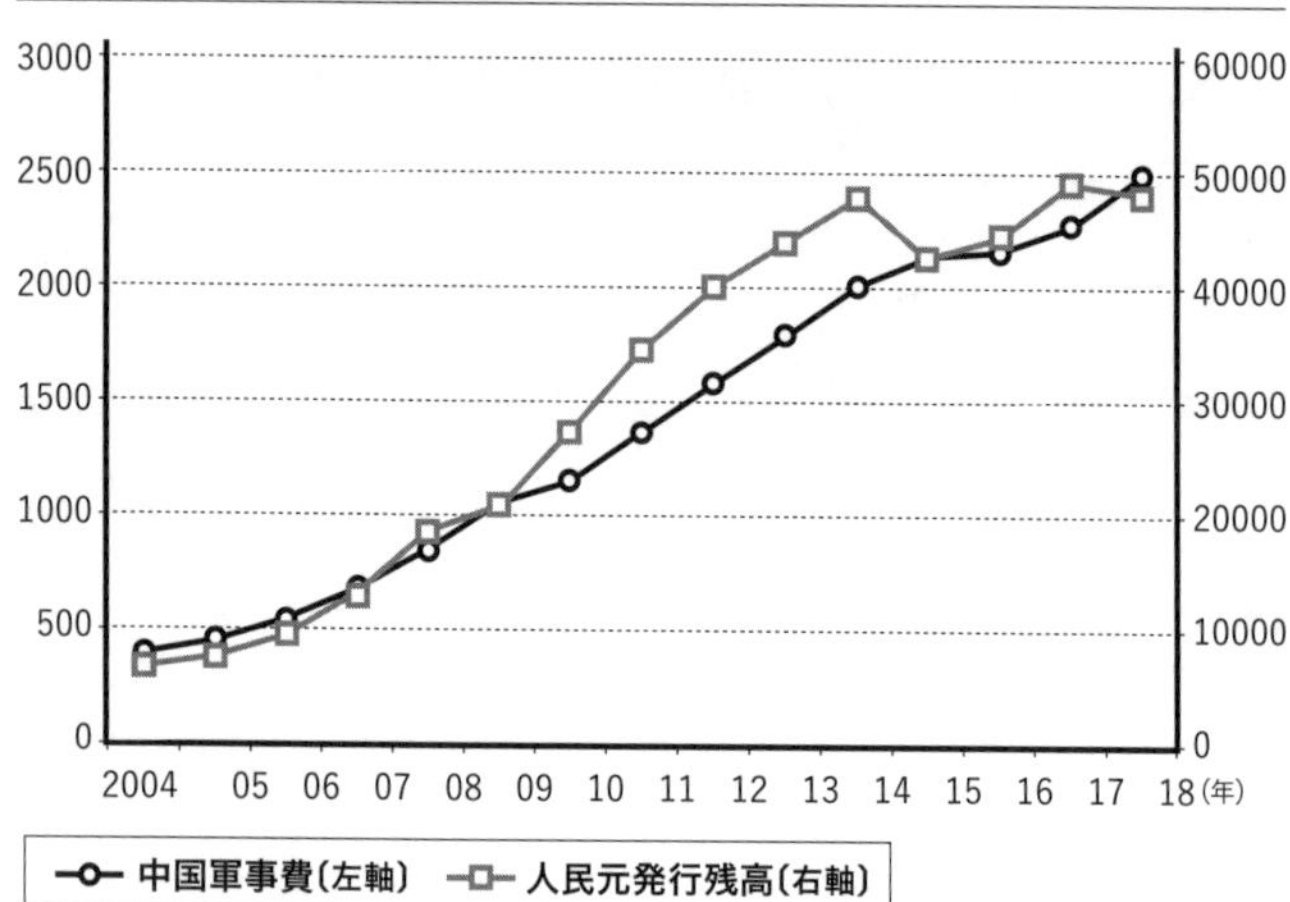

データ：ストックホルム国際平和研究所（2016年まで）、CEIC

ついでだが、もうひとつ見逃せないのはドルに支えられた中国のマネーパワーは軍拡も支えてきた点である。

グラフ2－2は中国の軍事費と人民元資金発行残高の推移である。統計学でいう相関係数（最大値は1で、完全相関と呼ばれる）は2004年から2017年までの期間でじつに0・97と完全相関に近い。2022年まで含めると0・94でやはり高水準である。つまり、人民元を刷れば刷るほど、中国は軍拡を加速させてきたということになる。その人民元資金は流入するドルの量によって決まる。こう見ると、米国の対中貿易戦争は中国国内経済ばかりではなく、一帯一路という対外膨張戦略、さらに軍拡の抑止にも関わってくる。

トランプ政権の意向を打ち砕いた新型コロナ

では、2020年初めの新型コロナショック後、中国の資金発行はどうなったか。

FRBのパウエル議長はリーマン級のニューヨーク株価の急落を見て、2020年3月15日、ゼロ金利で無制限にドル資金を発行する量的緩和政策に打ってでた。まさに、リーマンショック後の政策への回帰であり、しかも緩和規模はリーマン後を凌ぐ。ドル資金追加供給はひと月間だけで1兆ドル以上に上った。このドル資金が米国から溢れ出て、中国に流入するようだと習政権の思う壺に嵌る。

勿論、巨額のドル資金が従来のように中国に流出するとは限らない。とくに米国は対中高関税を維持し、対中貿易赤字を減らそうとする。米共和党の対中強硬派は中国にドルを渡さないと息巻く。

だが、習近平政権は生産と輸出能力を維持し、さらに西側から投融資を呼び込めば困らない。ヒトもモノも共産党中央の指令で動かせる中国の場合、生産の再開は比較的容易なのだ。習政権の指示で、武漢市の大規模な半導体工場は同市が封鎖されていても休まなかった。経済学の教科書にある「セイの法則」によれば、供給が需要をつくりだす。中国の経済モデルはまさにこれが当てはまる。

習政権の指示を受けて、中国内の工場には労働者が帰還しはじめ、米国などがコロナパニックに見舞われている3月中旬には日系の自動車工場すべてが操業を再開した。とはいえ、〈国内需要が低迷する自動車は4割程度にとどまる。欧米などでの感染拡大による世界的な需要急減も生産回復に影を落とす。〉（2020年3月30日付『日本経済新聞』）という状況で、正常化にはほど遠かった。

となると、従来型の産業構造が続く限り、外資の対中投資と対外貿易黒字に伴う外貨流入の道は細ったままになるのだが、起死回生策は「コロナ戦争勝利」で世界に先駆けることだ。それを世界に印象づけることができれば、世界の投資家や企業を引き寄せられる。

コロナで人の動きが止まれば、対米輸出なども不振が長期化する恐れはあったが、やはり米国などでも生産は止まる。それに、トランプ政権とFRBはリーマンショック時を数倍上回る規模と速度で財政支出とドル資金発行量を拡大し、景気刺激策に打って出た。加えて中国はスマホ、パソコン、マスク、抗生物質など医薬品の世界最大の供給源である。

グラフ2-3　新型コロナ感染を踏み台に中国の輸出が急増

（億ドル、年間ベース）

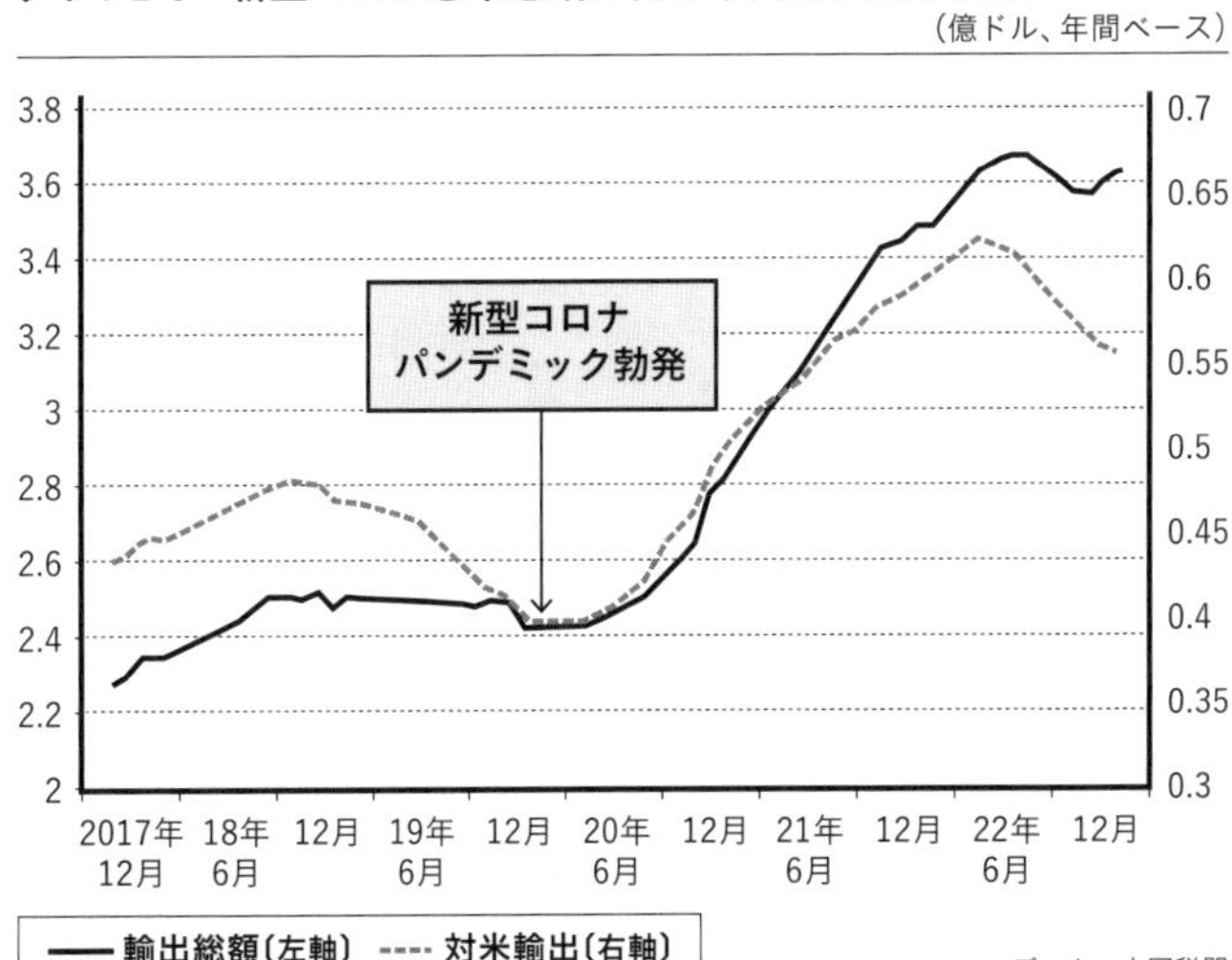

データ：中国税関

習政権は輸出ドライブをかけた。米国の高関税をものともせずに輸出を加速していく（グラフ2－3参照）。

新型コロナは対中輸入を制限し、米国の対中貿易赤字を劇的に減らそうと試みたトランプ政権の意向を打ち砕いたのである。

前述したように、リーマンショック時は米国で大量に発行されたドル資金の大半が中国に流入した。人民銀行はそのドルを吸い上げて人民元資金を発行し、商業銀行は新規融資を前年比で2倍以上も増やし、不動産開発など固定資産投資主導でGDPを、実質でふた桁台の成長軌道に乗せた。新型コロナ時はやり方は変わっても、対米など輸出を急増させることで、早期に実体経済の回復を実現した。

外資系金融の受け皿となる上海市場は不透明で規制だらけだが、人民元建て国債を中心とする中国の債券市場は13兆ドル規模で、米国に次いで世界で2番目の大きさだ。2020年4月16日付の英『エコノミスト』誌によれば、中国国債利回りは償還期間5年もので2・24%だ。米国の0・35%や日欧の0%以下よりはるかに高く、コロナショックで世界の金融市場が動揺を続けているなかで、中国は魅力ある借り手になった。

もとより世界の強欲マネーに国家意識などない。ウォール街の金融資本は米中合意を受けた習政権の上海金融市場開放を見込んで、対中進出に前向きだ。コロナ感染が深刻化する一方のほかの新興国から資金流出が続くなかで、中国にだけは資本が流入していく。

中国式対外投資「対外経済合作」

無視できないのは、国際機関への浸透や対外支援をテコにした非軍事手段による外交、即ちソフトパワーである。

中国は「世界の工場」として日米欧の企業を惹きつけてきたばかりではない。中国自身、

2008年9月のリーマンショック以降、対外投資攻勢をかけてきた。習が2014年に打ち出した「一帯一路」はその総仕上げであり、米欧も発展途上国に劣らないほど、中国の重点進出先になってきた。

海外での工事プロジェクトを国有企業に受注させ、大量の工事要員も現地に派遣する。北京はこの中国式対外投資を中国語で「対外経済合作」と称し、英訳は〝Economic Cooperation with Foreign Countries or Regions〟（＝対外経済協力）だ。合作による労務者など中国人の派遣数は年間100万人規模である。繰り返すが、合作の投資先は発展途上国に限らず、先進国も含まれる。

中国商務省統計によれば、合作プロジェクトの完工額は2019年が1730億ドル、2020年は1560億ドルで、米欧を含め全世界に及ぶ。その負の副産物と言うべきか、それらの国で新型コロナウイルス感染症が蔓延(まんえん)し、多くの国は「医療崩壊」状態に追い込まれた。

2019年3月、習は訪問先のローマでイタリアのコンテ首相と会談し、「一帯一路」協力の覚書を交わし、主要先進7ヶ国（G7）のメンバーを初めて一帯一路に組み込んだ。中国資本はアドリア海に面するトリエステ港の機能強化に向け、ターミナルや周辺の鉄道網の整備を引き受けた。ジェノバ近郊では世界最大級のコンテナ船が入港できるターミナルの建設に着手済みだ。ミラノなどイタリア北部にはもともとブランド物などの生産請負いビジネスを見込んで数十万人もの中国人が住みついている。スペインは一帯一路の参加国ではないが、イタリア同様、取り込まれている。その結果は、やはり新型コロナウイルス感染症の蔓延だ。

両国、さらに英国など欧州の新型コロナ感染症蔓延国はいずれも緊縮財政により、医療支出を抑制してきた。リーマンショック後に悪化した財政収支の改善に迫られたのだ。これらの国々は緊縮路線のなかでローン、ヒト付きの中国からの投資を喜んで受け入れた。その結果が、新型コロナパンデミックだった。

２０２０年3月にはドイツのメルケル首相が新型コロナウイルスについて悲痛な声で「第2次世界大戦以来の試練」と述べ、イタリアでは新型コロナによる死者数がとうとう発生源中国を上回った。同時期に習政権は勝ち誇るかのように「湖北省の新規感染者の発生がゼロになった」と発表した。その前に中国は、欧州などへの支援を相次いで打ち出していた。イタリアやイランに医療支援団を派遣し、フランス、ギリシャ、セルビアなどに防疫物質の支援を約束した。習はスペインのサンチェス大統領と電話会談し、「力の及ぶ限り」の支援を表明した。

こうして習政権の手にかかると、すべてが逆さまに見える『鏡の国のアリス』（ルイス・キャロル著）の不思議世界が出現する。コロナショックの元凶が、瞬く間に〝救世主〟に豹変（ひょうへん）したのだ。

新型コロナは中国経済の救世主？

世界保健機関（ＷＨＯ）は２０２０年2月11日、中国・湖北省武漢発の新型コロナウイルスによる病気の正式名称を「ＣＯＶＩＤ－19」と命名し、3月11日にパンデミック（世界的大流行）だと宣言した。その二日後にはテドロス事務局長が「欧州がパンデミックの中心になった」と断じた。チャイナマネー依存のエチオピア出身で、武漢から新型コロナウイルス感染症が発生して以来、習近平政権の対策を擁護してきたテドロスらしい発言だが、日を追うごとにもっともらしく見えてきたのも事実だ。

トランプ政権はコロナで足を取られる。新型コロナウイルス感染者数もそれによる死者の数も米国は世界最大で、発生源中国をはるかに超え、しかも増勢はなかなか収まらなかなかった。それまでトランプ有利とされてきた２０２０年秋の米大統領選で、民主党候補のジョー・バイデンの追い風になった。焦るトランプ政権は勢い、中国と、中国を擁護してきたＷＨＯ非難へと向かった。ＷＨＯの「ＣＯＶＩＤ－19」呼称に対し、ポンペオ国務長官は「武漢ウイルス」「チャイニーズ・コロナウイルス」と呼んだ。

対する習政権は「人種差別だ」と反発し、中国外務省の副報道局長がツイッターで、米軍が中国にウイルスを持ち込んだと騒いだ。よりによって外交当局者がデマ情報を流すでたらめぶりだ。さすがに対中融和派の多い米欧のメディアも中国に厳しい目を向けた。例えば、米『ニューズウィーク』誌は２０２０年3月31日号で〈メイド・イン・チャイナ・パンデミック〉（中国製感染症世界的大流行）と題する専門家の寄稿を載せている。そのなかで、〃中国・武漢発の〃新型コロナウイルスによっておびただしい種類の中国製品の世界への供給が制約を受けているが、なかでも習近平政権が医薬品の輸出制限を脅しに使いかねないことに警鐘を鳴らしている。同記事によれば、米国で販売されている抗生物質の97％が中国産で、中国国営の新華社通信は〈中国がＡＰＩ（引用者注：Active Pharmaceutical Ingredient、薬のなかに含まれる有効成分）の対米輸出を禁止すれば、米国は医薬品の不足によりコロナウイルスで溢れかえるだろう。〉と露骨なほどに警告した。

『ワシントン・ポスト』紙など米欧メディアが、2020年4月中旬に一斉に〈新型ウイルスが、コウモリの研究をしていた武漢ウイルス研究所から、事故で拡散した可能性がある。〉と報じると、トランプ大統領は故意ならパンデミックの「報いを受けるべき」と声を荒げた。

コロナパンデミックが映し出した世界は、中国の存在感が先進国でもいかに大きくなっているかという現実と同時に、サプライチェーンなど生産面での中国依存や、中国の政治的影響力増大に対する警戒をも広げた。

習近平政権は何としてでも「脱中国」に向けての西側の結束は阻止しなければならない。日米欧の投資が細れば、外貨は入らず、金融危機に苛（さいな）まれ、一帯一路など対外膨張路線も行き詰まるからだ。

西側世界の脱中国は、口では簡単だが、実行は容易ではない。企業の脱中国が容易ではないことは、品不足が深刻なマスクの増産が資材の調達などから、日米欧であっても中国での工場に任せるしかなかった状況からも明らかだ。

中国は米国などの不況が長期化すれば、輸出は大幅に減る。しかしながら、中国市場が世界に先駆けて曲がりなりにも回復していけば、国内では不況で行き場のない西側資本を惹きつける。

巨額のドル資金を無制限に発行する米国の場合、実体経済が振るわなければ、余剰資金となって外部の高収益市場に流れていく。その受け皿が中国になる。安倍晋三政権は２０２０年度コロナ不況に対応する緊急経済対策で、企業の本国回帰を税制面で優遇する「脱中国」を謳ったが、国内市場は消費税増税不況とコロナショックが重なって萎縮が甚だしかった。いくら安倍政権が旗を振っても、プラス成長する中国から日本企業は離れられないありさまだったのだ。

第3章

香港掌握の狙いは金融覇権

「ドルを中国に渡すな」という米強硬派

前述したように、トランプの対中通商政策の骨組みをつくったホワイトハウスのピーター・ナバロ通商製造政策局長はその著書『米中もし戦わば』で、〈私たちは中国製品を買うたびに、中国の軍事力増強に手を貸している。〉と、中国の対米貿易黒字を軍拡に結びつけて論じた（訳は引用者による）。

ドルを渡さないため、トランプ政権は対中貿易赤字削減要求にとどまらなかった。中国企業の米国株式市場上場を制限し、市場からの巨額の資金調達を抑え込んだ。超党派の合意であり、バイデン政権もその路線については引き継いでいる。

ワシントンの対中規制はふた通りある。まずは軍事・安全保障関連企業の狙い撃ちだ。2020年11月には「共産主義中国の軍事企業に資金を供給することになる証券投資の脅威に対応するための大統領令」にトランプが署名した。国防長官が「共産主義中国の軍事企業」であると認定した企業の発行する上場証券や関連する金融商品について、2021年1月11日以降、米国民による投資を禁じるというものだ。

米株式市場からの締め出し

大統領令に従って、２０２０年12月31日、ニューヨーク証券取引所は中国電信（チャイナ・テレコム）、中国移動（チャイナ・モバイル）、中国聯通（チャイナ・ユニコム）香港、以上３社の上場廃止手続き開始を発表した。

バイデン大統領はトランプ大統領令を基本的に継承し、「防衛及び監視技術分野に関連する中国企業に対する米国人による証券投資を禁じる大統領令」に署名した。これにより、投資禁止対象を軍事関連から監視技術企業に広げた。結果、２０２１年８月２日以降、米国人投資家は指定企業への証券投資が禁止され、すでに保有している証券などは２０２２年６月３日までの売却を求められた。

もうひとつが、投資家保護を名目とした規制である。２０２０年12月18日、「外国企業説明責任法」が議会で成立し、トランプ大統領が署名した。同法は、米国の株式市場に上場する外国企業に対し、外国政府の支配・管理下にないことの立証義務を課すとともに、米国公開会社会計監督委員会（ＰＣＡＯＢ）が監査を実施できない状態が３年続いた外国企業の証券取引を禁じた。中国を直接名指しにしてはいないが、上場中国企業は国有企業ではなく「民営」と称しても、ほぼすべての企業内に共産党委員会が設置されている。委員会のトップである書記を通じて、絶えず党中央に監視されているのだ。党が政府と企業を支配するのだから、政府による支配、管理という定義に中国企業の大半が当てはまる。

中国側は検査によって機密情報が流出しかねないと反発する一方で、アリババなど情報技術（ＩＴ）ネット大手は米市場での存在感が高く、市場からの退場は米投資家を動揺させるとも計算した。中国証券監督管理委員会が米公開会社会計監督委員会の検査に協力することで、２０２２年8月に合意した。ネット通販大手のアリババのほか、京東集団（ＪＤドット・コム）、中国でケンタッキー・フライド・チキンを展開する外食大手、百勝中国（ヤム・チャイナ・ホールディングス）も検査対象にした。

米国には２００社以上の中国企業が上場しているが、米側の求める基準での検査をクリアすれば中国企業は上場廃止を免れる。しかし、中国企業の内部情報の流出を警戒する習近平政権が、どこまで中国企業の情報開示を認めるかは別の問題だ。

習政権は一方で、中国企業の本土市場や香港市場への回帰を進めている。２０２０年6月末施行の香港国家安全維持法によって国際金融センター香港を完全掌握し、上海市場と一体化させ、米国など西側金融資本大手を取り込んでいる。高い収益機会を求める米金融大手が吸い寄せられ、世界に溢れる余剰資金を吸い上げ、中国市場に注ぎ込もうとの算段だ。

グラフ3－1は、2018年以来の上海、深圳市場での新規株式上場（IPO）動向である。2020年には上海と香港が米国のナスダックを抜き、深圳と合わせると、ニューヨーク市場を含む米国市場を圧倒した。習政権としては、IPOを軸にしたドル資金調達源を米国市場依存から脱却できる手応えを感じているのだろう。2021年以降も国内市場でのIPO攻勢が続いた。

上海、深圳市場は習政権が政治支配を強化した国際金融市場香港との一体化によって、西側の投資家を呼び込めるので、ニューヨークやナスダックなど上場基準が厳しい米市場に上場しなくてもドル資金を吸い上げることができるのだ。

中国側統計によると中国本土でのIPOは2022年で5704億元（819億ドル）に上る。2021年の5351億元を超える。主因は米株式市場から撤退を余儀なくされた国有企業の大型上場である。国有通信最大手の中国移動（チャイナ・モバイル）や国有石油大手の中国海洋石油（CNOOC）が相次いで上海に上場している。

会計事務所KPMGの調べによると、2022年の世界のIPO調達額は1800億ド

グラフ3-1　上海及び深圳市場でのIPO（12ヶ月計、2023年は5月まで）

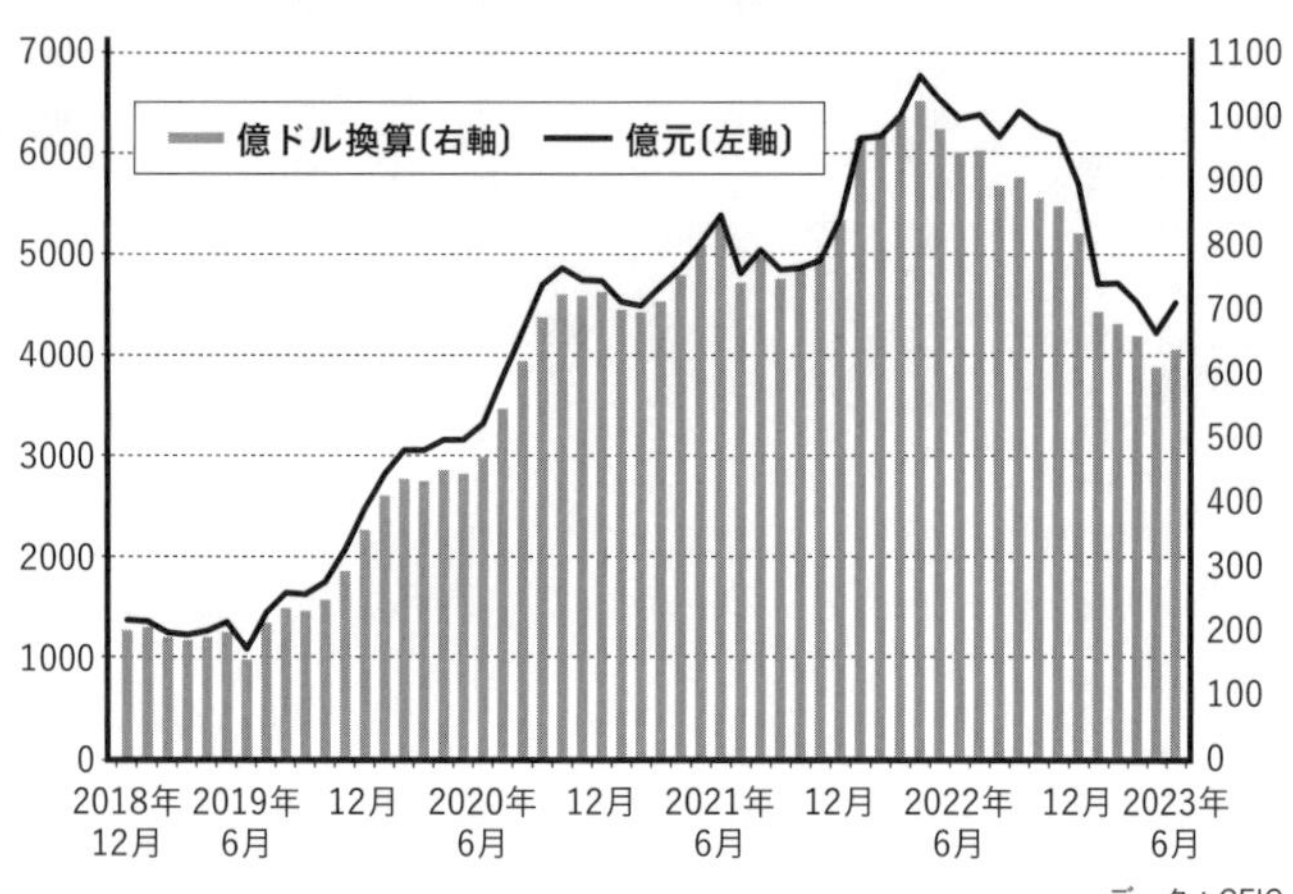

データ：CEIC

ルになる見通しで、２０２１年の４６８０億ドルに比べて大幅に落ち込んだ。米連邦準備制度理事会（ＦＲＢ）の大幅利上げや量的引き締めに伴って、ニューヨーク証券取引所やナスダックでの新規上場が低迷しているためだが、中国市場だけは突出している。

　習政権は新興市場を積極的に活用している。〈国産半導体メーカーの海光信息技術や医療機器メーカー、上海聯影医療科技（ユナイテッド・イメージング・ヘルスケア）などが上海のハイテク新興企業向け市場「科創板」に上場した。中国の調査会社Ｗｉｎｄによると、半導体・半導体生産設備の調達額が８２８億元で業種別で最も多かったプライスウォーターハウスクーパース（ＰｗＣ）によると、２

022年の中国本土のIPOのうち「科創板」と深圳の新興企業向け市場「創業板」が件数ベースで3分の2、調達額で70％近くを占めた。2021年に開設した北京証券取引所の調達額も130億元近くに達する見通しだ。〉（2022年12月14日付『日経電子版』）という。

習政権が香港の自治を奪った真の狙い

1949年10月の建国以来、中国共産党のドル獲得で重要な役割を果たしてきたのが国際金融市場・香港だ。香港ドルは米ドルにペッグ――米ドルとの通貨レートを一定に保つ――され、自由に米ドルと交換できるハードカレンシー――外国為替市場において、他国通貨と自由に交換できる通貨――なので、米ドルが命綱の中国の通貨・金融システムには欠かせない。

香港と上海・深圳は「ストックコネクト」と呼ばれる相互取引システムによって一体化し、香港に拠点を置く米英の金融資本大手がドル資金を運んでくる。ストックコネクトを使えば、外国投資家は香港証券取引所を経由して、香港ドルで上海、深圳市場の株式を売買でき、中国国内の投資家は上海、深圳の取引所経由で人民元により香港市場上場企業に投資できる。

しかも、習政権は米証券大手や巨大投資ファンドを引き込んでいる。２０２０年１月の米中貿易第１段階合意に沿って、１００％出資の上海法人設立を認めたのだ。投資ファンド大手の米ブラックロックは２０２０年８月に現地法人「貝莱徳金融管理公司（ブラックロック金融管理会社）」が認可された。初の外資１００％資産運用会社である。事業範囲は、「公募ファンドの管理、ファンド販売及び、私募資産の管理と、その他中国証券監督管理委員会によって認可された管理事業」となっている。証券及び先物ビジネスライセンスを取得し、公的ファンド商品を発行する。２０２０年12月には米証券大手のゴールドマン・サックスが中国資本との合弁による証券会社の全株式を取得し、１００％出資法人に切り替えている。

習政権は２０１９年夏以来、香港の民主化デモの弾圧と香港の「高度な自治」の剝奪に乗り出し、２０２０年７月１日には、その総仕上げである香港国家安全維持法（国安法）を施行した。習政権は、１９９７年７月の英国による香港返還以来、曲がりなりにも続いてきた「一国二制度」の約束を事実上反古（ほご）にし、香港の自治と自由を奪い、北京の直轄支配とした。

習政権の誘いに乗る米欧の金融機関大手は相変わらず香港に拠点を置き、上海、深圳市場との金融取引の一体化を収益機会の拡大だと前向きに捉えている。２０２１年１月にトランプ政権からバイデン政権に代わると、習政権は香港立法会の選挙制度を変え、香港の自治と民主化の道を完全に破壊し、閉ざした。

それればかりではない。習政権が香港市民抑圧と同時並行で用意周到に展開してきたのが、香港株式市場の中国化である。習政権は国際金融市場香港経由で世界の余剰資金が本土に流入するシステムをつくりあげ、香港を共産党中央の完全指令下に置いた。香港を本土の金融センターである上海や深圳と一体化させ、なおかつ香港の政治的離反を防ぎ、意のままに操れるようにしてしまえば、覇権国米国の武器である米ドルをわが武器に取りこめるというわけだ。

具体的には以下の通りだ。

香港市民の民主化要求運動が盛り上がってきた２０１９年夏ごろから、習政権は本土企業を香港株式市場にＩＰＯさせ、香港市場の中国化を図ってきた。香港市場上場の本土企業の株式時価総額と売買シェアは２０１９年６月にそれぞれ68％、78％と高水準だったが、国安法施行の2020年7月には79%、87%まで高め、以降、この水準を維持している。

同時に上海、深圳の株式市場への中国企業のIPOをどんどん増やし、資金調達する。先述の通り、香港と上海の市場間では「ストックコネクト」という相互株式投資制度が2014年11月に開通し、香港深圳間も2016年12月に始まった。このルートでは外国の投資家が香港市場で上海や深圳の株式を売買できるし、中国の投資家は上海、深圳市場から香港株を取引できる。

香港、上海、深圳に本土の成長企業を上場させると、香港を拠点にする日米欧の金融資本が香港ばかりでなく上海、深圳に株式投資する。こうしてニューヨーク市場やナスダックなどの米国市場に上場しなくても、香港、上海、深圳で容易に巨額のドルを調達できる仕組みができあがった。

香港、上海、深圳のIPOによる資本調達規模が、日欧はもとより、世界のIPOの総本山であるはずのニューヨークやナスダックをも上回る規模になった。中国本土の企業は香港でのIPOで外貨を調達し、投資家は人民元で香港株を買い、売買益をドルで手にする。

まさに壮大な規模の錬金術なのだが、その土台で、起点であり終点でもあるのが香港市場である。繰り返す。香港ドルは米ドルと自由に交換できる。人民元も香港ドルを介して米ドルに換えられる。

ただひとつ、このからくりを粉砕してしまいかねないのは、香港ドルと米ドルの交換を米国が禁じること、あるいは、ドルの最後の出し手である米銀と中国の国有商業銀行との取引禁止である。

トランプ政権は、実質ドル本位の中国経済の決定的な弱点を念頭に置いていた。対中金融制裁発動を辞さない構えだった。２０１９年11月、「香港人権民主法」を成立させ、状況次第で香港ドルと米ドルの交換を禁止できる条項を関連法に盛り込んだ。さらに習政権の国安法に対抗して、トランプは議会超党派が可決、提出した「香港自治法」に２０２０年7月14日、署名し、発効させた。同法によると、米国務省は香港の自由や自治を侵害した個人や団体を特定し、ドル資産の凍結などの制裁を行える。その個人や団体と取引がある金融機関も対象となる。具体的な制裁内容は、米銀による融資の禁止、外貨取引の禁止、貿易決済の禁止、米国内の資産凍結、米国からの投融資の制限などだ。「一帯一路」の資金の出し手である中国国有四大銀行が持つドル資金は1兆数千億ドルに上る。

ところが対中投資で荒稼ぎする米金融資本をバックにするバイデン政権は、トランプ政権の対中金融制裁路線を継承しそうにない。その気がまるでない。米金融資本をバックにする習が「国際包囲」をせせら笑い、強気に出られるのは、バイデン政権の無策のお蔭なのだ。

先に触れたように、トランプ大統領は香港自治法に署名し、発行させた。ところが実際の制裁はトランプ政権時代の2020年10月に、香港の行政長官や中国政府の香港担当者個人に対する資産凍結だけにとどまっている。2021年には国安法違反だとして、香港の民主活動家や蘋果日報（アップルデイリー）への弾圧が激化したが、バイデン政権は沈黙したままだ。

金融資本に縛られて動けぬバイデン政権

もとより、2019年11月に成立した「香港人権民主法」には「1992年香港政策法」修正条項が含まれている。香港政策法とは1997年7月の英国による香港返還に合わせて、1992年に成立した米国法で、香港の高度な自治の維持を条件に、「香港ドルと米ドルの自由な交換を認める」となっている。

香港政策法修正条項によって、米政府は香港の自治、人権・民主主義の状況によっては「通貨交換を含む米国と香港間の公的取り決め」も見直し対象にできるようにしている。それに加えて、香港自治法は、中国の大手銀行に対し米銀との取引を禁じる八つの手法を列挙し、ドル調達の封じ込めという中国への強烈な制裁が可能なのだが、バイデン政権のもとでは一切検討課題になっていない。

米金融資本が深く香港・中国本土の金融市場に取り込まれたという現実が、米議会やホワイトハウスの身動きを制約している。

ドル金融への依存度が大きい中国に対する金融制裁の威力は、大量破壊兵器級なのだが、バイデン政権のもとでは〝抜かずの伝家の宝刀〟である。

台湾問題と米中

米国の対中金融制裁のためらいは、台湾問題にも微妙に作用する。２０２２年12月23日にバイデン大統領が署名、成立した「国防権限法」がそれである。

国防権限法は本来、議会による国防予算案が主内容だが、国家安全保障に関連する重要事項が付け加えられた。今回の国防権限法では上院外交委員会が圧倒的多数で可決した「台湾政策法案」の一部を取り込んだ。5年間で最大100億ドルの台湾軍事支援予算や、台湾からの武器購入要請には優先的かつ速やかに応じることも権限法に盛り込まれている。

しかし、上院外交委員会以降、審議が止まっていた台湾政策法案のうち、中国に対する金融制裁条項は権限法から一切除外された。外交委の金融制裁案は、習政権が台湾に敵対行為をエスカレートさせる場合、米大統領が中国の最大規模の国有商業銀行3行を含む国有銀行5行に対し、米銀とのドル取引を禁じることができるとあった。

2022年6月の台湾政策法原案では、制裁対象を中国工商銀行、中国建設銀行、中国銀行、中国農業銀行の中国四大商業銀行を名指しにしていたのを、上院外交委案は緩めたのだが、それでも金融制裁に対する議会超党派の意気込みは顕著だった。ところが、国防権限法では金融制裁案を取り下げたのだ。

理由ははっきりしている。バイデン政権が金融制裁条項に強く難色を示してきたからだ。6月の原案で記していた四大国有商業銀行の名前の削除も、さらに金融制裁一切の国防権限法からの排除も、ホワイトハウスの拒絶反応による。

もっとも、金融制裁案が完全に消え去ったわけではない。議会は民主党が上院多数派を占め、共和党が下院多数派となる。対中強硬派は両党にまたがるが、とくに共和党の大多数がそうである。

共和党の強硬派は習の野望を抑止する鍵は金融にあると踏んでいる。したがって、米下院主導で、対中金融制裁条項が再浮上しよう。米国による金融制裁の可能性自体が習政権にとっては脅威でありつづけるのだ。

反撃する習政権

米中貿易戦争はモノからカネ、ハイテクへと限りなく領域を拡大していく。対中貿易戦争は、対中貿易不均衡によって損なわれている国内生産と雇用を改善するという経済の米国第1主義を超え、安全保障の領域に及んでいる。そんな現実が続く限り、習政権の膨張政策を支えるドルを中国にこれ以上渡さないという通貨金融戦略、さらに軍事技術に結びつくハイテクを渡さないというのがワシントン・コンセンサスであることに変わりはない。

習近平政権のほうは米国の金融、ハイテク覇権の突き崩しというあくなき野望を追求する。対米譲歩を拒否する一方で、モノの貿易、生産・供給のネットワークの中心の座確保に続いて、ハイテク覇権を握ろうと、半導体産業などに補助金投入、低利融資、安価な土地といった国家補助をさらに拡大している。

２０２２年５月23日付『ウォールストリートジャーナル（ＷＳＪ）電子版』によれば、習は手厚い支援によって保護してきた国有企業に加えて、株式非公開のスタートアップ企業１０００社あまりを支援するため、向こう５年に少なくとも15億ドルを拠出すると表明した。さらに病院など国有組織に対して、医療機器や画像処理装置などテクノロジー製品の購入について25～１００％を国内企業に振り向けるよう指針を発表している。

だが、そこには落とし穴がある。繰り返すが、財政と金融の基盤が心許ないからだ。

第4章

ウクライナ戦争とペトロ人民元

ウクライナ戦争勃発〜習・プーチン盟友関係

軍事は勿論、金融とハイテクの米国覇権パワーを突き崩すのは中国単独では無理だ。習近平中国共産党総書記・国家主席は限界を自覚しているだろう。結果、ロシアとの協調を深化させる道を選んだ。

両首脳は2022年2月4日の北京冬季五輪開幕式に合わせて会談し、「(両国間の)友情に限界はなく、協力するうえで『禁じられた』分野はなく、2国間戦略的協力の強化は第3国に対抗するものではない」と謳(うた)った。バイデン政権がロシア軍のウクライナ侵攻の可能性を警告するさなかである。見逃せないのは「第3国に対抗するものではない」と付け足したくだりだ。16ページで述べたように、この声明の条項は中国主導である。「第3国」とは無論、米国を指す。反米のための中露同盟ではないとはぐらかす動機は、米国による対露制裁の2次制裁を避けたい中国側にある。

プーチンの反米意志は明確だ。「米国はドル覇権、ハイテク独占によって世界に寄生して収奪し、貢ぎ物を集めて覇権的家賃をむさぼっている」とは、プーチンの2022年9月末の演説だ。

「覇権的家賃」とは聞きなれない言葉だが、現代の世界システムを考えるうえで興味深い。ひと言で言うと、覇権国（家主）のシステムを利用せざるを得ない国々（借家人）から、べらぼうな利用料（家賃）を取り立てることを可能にする国際的な仕組みのことだ。

19世紀から20世紀初頭にかけての大英帝国は、金本位制のロンドン金融市場に銀本位制の植民地インドなどで生み出される金融資産を集中させ、金と銀の相場を操縦することによって、常時、思うがままに富を収奪できた。この場合、英国は家主、インドなど被支配国は借家人ということになる。

世界の金融資産を基軸通貨ドル建てで取引する国際金融市場、ハイテクの使用料を世界から徴収する米国中心の世界経済システムは大英帝国のシステムをグローバルに広げたともいえなくはない。

さて、ここまで何度も述べてきたように人民元資金発行をドル準備に頼る中国だが、米金融制裁に脅える習にとって、プーチンの反ドルに便乗して人民元決済を広げる好機だ。

ロシアはエネルギー資源ばかりでなく小麦、鉱物、肥料などの輸出大国である。相場はドル金融に翻弄されてきた。プーチンらにとって最大の屈辱は旧ソ連邦の崩壊である。基軸通貨ドルとセットになっている石油相場がワシントンの意向によって安く抑えられ、エ

グラフ4-1　米国と中国・ロシアの項目別世界シェア（%）

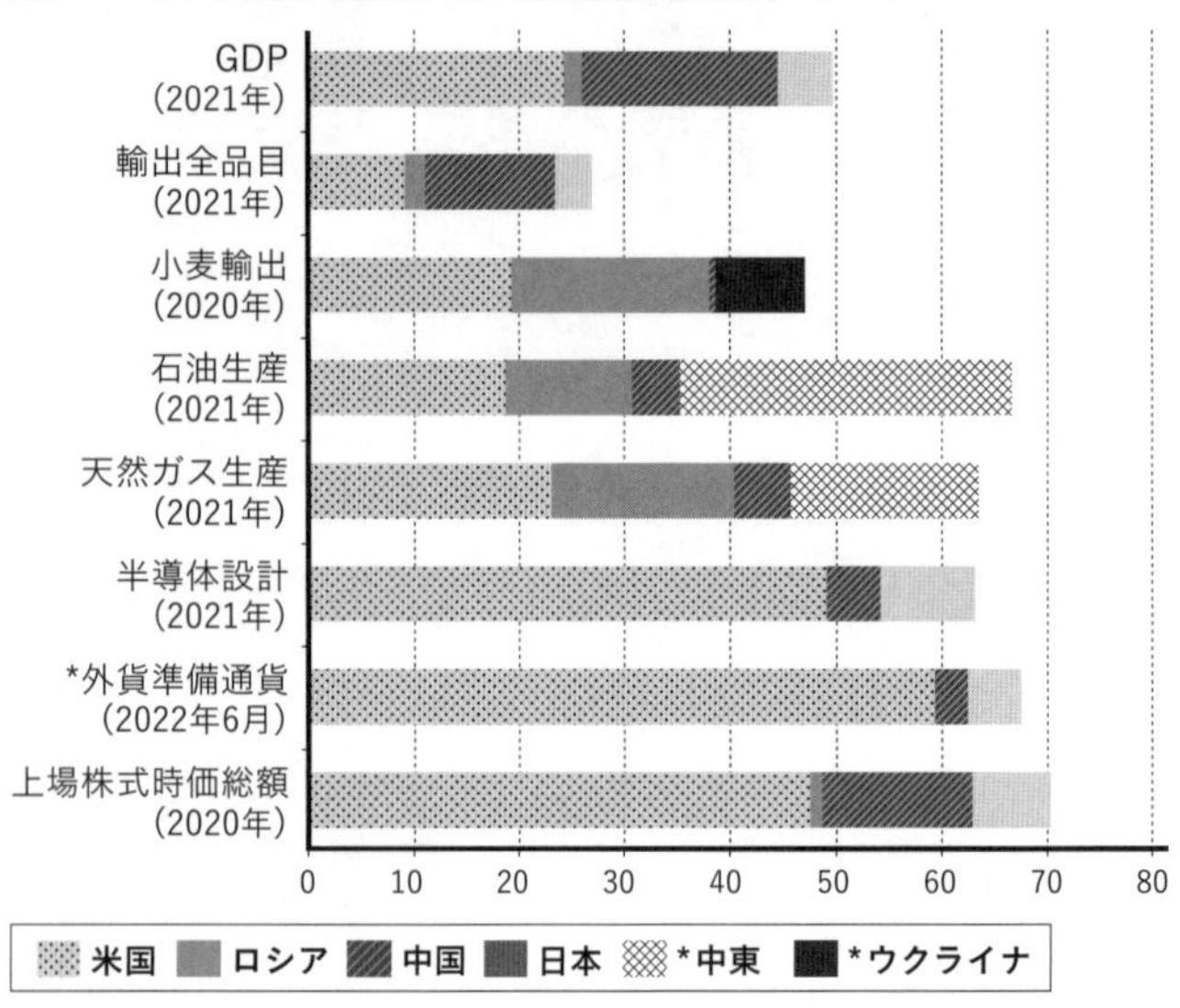

データ：CEIC、IMF、米半導体工業会、米農務省

＊：中東は石油と天然ガス、ウクライナは小麦のみ表示。外準通貨は米ドル、人民元、円。
ロシア・ルーブルはデータなし

ネルギー輸出税収が約5割を占める旧ソ連財政は破綻した。

この教訓を踏まえたプーチンは旧ソ連がほとんど立ち入らなかった中東への関与を深め、2020年6月には石油輸出国機構（OPEC）盟主のサウジアラビアを抱き込んで、ロシア・OPECの協調減産で合意し、その後の石油相場高騰へと導いた。

ウクライナ侵攻後、米国を中心とする西側世界は対露金融制裁に踏み切った。ロシア中央銀行が日米欧に預けている外貨資産の約半分を凍結し、国際銀行間資金決済ネットワークである国際銀行間通信協会（ＳＷＩＦＴ）からロシアの銀行の多くを締め出した。西側は、ロシア経済が崩壊の危機に見舞われると見込んだが、あにはからんや、ロシアの通貨ルーブルの急落は一時的で、４月以降はドル、ユーロに対して強くなっている。プーチンは欧州に対して天然ガス輸出代金決済のルーブル建てを強制し、ルーブル需要を押し上げた。中露貿易はルーブルまたは人民元建てとし、輸出入を拡大させている。

こうしてウクライナ戦争以降の世界は「米国ドル対中国・ロシア産モノ」の戦いとなった。今後、どんな展開になるだろうか。

グラフ４－１は米中露の〝武器〟となる項目別の世界シェアで、日本分も加えた。基軸通貨国だけあって、米国の株式時価総額、ドルの外貨準備通貨シェアは絶大だが、モノ全体の輸出は中国が圧倒的だ。ロシアはウクライナを支配下に置けば小麦輸出で米国を圧倒できる。石油、天然ガスの生産シェアは米国が優勢だが、国内消費分を差し引いた石油の輸出余力は米国にはほとんどない。しかもロシアは石油でサウジアラビアなどＯＰＥＣを抱き込んだ。習もまたサウジに接近し、石油の人民元建て取引を働きかけている。

前述したように、金融制裁という伝家の宝刀を抜けないと、米国の強みは半導体に絞られる。半導体設計シェアを見れば、米国は他を寄せ付けない。だが、習政権は半導体禁輸に対し、電気自動車などに欠かせないレアアース（希土類）の禁輸で報復できる。米国対中露連合、即ちドル対モノの対立は世界を巻き込む消耗戦に発展しよう。

習近平のウクライナ「和平偽装工作」

習近平党総書記・国家主席は「中立」を装いながら、西側の金融制裁に苦しむロシアの財政金融を全面支援している。真の狙いは何だろうか。

習は２０２３年４月26日、ウクライナのゼレンスキー大統領と電話協議し、ロシアとの和平仲介を申し出た。和平協議のための特別代表団を編成するという。フランスなど欧州の一部で中国の仲裁期待を高めさせ、対中関係での西側世界の結束を切り崩すための演技という見方が強い。

思い起こすのは、２０２２年２月４日、北京での習とプーチン大統領の共同声明だ。「限りない友情と制限のない協力関係」を謳った。２０２３年３月21日にモスクワを訪問した習はロシア寄りのウクライナ戦争の停戦条件をプーチンに示した。４月21日、中国の駐フランス大使はウクライナを含む旧ソ連圏諸国について「主権国家としての具体的な地位に関する国際合意は存在しない」と述べ、プーチンのウクライナ併合のもくろみに寄り添う発言を行った。

他方で、中国の外交当局は一貫して、「中立」を強調し、ロシアへの軍事支援を否定する。米バイデン政権による対中金融制裁を恐れているからだが、水面下では半導体を含む軍民両用の物資を中国がロシアに提供している疑惑が米国では絶えない。

金融面では、習政権はウクライナ戦争当初から、中国人民銀行が運営する国際資金決済ネットワークであるＣＩＰＳを通じて、国際銀行間通信協会（ＳＷＩＦＴ）から締め出したロシアの金融機関に抜け道を提供している。

極め付けのロシア支援の証拠は、中国の公式統計からも引き出せる。

中国はウクライナ戦争勃発以来、先進7ヶ国（Ｇ７）による段階的なロシア原油の輸入禁止を尻目に、ロシア原油輸入を大幅に増やしてきた。中国税関は毎月、ロシア原油の輸入額と量（トン）を発表しているので、トン当たりの単価が簡単に割り出せる。原油１トンは7・33バレルとして、輸入量をバレルに換算すると、２０２３年3月は日量２２７万バレルで、２０２２年3月の同１５１万バレルから5割も増えた。中国は世界最大の石油輸入国で、３月の輸入総量は１２３６万バレルに達した。問題にすべきは中国の輸入価格

グラフ4-2　ロシアのエネルギー収入と中国の石油輸入価格

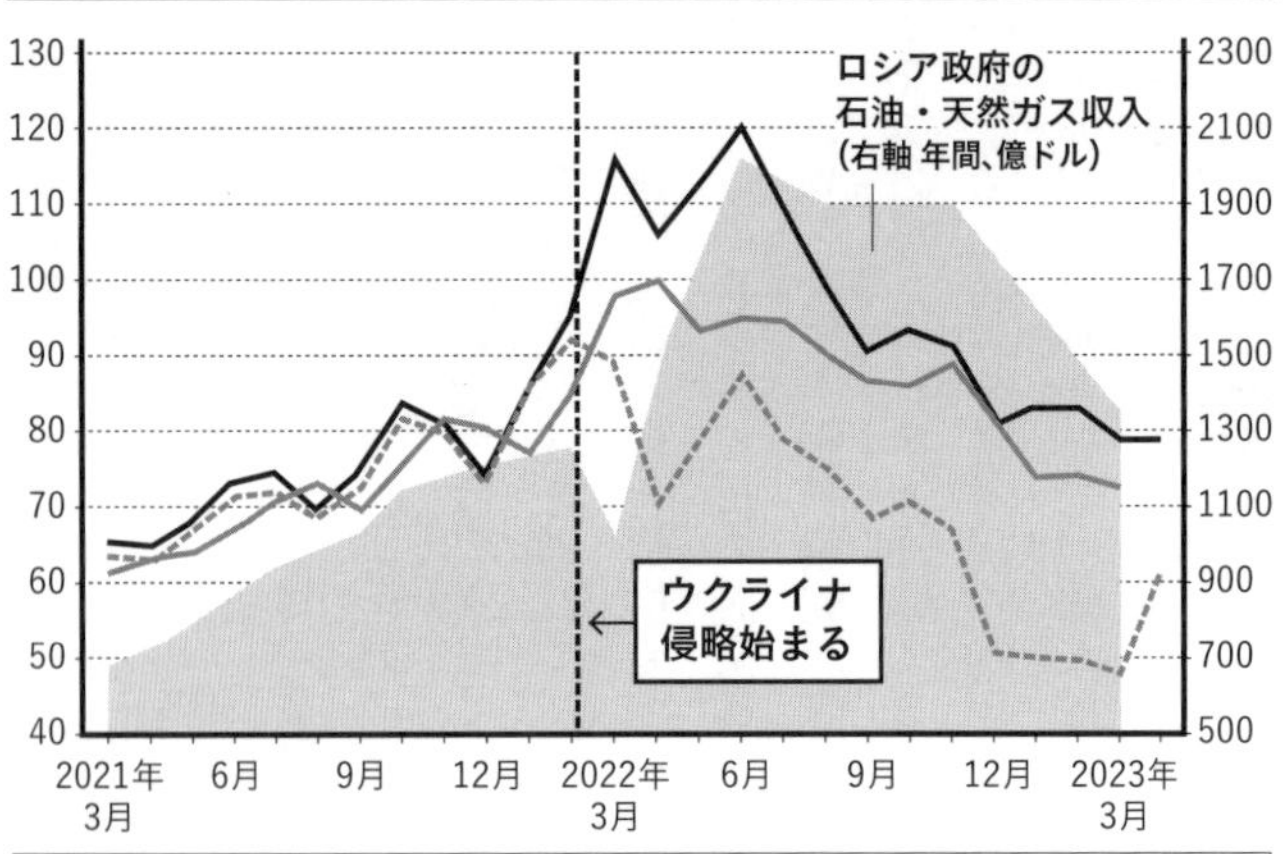

データ：CEIC、ロシア政府

である。

グラフ4－2はロシア政府の石油・天然ガス収入とブレント原油、ウラル原油の国際相場及び中国のロシア原油輸入価格の推移である。

ウラル原油はロシア原油を代表する油種で、国際石油市場では北海油田の油種であるブレント原油とガソリン成分の割合などで同等視され、ウクライナ戦争勃発前はほぼ同じ相場水準だった。戦争が始まると、その直後、ウラル原油は急騰するブレント原油とは逆に急落した。ブレント原油は2022年6月に最高値をつけたあとは下落基調にあり、ウラル原油も同時並行して下がっている。両油種間の価格差は大きく開いたままだ。

この点に限っては、西側の対露制裁は効果を発揮している。1バレル当たりではウラル原油は30ドル前後もブレント原油よりも低い。

しかし、中国のロシア原油輸入価格に目を転じると、ブレント原油相場との価格差は10ドル以下で、ウラル原油国際相場よりも20ドル以上高い。財政収入の約25%を占めるエネルギー収入が急速に落ち込んでいるだけに、中国側の割り増し価格はロシアにとって、まさに干天の慈雨となる。

それればかりではない。ロシアの石油輸出は日量1000万バレル程度で、うち200万バレル以上が中国向けだ。ということは1日当たり約4000万ドル、年間で約146億ドルを、中国はロシアに補助している計算になる。

世界の軍事費を調べているストックホルム国際平和研究所によると、ロシアの軍事費は2022年864億ドルで、ウクライナ戦争などの要因で前年比204億ドル増えた。中国によるロシア原油買いの割り増し分はロシア軍事費増の71%にも相当する。中国はロシアのウクライナ戦費の大部分を差し出している計算になる。

習は何を得ようとしているのか。

基軸通貨ドルによる世界支配を憎悪し、脱ドルに執着するプーチンは、石油決済通貨をドルから人民元へ移行させようと企む習にとって恰好の盟友に違いないが、ウクライナ戦争で消耗するロシアは習にとって好都合極まりない。戦争長期化で疲弊が甚だしいロシアは、戦争がどうなろうとも中国に依存するしかない。

民間軍事会社ワグネルを率いたプリゴジンの反乱を受けて以来、カリスマ性が一挙に剝れてしまったプーチン自体、習にますます頼らざるを得ない。習にとっては巨大なエネルギー資源と食糧生産力を持つロシアを含めて、ユーラシア大陸全域を人民元経済圏に組み込む機が熟しつつある。すでに対中依存を強めている中央アジア諸国からドイツなどに及ぶユーラシアのインフラ網を北京へと繋いで統合する、習肝いりの「一帯一路」という野望実現の好機なのだ。

「ペトロ人民元」は成立するか

習近平党総書記・国家主席は石油の人民元決済、謂わば「ペトロ人民元」の座を狙っている。石油通貨は米ドルの独壇場で、ドルを世界の基軸通貨に据える最大の要因だが、習はプーチン大統領との盟友関係をテコに、ドル体制の突き崩しに本腰を入れている。それはどこまで可能なのか。

序章で述べたように、ウクライナ戦争勃発後の２０２２年12月、習はサウジアラビアを訪問し、中国の通信機器大手、華為技術（ファーウエイ）との協力覚書に署名した。米国がファーウエイを安全保障上の脅威だと見なして、米市場から締め出したが、中国はまんまとサウジを取り込んだ。

最大の目標は石油の人民元建て取引である。習はリヤドで開かれた中国・湾岸協力会議（ＧＣＣ）首脳会議で、石油・天然ガス貿易の人民元建て決済を推進するとし、上海石油天然ガス取引所を「最大限に活用する」と表明した。

なぜ石油決済の非ドル化が米覇権の切り崩しになるのか。

繰り返しになるが、ドルは１９７１年8月のニクソン声明で金（きん）とのリンクを断ち切り、１９７３年には変動相場制に移行した。ドルは円や欧州通貨と同じく、ペーパーマネー、つまり紙切れとなったのだが、その信用を繋（つな）ぎとめる錨（いかり）となったのが石油である。

１９７４年、キッシンジャー米国務長官がサウジの首都リヤドを訪問し、サウジをしてすべての国々への石油の販売はドル建てで行うと約束させた。米国はその見返りとしてサウジ王家の保護と同国の安全保障を引き受けた。世界最大の石油輸出国で石油輸出国機構（ＯＰＥＣ）の盟主サウジが石油取引をドルに限定したことから、石油と同様、炭化水素が主成分である天然ガスの国際相場もすべてドル建てとなり、ドルは「ペトロダラー」として基軸通貨の座を堅持し、現在に至る。

１９８０年代前半、米レーガン政権の強いドルと高金利政策によって石油価格は大幅に下落した。その後も、サウジアラビアは米国の要請に従って、石油の増産体制を維持し、石油価格の上昇を抑えた。旧ソ連は石油相場低迷のために財政難と経済停滞に陥り、１９８５年にソ連共産党書記長に就任したゴルバチョフは改革路線「ペレストロイカ」に踏み出したが、最終的に体制崩壊へと追い込まれた。

プーチンは、生前のゴルバチョフからじかに聞いたであろうこの教訓を肝に銘じ、ロシア産石油、天然ガスの非ドル決済をウクライナ戦争前から試みてきた。そして、習はプーチンと２０２２年２月、北京で会談し「両国の友好・協力関係に制限や禁じられた分野はない」とする共同声明を発表した。声明に基づき署名した経済協力協定の柱は、エネルギーなどの人民元またはルーブル建てでの取引である。

２０２３年１月には、サウジ財務省がドル以外の通貨で貿易決済での話し合いに応じると言明。２月にはイラク中央銀行が対中貿易で人民元決済を認めると表明。３月にはサウジ政府が中国、ロシア、インドや中央アジア諸国の協議機関である上海協力機構への加盟を決定。中国とブラジルが人民元及びブラジル通貨リアルの貿易、金融取引開始で合意した。４月にはアルゼンチンの経済相が、中国からの輸入商品のドル建て決済を止め、人民元建てで払うと発表した。

いわゆるグローバルサウスを中心とした脱ドル機運は中国主導で拡がっている。

中国自体の脱ドルはどの程度か。

第１章のグラフ１－１（37ページ）が示すように、中国は２０１８年６月の米中貿易戦争勃発を機に、貿易や投融資での対外資金決済の人民元への切り替えと同時に米国債保有削減に本腰を入れてきた。

２０２２年２月下旬、ウクライナ戦争が始まると、脱ドル化を加速させている。２０２３年３月の時点で、支払いのほうは人民元がドルを凌いだ。米国債保有は最近、年間で１７００億ドル以上も減らしている。

習政権の人民元攻勢は基軸通貨ドルを脅かすのだろうか。

注目すべきは、人民元決済対象は貿易が主であり、輸出入の状況次第で不公正になりかねないことだ。

ブラジルの場合、中国への輸出が輸入を大幅に上回っている。中国側は人民元を刷って払えるという利点が大きいが、何しろ人民元の使い勝手は悪い。中国の金融市場は規制だらけで、ブラジル側は人民元資産の運用が難しい。

逆にアルゼンチンは対中輸入が輸出をかなり上回っている。輸出で獲得する人民元を輸入に回せばよいが、中国側はその分、ドルが入らなくなる。

中国の通貨発行は流入するドルに依存しているので、これでは具合が悪い。

総じて、貿易の人民元決済は中国にとっての貿易赤字国向けでは中国の金融上で有利だが相手国に不利となる。中国にとっての黒字国向けは中国の通貨制度に不都合だが、相手国はドルを節約できて受け入れやすい。

したがって、人民元決済は、貿易黒字国相手では相手の輸入、赤字国相手では中国の輸入の各範囲内で進みそうである。

一方、ドルが世界の基軸通貨である理由は、石油のドルリンクに加え、自由で開かれたドルの金融市場の存在がある。そこでは債券、株式など証券からデリバティブ（金融派生商品）に至るまで多種多様、変幻自在なドル建て金融商品が常時取引されている。

中国の場合、金融市場は党の強権をバックにする規制だらけである。外資系銀行と証券の１００％出資による対中進出は認められるようになったが、資本取引、即ち国内外の大口資金の資金移動は不自由なままである。

資本取引の規制は、党がカネをコントロールする中国特有の通貨・金融制度と不可分である。

中国人民銀行による人民元資金発行は流入する外貨次第である。中国共産党は人民元の信用を裏付けるドル、またはユーロ、円などドルにいつでも交換できる外貨準備を大量に保有している。そうでないと、人民元はただの紙切れとなり、人民元の信用はなくなる。

外国為替取引は「管理変動相場制」と称し、人民元の対ドル・交換レートも、当局が決める中心レートの上下２％の幅でのみ変動を容認する。謂わば準ドル本位制である。中心レートは原則として前日の人民元相場の終値を基準にしているが、２０１５年夏に当局が意図的に基準レートを大幅に切り下げると、巨額の資本逃避が起き、金融不安に見舞われた。当局は外準を取り崩し、売りが殺到する人民元を買い支えざるを得なかった。

習政権は人民元資金が海外に流出、蓄積されることを極端に恐れる。中国の通貨・金融制度は人民元が中国国内にとどめ置かれてこそ維持できる。

仮に、巨額の人民元が国外に滞留し、蓄積されると、規制だらけの中国国内の外為市場や金融市場とは別に、自由な人民元市場が形成される恐れがある。すると、中国国内の通貨・金融市場は国内外の投資家からそっぽを向かれる。やむなく自由化すれば、巨額の資本流出が起きやすくなり、かつてない金融危機に見舞われる恐れが生じる。

人民元の貿易決済で合意が成立した相手国には必ずと言ってよいほど、中国の国有商業銀行大手が進出し、人民元資金の回収に努める。現地の銀行側は入ってくる人民元資金の運用が困難だから、中国の国有商業銀行に持って行って、現地通貨やドルに交換することになる。こんなに不自由で、流動性に乏しい人民元だから、基軸通貨ドルを脅かすレベルにはまだまだほど遠い。

習政権がそれでも人民元決済のグローバル化にこだわるのは、政治的効果が大きいからだ。米国はドルを武器にした金融制裁をちらつかすことで習政権を威圧するが、人民元グローバル化はその抑止になる。また、人民元決済を受け入れる国々とは通商から政治の分野に至るまで友好関係を築ける。

対米関係で政治的効果満点なのは、やはりペトロ人民元だ。サウジがドル離れに動き、人民元建てで石油を売るともなれば、米国はあわてざるを得ない。サウジ王室としても、脅威であるイランに対して柔軟で、人権問題などでサウジに厳しいバイデン政権を揺さぶる手段になる。

ただ、莫大（ばくだい）なドル資産を背景に海外での豪遊に慣れているサウジの王族たちは巨額の人民元を受け取っても、使い道に困るはずだ。それに何よりも、サウジの安全保障の最後の頼みは米軍しかないという現実がある。米国がいまのところ静観しているのは、サウジが人民元決済に応じるはずはないと見越しているからだろう。

第5章

デジタル人民元の虚と実

デジタル人民元でドル覇権崩し

２０２１年からは習近平政権によるデジタル人民元実用化への取り組みが本格化した。デジタル人民元は、中央銀行が発行するデジタル通貨（Central Bank Digital Currency）の一種である。デジタル通貨はデジタル技術によるビットコイン（ＢＴＣ）に代表される仮想通貨（暗号資産）と混同されがちだが、大きな違いは法定通貨であるかどうかだ。デジタル通貨が中央銀行により発行・管理され、国家が通貨の価値を保証するのに対し、仮想通貨には国籍がないし、特定の発行機関も管理者もいない。

デジタル通貨は硬貨や紙幣に置き換わるばかりではない。カネの動きに関する情報がすべて、中央銀行が管理するデータセンターに送られる。中国の場合、中国人民銀行が発行し、情報を収集し、管理することになるが、その人民銀行を支配するのが中国共産党であり、党のトップで独裁権力を恣にするのが中国共産党総書記・国家主席である習近平である。習政権は２０２２年10月の党大会、２０２３年３月の全国人民代表大会（全人代）を経て３期目に入り、中国人民銀行を事実上、党の直轄下に置いた。デジタル人民元は、カネとそれを使う市民を常時監視する一党独裁の支配体制を完璧にする手段になる。

第２に、中国が世界でいち早くデジタル人民元のシステムを完成させれば、基軸通貨ドルの座を脅かす強力な武器になる。対外的な決済での利便性やコストでドルに対し優位に立つ金融インフラになるからだ。また、デジタル通信システムと同じく、デジタル通貨のプラットホーム——情報技術（ＩＴ）やデータ等を用いてシステムやサービスを提供し、そのサービスを享受する場——をさまざまな国に提供することによって、これらの国々を中国式のデジタル通貨ネットワークに取り込み、人民元決済を大幅に拡大できる。それは基軸通貨ドルによるグローバル・ネットワークの蚕食を加速させるだろう。

第３の意義は、中国経済の宿痾（しゅくあ）ともいうべき資本逃避のルートを塞ぐ手段として、である。人民元はもともと中国人社会では信頼性に乏しいために、中国人民銀行は１９８９年６月の天安門事件を機に、人民元発行の裏付け資産としてドルを蓄えてきた。天安門事件当時はドルの裏付けのない人民元の増発が大きな要因になった高インフレが発生し、市民の不満が高まっていた。以来、人民元発行高に対する外貨資産の比率を１００％前後まで高めたのだが、それでも巨額の資本逃避が容易に起きる。人民元の対ドルレートを切り下げるとそうなる。ほかにも、米金利が上がれば、人民元をドルに換えようとする動きが高まる。不動産相場が低迷しようものなら、中国の富裕層は資産を海外に移そうとする。デジタル人民元にはそうした動きを抑止する役割がある。

第4の意義は、デジタル版無国籍通貨というべき仮想通貨の駆逐と一体になっていることだ。ビットコインに代表される仮想通貨はデジタル人民元と同じくデジタル通貨の部類で、世界中どこでもゼロコストで自由に動き回ることができる。仮想通貨は「ブロックチェーン」――情報通信ネットワーク上にある端末同士を直接接続して、暗号技術を用いて取引記録を分散的に処理・記録するデータベース――技術を使うので、当局はそれによるカネの動きを封じることができない。仮想通貨を経由した資本逃避が膨張したために、中国の外準が大きく減る緊急事態に習近平政権は直面した。それ以来、習政権は仮想通貨の撲滅と同時に法定通貨のデジタル人民元の開発、実用化に全力を挙げてきた。

したがって、デジタル人民元は仮想通貨との戦いの産物でもある。

以下、仮想通貨からデジタル人民元への流れを時系列で追ってみよう。

仮想通貨の登場

国境を越えて動き回る無国籍通貨、ビットコインに代表される仮想通貨は情報技術（I

T）革命と金融のグローバリゼーションの潮流に乗っている。それが、２０１６年ごろには、不自由で規制だらけの通貨、人民元でカネを動かさざるを得なかった中国の人々に熱狂的に迎えられた。

まずは仮想通貨とは何か、概略をまず説明しておこう。

「Satoshi Nakamoto」という匿名の人物が２００８年に公開した論文をもとに、２００９年1月、暗号通貨とも呼ばれる仮想通貨ビットコインが誕生した。Satoshi Nakamotoなる人物が最初の送金を行い、ここからビットコインが世に出たのだ。

仮想通貨の名の通り、デジタル空間で存在し、お札や硬貨という実物はない。ビットコインの確認は、ネット上でしかできない。ドル、円、ユーロ、人民元などと違い、発券し、流通を調整する機関はない。

前述したように、仮想通貨は当局が監視困難な「ブロックチェーン」技術を使う。ブロックチェーンの取引の確認作業がマイニング（採掘）と呼ばれる。採掘とは、金鉱山の採掘の隠喩（いんゆ）で、ビットコインなど仮想通貨の場合は、仮想通貨取引を検証して、その記録をネットで結ばれている複数のブロックチェーンに随時、記録する作業のことだ。「採掘」に成功すれば、ビットコインの報酬を受け取ることができる。

採掘作業はパソコンによる計算のことで、大量の電力を消費する高性能のパソコンが必要だ。仮想通貨取引はデータが膨大で、それを分析、記録するためには高度で複雑なプログラムを大容量のコンピュータで駆動させる必要がある。追加記録した採掘業者にはその作業の対価として仮想通貨が与えられるので、ちょうど金を地中から掘り出す作業に喩えられる。

ビットコインの資源量ともいうべき発行量は約2100万枚という上限が設定されている。そこでマイニングが進めば進むほど、マイニングで得られる枚数が減少する。およそ4年ごとにビットコインマイナー（採掘者）に与えられる報酬は半分に削減されるが、ビットコイン供給量が減るので、稀少価値の度合いが上がり、価格も長期的なトレンドとして上がりつづける仕掛けになっている。

登場した当初は、通貨としての価値が認められなかったが、その数ヶ月後、ビットコインのマイニングが始まり、通貨としての価値が認められ、決済が始まった。当時は1BTC＝約0・2円の価値だったが、2011年に入り、ビットコインの取引が急増するようになり、価格も激しくアップダウンを繰り返しながら上がっていった。投機が激しく、中国など各国の規制やインフレ予想、ドル金利などで大きく相場が変動する。2011年から２０１２年には、一時期１ＢＴＣ＝１５００～３０００円、２０１３年暮れには１ＢＴＣ＝12万円台まで高騰したが、２０１４～２０１６年は1万４０００円前後で落ち着きを見せた。しかし再度、２０１７年12月に２３３万円を付け、２０１８年12月は35万円台に下がった。ところが２０２１年11月９日には、ビットコインは史上最高値７７７万円に再び急騰、２０２２年は２１１万～５６０万円、２０２３年5月は３５０万円前後という具合である。

仮想通貨の種類も10年足らずで１５００種類にも増えたが、ビットコインは一貫して最大のシェアを占める。

ビットコインは円など法定通貨と違って国家の刻印がなく、裏付けが何もないと、２０２１年5月当時の黒田東彦日銀総裁がうそぶいたことがあるが、法定通貨であっても高インフレになれば国家保証は無意味になる。

その点、ビットコインは発行上限が２１００万ビットコインと明確に決められている。約１６８０万ビットコイン、採掘可能量の８割がすでに掘り出されたが、一気に掘られて流通量が急増しないよう、採掘の対価で得られるビットコインの量を順次減らしている。

２０４１年には掘りつくされ、それ以降は流通量が増えないよう設計されている。今後、

グラフ5-1　人民元によるビットコイン(BTC)取引高と中国の外貨準備

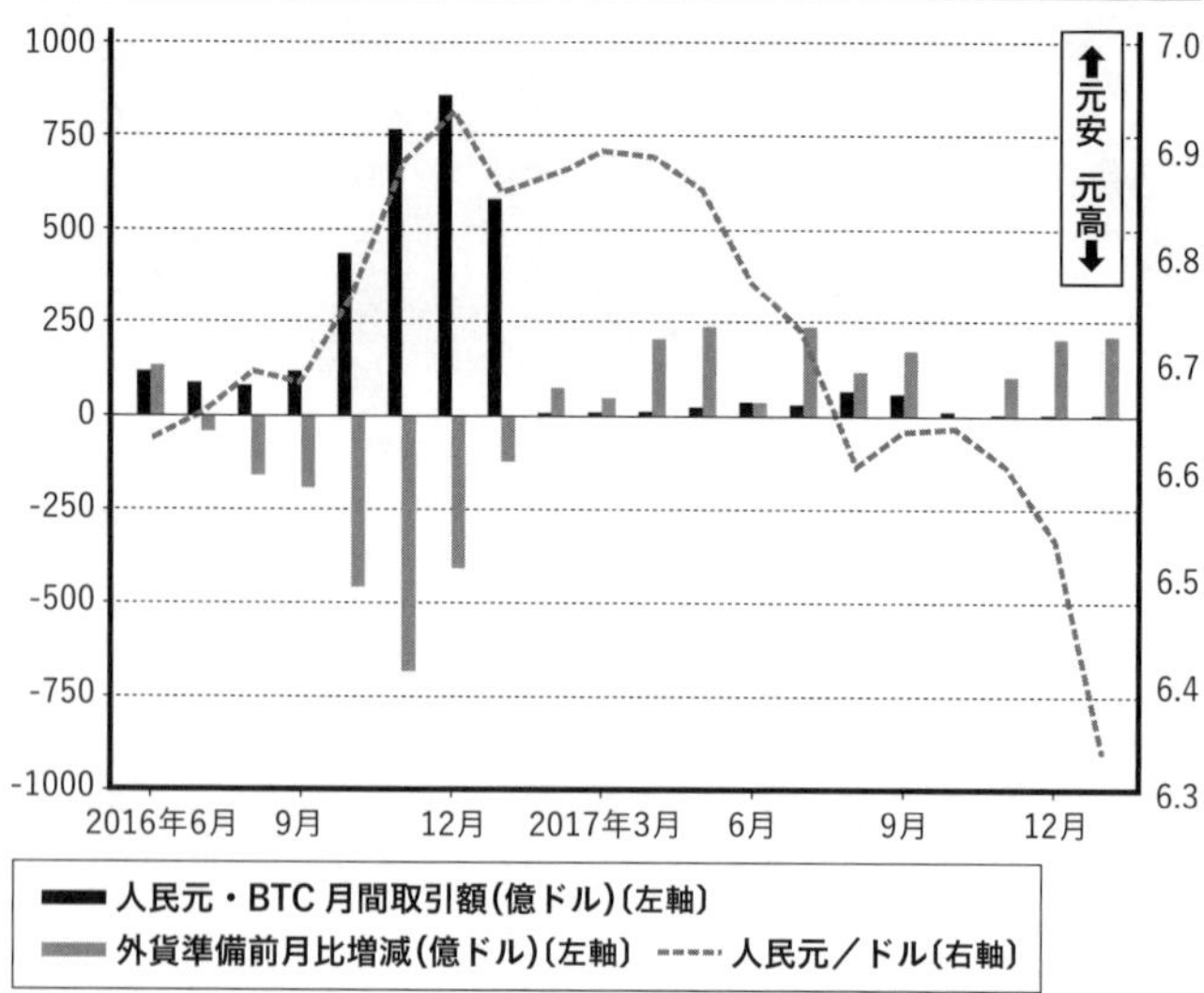

データ：cryptocompare.com、CEIC

23年間、その稀少価値が徐々に高まるわけで、法定通貨のように天文学的なインフレとともに価値が消滅するわけではない。

ビットコインは取引記録としての台帳記載があってこそ成立する通貨なのだから、国籍がなくともドル、円など在来の通貨と同類となり、交換できる。ドル、円、ユーロ、人民元、韓国ウォン、ロシアルーブルなどの通貨と違う理由は、台帳が中央銀行に限られず、ネット空間で分散するデータセンターで共有されるという、IT上の領域にあることだ。

市中銀行や中央銀行の決済ネット

ワークを経由しなくても、インターネットを通じて当事者間で直接資金取引できるので、資金移動は迅速でコストも従来に比べて格段に安くなる。どの通貨も自由に交換できる。

仮想通貨はこう見ると、まさにグローバル金融時代にふさわしい技術革新の賜物であり、国内はもとより国境を越えた資金移動コストは安く、手軽で、金融革命を担うとも評価できる。だから世界各国の中央銀行が現金に替わるデジタル通貨の発行を検討するのだが、その前提条件はあくまでも自由な金融制度である。

自由な無国籍通貨ビットコインの対極に位置する通貨が、中国共産党が創設した通貨、人民元である。人民元は党が支配する通貨当局によって厳重に規制される不自由極まりない通貨なのだが、ドルを基軸とする国際通貨体制に寄生して膨張しつづけてきた。その結果、習近平政権はマネーパワーをテコに世界覇権を狙っているというわけだ。

その野望に対し、自由極まる仮想通貨が立ちはだかる。

習近平の野望に立ちはだかるビットコイン

ビットコインがいかに習政権を脅かしつづけたかは、グラフ5－1を見ればわかる。

主要通貨別に交換、取引されるビットコインは、中国国内でブームとなり、富裕層、投資家がビットコイン買いに殺到して人民元と交換した。２０１６年秋から２０１７年初めまで、ビットコインの世界全体での取引のうち、対人民元が圧倒的なシェアを持った。２０１６年11月は世界のビットコイン取引がそれまでの最大規模に膨らんだが、このうち中国が9割を占めた。デジタル空間を自由に移動するビットコインは当局による厳しい資金流出規制を容易にすり抜けてしまう。２０１６年１年間では、対人民元取引は３１１３億ドル相当額に上り、このうち同年後半だけで２３３２億ドル相当に上った。取引には人民元からビットコイン、逆に、ビットコインから人民元への交換の場合も含まれるが、人民元ではなく外貨を好む中国人の傾向から鑑みて、大半は人民元売りによるビットコイン投資と見ておかしくない。

からくりはこうだ。人民元はビットコインに変身したあと、ドルなど外貨に交換される。即ち、中国からの資金流出となり、人民元が外国為替市場で売られる。人民元交換変動幅を前日終値比で上下２％以内にとどめるよう、市場に介入する中国人民銀行は人民元の大幅下落を避けるために、外貨準備を取り崩すはめになる。

２０１６年の前年比外貨準備減少額は３２００億ドル。年間で３３３０億ドル相当のビットコイン取引のうち大半は人民元によるビットコイン買いと推定されるので、外準急減の元凶はビットコインだと習政権はがく然とさせられた。

中国の投資家がビットコイン投資に血道を上げる背景には人民元安がある。習政権は輸出主導による景気拡大を狙って人民元安に誘導したが、それを嫌う預金者がビットコインに着目したわけだ。

外準は世界最大でピーク時の２０１４年6月には4兆ドル弱だったが、２０１７年末は３・１兆ドルに激減した。中国の現預金総量はドル換算で２０１７年末には25兆ドルに上り、米国の2倍、日本の3倍近い。このマネーの1割がビットコインに置き換わるだけで、3兆ドル余の外準の大半が消失する恐れが生じる。しかも人民元・ビットコイン取引高は２０１６年12月の１週間だけで３００億ドルを超えた。そのペースが続けば１ヶ月間で１２００億ドル、年間で１兆４０００億ドルの外準が減りかねない。

それだけ巨額の資金が流出すれば、人民元売り圧力はすさまじい。人民元相場をがんじがらめに規制する現行の為替管理制度は持ちこたえられなくなり、人民元は暴落する。すると、金融市場ばかりでなく共産党指導による中国経済全体が崩壊の危機に直面する。

ビットコイン撲滅作戦はモグラ叩き

習政権の対外膨張戦略は、巨大な人民元資金と外準が担う。外貨不足や財政難に陥っている国を狙って借款を供与し、インフラ整備、エネルギー開発投資をもちかける。中国製品を売りつけ、中国人労働者を大量に送り込む。東南アジア、南アジア、中央アジア、アフリカ、中南米への投資や経済支援を約束し、現地の政権を親中派に取り込む。債務が払えなくなれば、インフラや不動産を接収する。

「新シルクロード経済圏」の美名で呼ばれる習肝いりの「一帯一路」はそうした勢力圏拡大シナリオの極めつけである。中国主導の国際開発銀行、アジアインフラ投資銀行（ＡＩＩＢ、本部北京）はこの外準を見せ金にして主要国を参加させ、国際金融市場で外貨を調達することが目的だ。

習政権は巨大な外貨資産を裏付けにする人民元の信用度を国際通貨基金（ＩＭＦ）理事会に誇示し、２０１６年10月には主要国際通貨で構成するＩＭＦ特別引き出し権（ＳＤＲ）に組み込ませることに成功した。ＳＤＲ通貨の構成順位はドル、ユーロ、円、ポンドだったが、人民元は円を押しのけて第３位に割り込んだ。ＳＤＲ通貨は世界各国の中央銀行が外貨準備資産として保有し、交換に応じる。人民元は円より上位の国際通貨の座が認定されたのだ。

ところが、当初は中国国内で細々としか取引されていなかったビットコインが突如、習政権の人民元国際化戦略に立ちはだかった。カネの創出や流れを支配する共産党政権は有無を言わせず、ただちにビットコイン撲滅作戦に乗りだした。

習政権は人民元のＳＤＲ構成通貨入りが決まったひと月後の２０１６年11月に５００万ドル以上の海外送金や両替の事前審査を始めた。２０１７年１月からは個人の外貨買いの際に使い道を細かく報告させはじめたが、水面下ではビットコイン取引の取り締まりを強めた。

ビットコインはインターネットを通じて取引されるが、中国当局はもともとネットに流れる情報を検閲する技術はお手のものだ。中国でのビットコイン取引額は２０１７年１月５日の１日だけで81億ドルを超えたあと急減し、同月末にはその１０００分の１まで落ち込んだ。グラフ５－１が示すように、ビットコイン制圧の成果はてきめんで、人民元安は止まり、高めに推移するようになった。

中国当局が公式に包括的なビットコイン売買の禁止を通達し、取引所の閉鎖を命じたのは２０１７年9月だ。中国三大ビットコイン取引所の比特幣中国（ＢＴＣＣ）、火幣（Ｈｕｏｂｉ）、幣行（ＯＫｃｏｉｎ）がサービスを停止すると発表したことを受けて、世界各地でビットコイン価格が暴落した。それよりはるか前に、中国の国内取引所は閑散としていた。法令のあるなしとは無関係に、習政権の恐るべきネット統制力が発揮されたのだ。

さらに２０１８年1月10日、当局は中国国内でのビットコインの採掘停止命令を出した。採掘のためには大容量のコンピュータを何台も繋ぎあわせて、長期間フル稼働させなければならないが、ハードウエアは高熱を発するため、冷却しなければ壊れてしまう。冷却のためには大量の電力を消費するので、採掘業者達は電気料金の安い水力発電所のある地域に装置を設置する。中国では水力発電所が多い新疆ウイグル、内モンゴル、チベットの山間部などに業者が殺到していた。ビットコイン採掘量の国別シェアは、２０１８年1月の中国の採掘禁止令直前まで、中国が世界の8割弱を占めていた。

ビットコイン取引市場は取引、採掘両面で中国のシェアが他を圧倒していたので、当局による取り締まりのあるたびに相場が急落する事態となった。

中国の採掘業者たちは当局による禁令が出ると、相次いで電力の安い国外へと拠点を移した。水力が豊富なアイスランドなどだ。

ビットコインと人民元の取引にも抜け道がある。２０１８年の習政権によるビットコイン禁止令のあと、香港に拠点を置く仮想通貨交換企業テザー社は別の仮想通貨「テザー」を使って中国の投資家を呼び込んだ。テザーはドルに対する交換レートを固定している。中国の投資家は人民元でテザーを買ったあと、取引システムを通じてテザーをビットコインなどの仮想通貨に瞬時に換える。あとはドルなど主要通貨に世界のどの取引所でも換えることができた。

中国本土の投資家は海外の仮想通貨ウェブサイトで取引を続けた。〈フィンランドに拠点を置く仮想通貨交換企業は、中国人投資家から高い人気を集めている。〉（２０１８年２月９日付『ウォールストリートジャーナル（ＷＳＪ）』）と報じられている。

抜け穴封じに中国当局は必死だが、モグラ叩きの感ありだ。

習政権は好ましくないと考えるウェブサイトを遮断するフィルタリングと呼ばれる技術に巨額の予算を充て、さまざまな手段を磨いてきた。これに対し、世界各国の仮想通貨トレーダーの多くは高いインターネット技術を持ち、フィルタリングを迂回する特殊なソフトウエアを使っているという（２０１８年2月6日付『ＷＳＪ』）。

共産党主導デジタル通貨の野望

ビットコインなど仮想通貨退治と並行して、習政権はデジタル通貨発行の準備を急ぐ。ビットコインのような仮想通貨は、国家に縛られない自由がある。中国当局にとってはその自由が何よりも気にくわない。そこで自由な特性を骨抜きにして、国家の意のままになるデジタル通貨を提供しようというのだ。

現金紙幣も仮想通貨も匿名性があるのだが、法定通貨のデジタル版だと、カネの動きに関する情報は中央銀行のデータセンターに集中し、当局は決済や取引が行われるたびにその使い手をただちに突き止め、資本逃避を抑制できる。党による通貨支配は万全、人民元パワーは仮想通貨に侵食されなくなる。中国の市民はデジタル版人民元という〝盗聴装置〟を通じて常時、徹底的に監視され、共産党の檻に閉じこめられるのも同然だ。中国人でなくてもぞっとする未来だ。

徹底的な習政権の仮想通貨敵視策の一方で、国際金融界でも仮想通貨排除論も根強くある。ビットコインをはじめとする仮想通貨の投機が激しすぎることや、犯罪資金のマネーロンダリング（資金洗浄）やテロ組織への資金供与、脱税に悪用されやすいことが挙げられるが、西側世界では共存を模索する。仮想通貨自体は情報通信技術（ＩＣＴ）を駆使した通貨・金融の技術革新の賜物であり、金融サービスを迅速にし、効率や利便性を高める利点が見逃せないからだ。

法定通貨である毛沢東肖像入りの紙幣をデジタル通貨に置き換えるだけの需要も素地もある。中国当局は長らく、横行するニセ札の取り締まりに手を焼いてきた。デジタル化すれば問題は一挙に解決だ。２０１０年代には、スマホを使った決済の普及でキャッシュレス（現金不要）社会化が急速に進んだ。露店、コンビニから高級デパートに至るまでのショッピングやタクシー代金、さらにはもの乞いまで、ＱＲコードを介したスマホによる支払いが行われている。

この結果、中国で出回るカネの総量に占める紙幣・硬貨の割合は２０１８年時点ですでに５％にすぎなくなっていた。同時期、８〜９％の日米に比べても驚くべき現金離れである。現金を除くカネは預金だが、預金こそは銀行の帳簿上に追加記録される数値の合計、即ちデジタル情報である。仮想通貨も金融取引データを追加して記録することで創出されるのだから、預金と同類の通貨と見なされるのだが、中央銀行によるコントロールが不可能だ。

西側世界でも中央銀行が法定のデジタル通貨導入を検討する。日米欧の場合、金融や資本取引は自由化され、国家によるカネの流れのコントロールは民主主義のもとに最小限にとどめ、しかもオープンだ。

ところがネットを中央政府が極端までに支配、監視するシステムのもとに、法定通貨という通貨・金融の基盤がデジタルになってしまえばどうなるだろうか。人民元をやりとりするあらゆる情報は当局のデータセンターに送られ、監視対象になる。中国以外の国も、中国のデジタル通貨システムを導入し、デジタル人民元とネットで結ぶと、中国共産党による監視はその国の個人や企業にまで及ぼすことができるようになる。

習政権はデジタル人民元を軸とするプラットホームを海外に広げ、対外投資を戦略的に展開でき、外準の減少を招く資金流出を徹底的に取り締まれる。対外膨張戦略は計画的かつ円滑に展開される。

習政権の野望を阻止する方法はただひとつ。資本・金融の完全自由化である。外為市場も金融市場も西側並みに自由化されると、人民元はたとえデジタルであろうと、ドルや円、ユーロと同様、自由に変動するようになる。つまり、人民元は信用を失えば、暴落リスクに晒（さら）される。

党による人民元市場の統制を容認、放置してきたのは米英主導のＩＭＦである。米英金融資本は黙認の見返りとして中国が小出しに提供する金融利権に飛びついてきた。日本も他のアジア諸国も経済発展が一定の段階にくると、ＩＭＦは米英の意向を受けて資本や金融市場の自由化、外為市場の変動相場制移行を厳しく迫ったものだが、こと中国に対しては外圧ゼロだ。

先述のように、ＩＭＦは２０１６年10月に人民元をＳＤＲの構成通貨に加えている。構成順位はドル、ユーロに次ぎ、人民元は円を押しのけて世界第3位の国際通貨の座についた。ＩＭＦは認定に際して、さすがに外為市場や金融の自由化を条件として求めたが、建前だけだ。北京は無視するどころか、逆に規制を強化している。それに対してニューヨーク・ウォール街もロンドン・シティも何も言わない。北京は２０１７年11月に訪中したトランプ米大統領に証券・保険業の一部の門戸開放を表明し、米金融資本を喜ばせた。英国のほうは、人民元のＳＤＲ入りの前に、人民元の決済センターをシティに誘致できて、大喜びだった。

ドル基軸体制蚕食を狙う

習政権は2019年末から都市を指定してデジタル人民元の導入実験を始めた。まずは2022年2月開催を控えた北京冬季オリンピック会場、深圳、蘇州、雄安、成都に導入し、第2段階は、上海など10都市、第3段階は天津などの都市と2023年9月のアジア大会開催予定地の浙江省杭州市へと拡大した。北京冬季五輪開催までにシステムを完成し、中央銀行による世界初のデジタル通貨を全国に普及させるプランを立てていたが、2023年5月時点ではまだ上記の都市や地域での実用化試験の域を出ていない。

上海市民の知人たちに聞いてみると、いまのスマホ決済方式で十分用が足りているそうだ。あえてデジタル人民元アプリを使う必要性はないと異口同音に言うのだ。

導入試験が行われている都市のスーパーやコンビニエンスストアでは「デジタル人民元で支払い可」との表示を出すが、住民の多くは無視する。中国ではスマホを使ったモバイル決済サービスがすでに普及済みだ。中国ではクレジットカードが普及していなかった分、スマホを手にした消費者が一挙にモバイル決済に移った。消費者はアリババ系アントの「アリペイ（支付宝）」と、インターネットサービス大手のテンセント系の「ウィーチャットペイ（微信支付）」になじんでいる。

アリババなど民営企業による公共インフラともいうべきモバイル決済の浸透は、習政権の統制が利かない巨大な経済領域を意味する。アリババなどは巨大な金融サービス業を創出、実質的に支配する。市民の個人データも大量にかき集める。習政権はそれを党支配下に置きたい。この決済インフラをそっくり乗っ取ろうとするのが、人民銀行が発行準備を進めているデジタル人民元のプラットホームである。

政府はあの手この手でデジタル人民元決済の普及を図る。公務員の経費をデジタル人民元で払い戻したり、新規ユーザーに少額を提供したり、中国工商銀行（ＩＣＢＣ）が四川省の成都で婚姻届を出した先着20組のカップルに対し、デジタル人民元１９９元（約３９００円）付きのカードを贈った。２０２３年2月には、深圳、香港を行き来する住民を対象に、１回の決済で２００元から最高９９９元までのデジタル人民元を贈与するキャンペーンを繰りだした。外国人の多い香港まで対象に組み込むことは、デジタル人民元国際化への布石でもある。

習政権は強権を駆使してでも、スマホにデジタル人民元アプリを搭載させ、アリペイやウィーチャットペイを置き換えたい。

習政権は2020年11月初め、アント・グループの締めつけに着手した。中国と香港で予定していたアントの新規株式公開（IPO）を延期させると同時に、中国人民銀行（中央銀行）をはじめとする当局は、新たな金融持ち株会社の設立をアントに命じた。

アントはこれを受けて、自ら持ち株会社にする計画を2022年6月に中国人民銀行に申請した。認められると、党が事実上支配する人民銀行の監視下に置かれる。

IPO中止について、西側メディアは一斉に、アントを傘下に持つ中国の電子商取引最大手アリババグループの創業者で、中国最大の資産家のジャック・マー（馬雲）が中国の金融当局を批判する発言をしたことが引き金となったと報じた。マーは同年10月24日、銀行界、金融監督当局や政府の要人が出席した上海の会合で、中国の銀行はまるで「老人クラブ」であり「質屋」程度の感覚で営業しているとズバリ。習はその報告を耳にして激怒した、という。

もうひとつの動機もある。IPOは巨額のドル資金調達を可能にするのだが、外国の持ち株比率が高くなる。そうなると外国人株主の意向がモノをいう。党によるアントの経営支配のもくろみに支障をきたす恐れがあるのだ。

習政権はアントに対する締めつけを続け、2023年5月の時点でもアントの金融持ち株会社化の申請を保留のままにしている。しかも、同時点でアントによるＩＰＯの再申請も許可していない。

またアリババに対して、国家市場監督管理総局は２０２０年12月から市場支配的地位の乱用について調査を開始し、翌年４月、管理総局は独占禁止法に違反したとして罰金１８２億２８００万元（２９１６億４８００万円、１元＝約16円として換算）の行政処罰を課すと発表した。

習政権はデジタル人民元実用化の試みと同時に、香港の完全掌握に乗り出した。絶え間のない本土からの資本逃避の受け皿が香港である。資本逃避のために、中国は人民元発行の裏付け資産である外貨準備が脅かされつづけている。前に述べたように、習政権は２０２０年６月に香港国家安全維持法（国安法）適用を強行し、国際金融センターを中国共産党の監視・統制下に置いた。１９４９年の中華人民共和国建国以来、党のドル調達拠点である香港への「長期打算・充分活用」路線は、「自由香港」の特質が失われ、うまく機能しないとの指摘が西側の専門家から出た。しかし習政権はそんな懸念を吹き飛ばすように、アリババを筆頭に巨大資本を香港市場に続々と上場させ、香港株価を吊り上げた。欲得ずくの西側の機関投資家、投資ファンド、大手金融資本はそれに引き寄せられると踏んだのだ。

トランプ政権は国安法に対抗して香港自治法に署名し、金融制裁を発動できる法的根拠を確保したが、対象は香港自治侵害に関与した香港と中国の下僚10人にとどまった。米国は2019年11月、香港ドルと米ドルの交換禁止を可能にする香港人権・民主主義法を制定済みだ。発動すれば、人民元と存分に交換できる香港ドルを介して米ドルを入手する中国本土にとって、大打撃になるはずだったが、ホワイトハウスは見送った。国際金融市場全体がパニックに陥るリスクを考慮したためだ。

香港金融市場を厳重に監視する政治的基盤を築くのが国安法の最大の狙いである。そのうえにデジタル人民元決済で香港を取り込んでしまえば、いつ誰がどのようにどこへカネを動かしているかどうかを掌握できるだろう。習政権はデジタル人民元を香港に浸透させれば資本逃避を根絶できると踏んでいるのだろう。

習の野望は尽きない。ユーラシアからアフリカまでを網羅する中華経済圏構想「一帯一路」でのビジネス取引、さらに日米欧、中南米との貿易取引のデジタル人民元決済を普及させると、基軸通貨ドルによる金融ネットワークを大きく切り崩すことができる。

米国が覇権国であるゆえんは、ドルの流通を媒介する米国の金融機関を通じて、世界の機密情報を容易く入手でき、ピンポイントで敵対する個人や企業、政府を制裁できるからだ。国境を越えた決済取引が他国通貨との交換がままならないローカル通貨で行われ、その通貨建ての大口資金を手にする者は基軸通貨ドルにいったん換える必要に迫られる。ドルでの資産運用が圧倒的に便利だし、ドルを経由しないと別の通貨に交換できないからだ。ドル資金をふんだんに用意できる米銀がそこに介在する。

為替取引や資本・金融取引において不自由極まりない人民元がデジタル通貨になろうとも、全世界にただちに普及するはずはない。しかし、習政権は貿易決済を中心にデジタル人民元をじわじわと相手国に浸透させ、モノの供給力を踏み台に最終的にはドル基軸体制を突き崩す戦略を描いている。

デジタル人民元に背を向ける市民たち

デジタル人民元はペーパーマネーと同様、人民銀行が発行して商業銀行に供給する。商業銀行が預金口座を通じて一般の利用を可能にする従来の銀行システムは温存される。つまり、「質屋同然」とアリババのジャック・マーがこきおろしたシステムはほとんど変わらない。

消費者や企業がアリペイやウィーチャットペイを通じて行っていたスマホやパソコンなどの端末決済を、中国当局は最終的にデジタル人民元アプリに統一することになる見込みだ。とすると、アリババやテンセントが独占してきた14億人市場の電子取引データが、デジタル人民元経由でそっくり党支配下の人民銀行に集約される。

カネはあらゆる個人や企業などの組織の情報を付随させるから、これまで密告やモニターカメラなどに頼ってきた国民監視システムを、中国共産党という全体主義権力が、通貨のデジタル化によって漏れなく張り巡らすことになる。目に見えない恐怖の監視社会システムが完成するわけである。

だが、中国ではことカネに関しては、真の愛国者はいない。人民元国際化の切り札として、習近平党総書記・国家主席が普及をもくろむ「デジタル人民元」は、資本逃避を阻止する大きな狙いがあるのだが、皮肉にも、2023年には当局による普及への取り組み自体が中国からの資本逃避を加速させかねない事態になった。

繰り返すが、法定通貨がデジタル化されると、カネを動かす個人や法人を当局が常時監視でき、厳しい資本規制をくぐり抜ける資金決済をチェックできる。ところが、中国国内の富裕層や一定の資産を持つ市民はそれを恐れ、デジタル人民元に警戒感を強めるようになった。富裕層を中心にデジタル人民元使用を義務づけられないうちに海外に資産を移すのに躍起となっている。本書執筆中の２０２３年5月時点で起きているのはまさにそれだ。

習政権は「ゼロコロナ」と銘打った新型コロナウイルス感染をゼロにする事実上の鎖国政策を２０２２年12月に打ち止め、２０２３年に入って海外への渡航制限を解除した。すると、中国に嫌気の差した人々の海外移住の波が起きた。

この背景について、西側メディアは3期目に入った習政権が「共同富裕」政策、ネット企業など民営ビジネスの圧迫など支配体制を一層強めたことを挙げる。それに加えて市民の間の資金取引のデジタル人民元化への警戒の高まりも見逃せない。

カネはヒトとともに動く。習近平政権が新型コロナウイルス感染封じのための渡航制限を解除したことから、多くの市民が資産もろとも脱出を考えるのだ。

デジタル人民元での資金取引情報は中国人民銀行のデータセンターに集中し、監視当局に逐次把握される。人工知能（ＡＩ）で誰が、いつ、いくらカネをどこの誰とどう取引したかは、たちどころにわかる。

そうなると、資産隠しや海外への持ち出しも禁止されかねない。富裕層やマンションをふたつ以上持つ上海などの中間層上位の市民を筆頭に、デジタル人民元の利用を強制されないうちに資産ごと海外に持ち出そうとパニックになるのも無理はない。

筆者知り合いの在日中国人Aさんは、30年以上日本に住むセレブである。そのAさんは最近、出身地の上海のセレブ仲間の友人数人から同じ相談を受けている。東京都心で1戸3億～5億円もする超豪華マンションを購入したいという。日本の円安や不動産市況の低迷から、中国人にとって「日本は格安」なので、日本買いは以前から起きている。今回の動機は「デジタル人民元社会が怖いから」だという。いまのうちにできる限り、日本など海外に金融資産を移す。中国からの送金はひとり当たり5万ドル（約650万円）が限度なのだが、海外で設立以来10年以上の事業実績のある法人と取引すれば、もっと大口の資金を動かせるので、日本でパートナーを確保したい、という。

我々庶民の感覚では、やれやれ、中国の金持ちはいろいろと考えるものだ、ご苦労さん、としか言いようがないが、Aさんは「だって、資産や資金取引が当局に把握されるだけでも恐怖なんですよ。いつ凍結、没収されるかもわからないんだから」と真剣である。

そもそもカネというのは現金なら匿名性があるので安全だ。以前に、当局が不正蓄財し

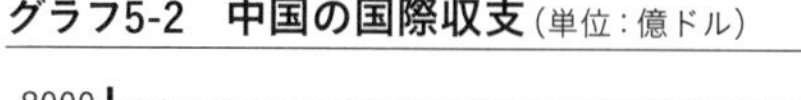
グラフ5-2　中国の国際収支（単位：億ドル）

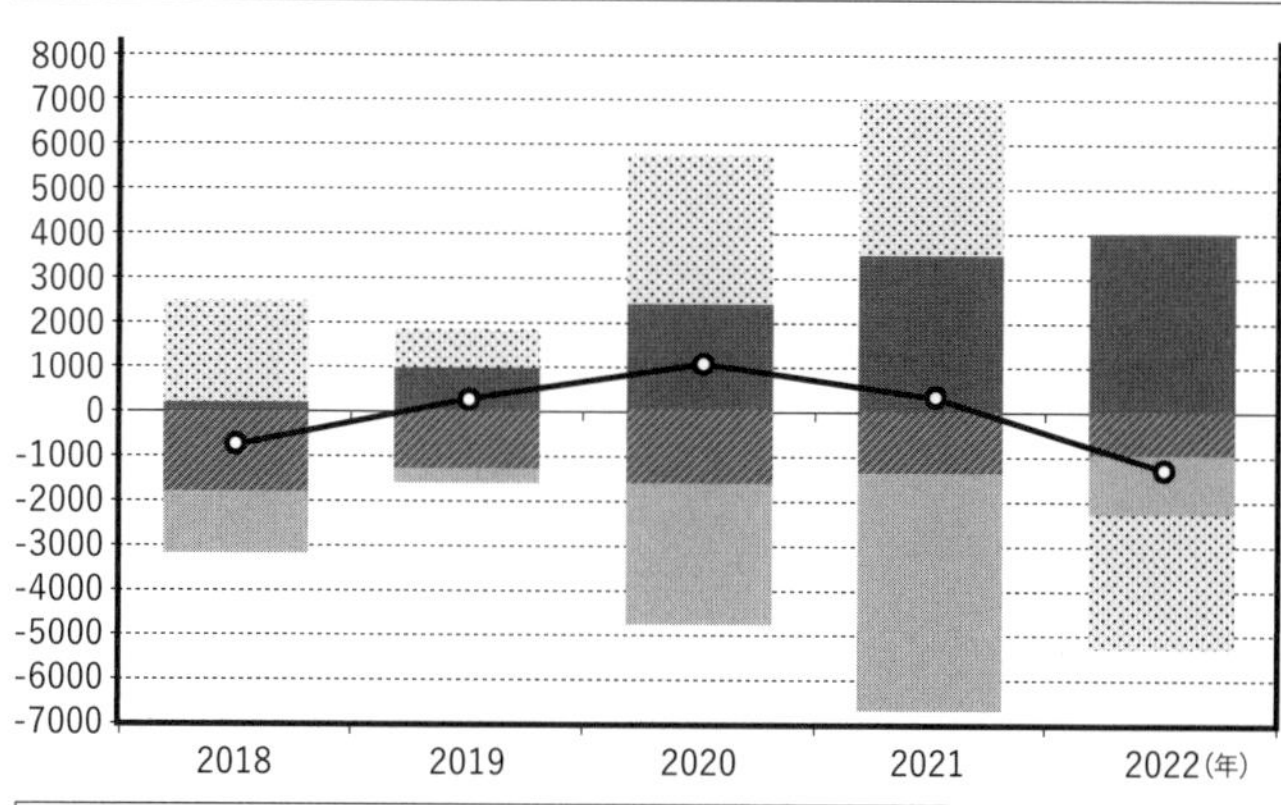

た党幹部保有のマンションの一室に踏み込んだら、その部屋は全空間が現金で天井まで埋まっていたという。現金が不便なら、金など貴金属という手もあるので、中国では金への人気が根強い。もっと安全なのは海外へのカネの持ち出しだ。

人民元がデジタル化されると、その持ち主や移動などの情報が金額数値とともに、デジタル通貨を発行する中国人民銀行のデータセンターに送られる。ＡＩを使って市民を常時監視する術がお手のものの共産党独裁国家中国では、デジタル人民元導入でより完璧に個人を見張ることができるようになる。持つ資産が多くなればなるほど、心配になるのだろう。

富裕層の海外移住は、２０２２年12月に習政権のゼロコロナ政策が打ち切られて以降、加速している。この背景について、西側メディアは3期目に入った支配体制を一層強めている習政権に愛想をつかしていることを挙げるが、本音は反政府でも、反共産党でもない。現実に、経済が順調に拡大している間は、党独裁に不満を漏らす市民はほとんどいなかった。多くの中国人の真の動機は資産の保全にある。富裕層は勿論のこと、一定程度の金融資産や不動産を持つ一般市民もデジタル人民元に脅えはじめている。

グラフ5－2は習近平政権2期目、5年間の中国の国際収支動向である。２０２１年には５３００億ドルに上った資本流出は２０２２年、渡航制限もあって１４００億ドルに縮小したが、２０２３年は急増が必至だ。おまけに海外からの対中投資も低迷している。習政権はデジタル人民元普及に熱を入れれば入れるほど、深刻な資本流出に見舞われるかもしれない。

デジタル人民元は、3期目に入った習近平党総書記・国家主席にとって、基軸通貨ドルが支配する領域への攻勢の有力な武器なのだが、内なる敵と向き合わざるを得なくなっている。

第6章

行き詰まった高度成長モデル

鉄道輸送量で見えてくる中国の実体景気

資本流出入規制を前提にして成り立っている中国の通貨政策は、人民元が大量の投機資金の標的となることを極端に嫌う。だから国外との取引で国内に入ってくる外貨は、全面的に人民銀行が買い上げ、対ドルレートは官僚が管理して、一方的に人民元高が進むような展開を潰す。こうした人民元を割安に固定しておく施策が、1949年の建国以来の対ドル・ペッグ（固定）制である。若干の変動幅を許容する2005年7月以降の「管理変動相場制」もそうだ。党がカネをコントロールする中国にとって賢明かつ最適の施策であった。

だが、米国が金利引き上げなどドル高政策をとるか、各国が金融緩和で対ドルでの通貨安政策をとると、割安だった人民元も相対的に上がっていく。人民元高で輸出が振わなくなってきても、人民元を切り下げる選択肢はとりにくい。切り下げると、中国国内から資本逃避ラッシュが起きかねない。人民元建て資産の目減りを恐れた中国の資産家や投資家が人民元売り、ドル買いに走るからだ。実際に2015年夏に中国人民銀行が切り下げると、巨額の人民元売りが起き、金融危機に陥りかけた。そのとき米国の連邦準備制度理事会（ＦＲＢ）議長のＪ・イエレン（のちにバイデン政権の財務長官）は、国際金融市場への悪影響を恐れ、利上げ予定を１年間延期する助け船を出した。

日本は、リーマンショック後の超円高局面では中国からの輸出が活発だった。しかし、２０１２年12月発のアベノミクス効果で大幅な円安に振れると、国際競争力を取り戻して日本国内で増産する道を選ぶ日本企業が出はじめる。それが日本産業界全体に広がると、中国の輸出は増えなくなる恐れがあったが、そうはならなかった。日本市場は慢性デフレから抜け出せず、年平均で０％台の経済成長しか続けられない。中国経済はふた桁台の経済成長率が続けられなくなっても、日本よりははるかに高い成長が期待できるからだ。

こうして中国経済は成長率が鈍化したにもかかわらず、以前と同じペースで生産を増やしていく。共産党主導経済では、企業がどんどんモノを作れば、党幹部にほめられるという悪しき習慣がある。生産高が売上高として評価されるので、どうしても過剰に作ってしまう。輸出攻勢は過剰生産、過剰在庫からして当然の帰結である。

例えば赤字操業の国有企業が生産を縮小して従業員を解雇したくても、企業を仕切る共産党幹部の責任が問われてしまうので、ズルズルと現状容認になってしまう。大手国有企業ともなると、共産党幹部が国家の政治権力と直接結びついた中央委員だったりするので、

グラフ6-1　中国の実質経済成長率と政府目標(%)

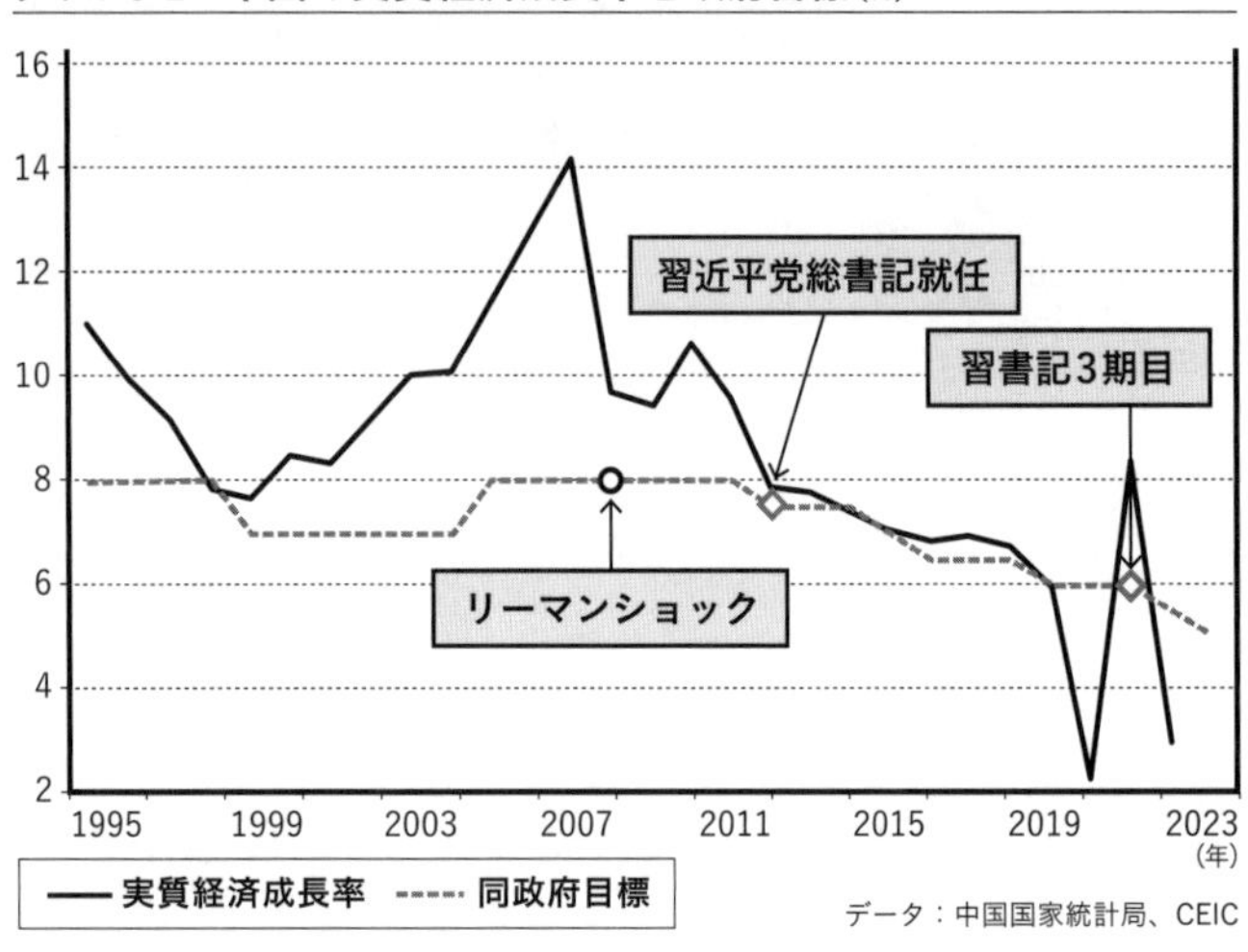

データ：中国国家統計局、CEIC

リストラなどなかなかできない構造になっている。

胡錦濤（こきんとう）政権時代、8%の経済成長率を死守するという「保八（ほはち）」が慣例だった。これは、党官僚が官営事業による収入の8%を己の利権とする慣行が背景にある。中国経済成長率というのは、その年の3月に開かれる全国人民代表大会（全人代）で政府目標として公表される数値が通常の場合は達成されることになっている。この目標値なるものは、前年秋の党中央経済工作会議で決められる。この目標値に沿って国有企業、中央政府、地方政府及び政府機関の資金計画や予算が決まる。つまり8%の経済成長が達成されないと、党官僚は既得権益を確保できなくなるのだ。

しかし、習近平が党総書記として実権を握った２０１２年は当局発表の実質成長率が７・９％と８％ラインを切り、国家主席に就任した翌年の習政権時代到来とともに「保八」は終わった。

これは、「おこぼれの構造」がどんどん細っていくことを意味する。新卒の学生や農村の余剰人員による工場労働者（農民工）など、新規の労働力を吸収するためにも８％成長は必要だったのだが、成長率が８％を切って、既存の労働者を雇いつづけるのがやっとという現状では、それもできない。そうして失業者が増えれば、政府への不平不満が鬱積して社会不安に繋(つな)がる。成長率が８％台を切ったころに民衆暴動が年間30万件も起きた背景だ。

２０１３年の中国の実質国内総生産（ＧＤＰ）は７・８％と高成長を続け、２０１５年までは７％台の成長を維持した。日本や欧米で実質成長率７％台なら、とんでもない高水準の好景気に沸き立っているはずなのだが、中国では不況感が強かった。いったいこれはどういうことだろうか。

じつは、中国のＧＤＰ統計が信憑性(しんぴょうせい)に欠けることは、ほかならぬ中国の李克強(りこっきょう)首相が認めている。李は習近平政権発足以来10年間首相の座にいた。遼寧省(りょうねい)の党書記時代だった２

グラフ6-2　中国の実質GDPと鉄道貨物輸送量の前年比増減率（%）

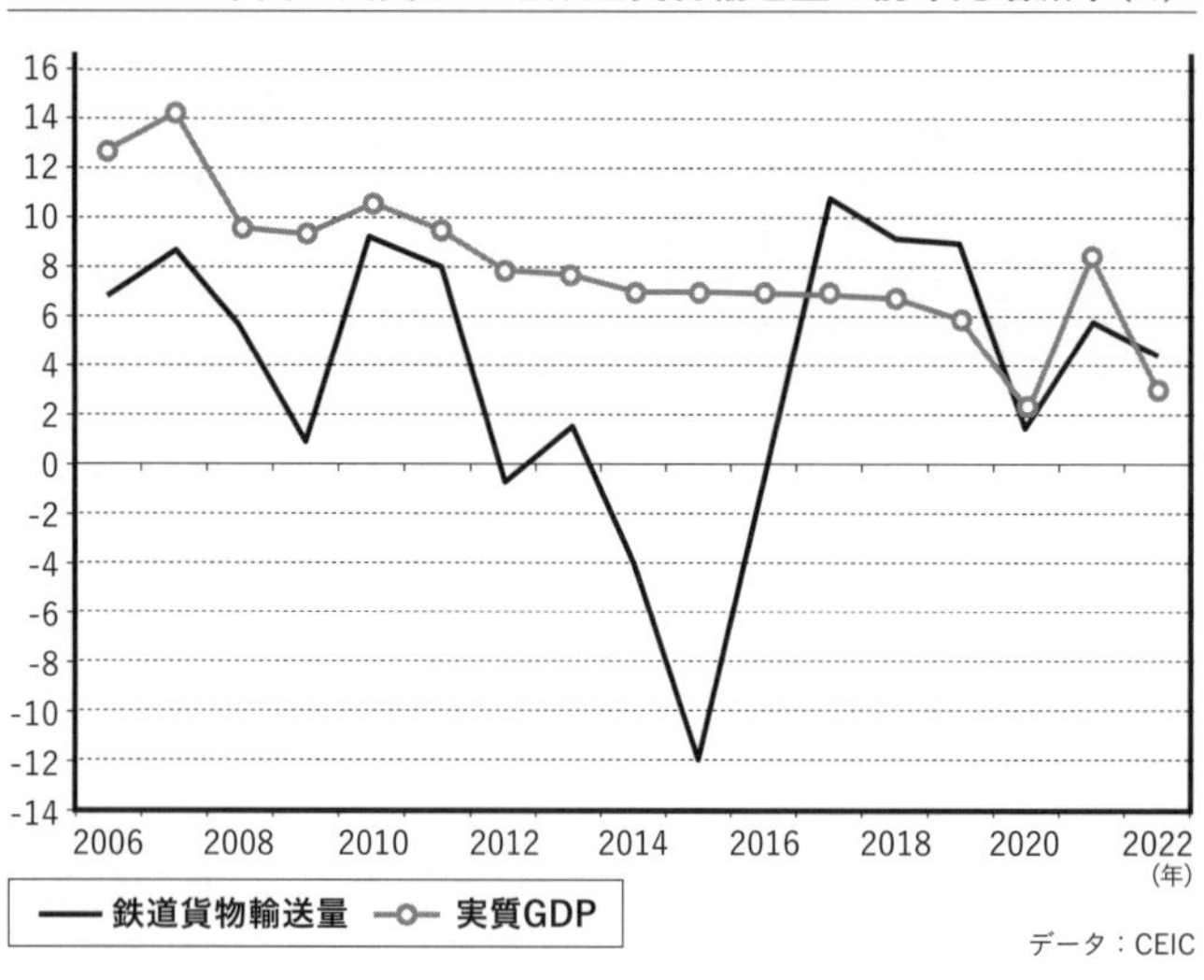

００７年当時、「ＧＤＰは人為的操作が加えられるが、鉄道貨物輸送量は運賃収入をもとに算出しているので、ごまかしがきかない」と米国の駐中国大使に打ち明けており、鉄道貨物輸送量と銀行融資の動向を経済統計として重視していると率直に語っている。

事実、農漁業と工業部門、つまりモノの生産がＧＤＰの５割を占める中国では、物流の動きが経済活動に大きく反映される。鉄道貨物の輸送量は、フローベースでのモノの動きを示す。例えば工場から積み出される貨物、つまり生産サイドのレベルで出荷量が計られるわけなので、鉄道貨物輸送量の伸びを実体経済、つまり実質経済成長率と解釈することができるのだ。

グラフ6－2は、中国のＧＤＰの実質成長率と鉄道貨物輸送量の相関を示したものだ。実質成長率は量の変化を意味するので、量そのものである鉄道貨物輸送量の変化に即応するはずである。

２０１２年の鉄道貨物輸送量は前年比でゼロ、もしくはマイナスに落ち込んでいる。ところが中国政府が発表したＧＤＰの実質成長率は７・７％と大幅な減少とは言えず、かなりの乖離（かいり）がある。鉄道貨物輸送量がゼロなのにＧＤＰがさほど減っていないということは、実質ＧＤＰを構成する各部門の生産報告を各地方政府の党官僚がごまかしている可能性が高いが、それでも過剰生産が大きいとごまかし切れないはずだ。実際には過剰生産のために出荷できず、倉庫や別の敷地に積み上げられている、もしくは廃棄物としてバンバン捨てられたり、燃やされているということも推測させる。

中国ビジネスモデル膨張の限界

中国企業の水増しの実態は、米国の証券取引所が、２００２年7月に施行された「サーベインス・オクスレー法（略称ＳＯＸ、企業改革法とも呼ぶ）」を２００６年あたりから中国企業にも適用するようになってから次第に明らかになってきた。米国は積極的に認めていた中国企業の上場審査を非常に厳しくして、いまはむしろ追い出しにかかっている。財務内容がインチキだらけという事件が多発して、投資家をだますような中国企業の上場はまかりならんということになった。また、華為技術（ファーウエイ）のような、人民解放軍と繋がる企業が企業買収を仕掛けてくるようになると、さすがに安全保障上の理由をつけて止めさせる。こうして中国企業の米市場展開は頭打ちになってきた。

もはや、人民元を操作して外資を呼び込み、モノマネで製品をつくり、世界に膨張していく中国のビジネスモデル自体が、壁に突きあたっている。外資側とて、低賃金が魅力だったことに加えて、将来的な中国の内需も見込んでいたのに、賃金水準を上げなければならない状況になったうえに、内需もなかなか伸びないことがわかってきた。

中国は中間層の比率がそれほど高くない。２０２０年5月、全人代閉幕後、李克強首相が手取りベースの月収（税金・社会保険料等を支払った後の可処分所得）１０００元（約1万５６５０円）で暮らす人々が6億人いると暴露し、世界を驚かせた。中国全人口（以下、全人口）の約42％を占める。

人口の４割強が貧困階層である。彼らにまで豊かさが行きわたる前に、失業と環境問題で成長の限界が来るのではないかという危惧が、現実だ。それでもまだ、政府転覆に繋がるような暴動が起きないのは、厳重なインターネット情報統制と批判勢力を許さない徹底的な市民監視と弾圧が存在するからだ。局地的にデモが起き、ネット上でも政府批判が出てきても、ただちに消去される。

２０２３年のいまは前述したような暴動件数は不明であるが、それは暴動が減っているということを意味しないはずだ。

おおがかりな予算と人員を投じる中国のデジタル・ネットワークの監視技術と体制は世界に類を見ない。情報が広がらないので、局地的な抗議デモは全国的な広がりにはならない。フランス革命やロシア革命など、過去の革命の発端となる市民の暴動はいずれも大都市で起きているが、中国の北京、上海など大都市住民は、そこに戸籍があるというだけで特権階級であり、共産党に対し、さほどの違和感を覚えない市民が多数派を占める。特権階級に刃向かい、対抗できるような組織もない。

共産党が一番恐れているのは宗教だ。歴史上、中国の農民暴動は、キリスト教に名を借りた太平天国の乱をはじめ、黄巾の乱、白蓮教徒の乱など、みな宗教暴動である。「法輪ないからだ。

功」が邪教として大弾圧を受けているのも、宗教団体が大衆を組織し、全土に浸透しかね

上海では豚汁が、北京ではタバコがタダ⁉

過剰生産を止められなければ、「世界の工場」から「世界のゴミ捨て場」になってしまう。経済の矛盾は、砂漠化や極度の環境汚染など、国土全体の崩壊という形をとって表れるだろう。

汚染が激しい2013年、中国のネットには、「上海市民はタダで豚汁が飲めて、北京市民はタダでタバコが吸える」などという書き込みが見られた。これは、飲料水にもなっている上海の黄浦江に病死の豚1万頭の死骸が不法投棄されたことや、北京に1日滞在するとPM2・5による大気汚染でタバコを21本吸ったのと同じになるということを自嘲的に揶揄したものだ。生活ゴミの量は1985年の4477万トンから2012年には1億7081トンに急激に増加し、2030年には5億トン前後に達するとの予測もある。

2013年、中国国務院（中央政府）は『大気汚染防止行動計画』を発表した。

その内容は、２０１７年までに全国の都市では粒子状物質（ＰＭ10）の濃度を２０１２年比で10％以上下げ、大気優良日の日数を年々増加させる。さらに微小粒子状物質（ＰＭ２・５）の濃度を北京市、天津市、河北省で25％、長江デルタで20％、珠江デルタで15％前後にまで下げる。とくに北京市では微小粒子状物質の年平均濃度を１立方平方メートル当たり60マイクログラム前後に抑えるという目標も定めたものだ。

さらに、基幹産業の脱硫（有害作用を持つ硫黄化合物を除去）、脱硝（排気ガス中から窒素酸化物を除去）、除塵（じょじん）（空気中の細かな塵（ちり）などを除去）に向けた施設の改築推進や、新エネルギー車の普及推進、燃料油品質の向上の加速などの対策も打ち出した。このほかにも２０１７年までに総エネルギー消費に占める石炭の割合を65％以下にする目標を掲げ、中央政府と各地方政府が目標責任書に調印し、年度ごとに評価した結果によって責任を厳しく追及するとした。

それでも、２０２３年時点でも抜本的な解決には至っていない。

微小粒子物質ＰＭ２・５による大気汚染は相変わらず深刻である。中央政府は時折、工場の操業をやめさせ、厳しいマイカー規制を敷いたりしている。

２０１４年11月にアジア太平洋経済協力（ＡＰＥＣ）首脳会議が北京で開催された。その期間中、工場の操業停止や車の通行規制により北京の空からスモッグが消え、久々に青空が戻ったことは、日本のメディアでも伝えられた。しかしそれも束の間、会議が終わるとすぐさまいつもの〝北京グレー〟に戻り、中国のメディアやネットでは、皮肉交じりに「APECブルー」と呼ばれた。

日本も同じような試練に晒された時代があった。1950年代半ばから1970年代初めにかけての高度経済成長期には、工場からの煤煙を「これが日本の活力の象徴だ」と歓迎していた。

重工業地帯の北九州市などでは、排煙に覆われた空を「七色の空」とポジティブに捉え、誇りにさえしていた。筆者も高知で小学生のころ、近所の製紙工場の低い煙突から校庭に石炭の煙が流れてきて、みんなそれを平気で吸い込んでいた。そういう時代だったのだ。

ところが、各地で公害病が頻発し、産業界もメディアも発想の転換を迫られた。利権にまみれた政治家ですら、世論の高まりを受けて反公害が選挙で有利だと見るや、「公害は退治しなければいけない」と言いだした。企業城下町で、日ごろ大企業に頭が上がらなかった政治家や役人たちが、あっという間に変化した。これが民主主義というものだ。

中国では、右記のように、行政トップが口を酸っぱくして環境対策を力説しても、どの地方政府も実際の行動に移すことは少なく、依然として生産優先だ。

中国の大気汚染が深刻になった大きな要因のひとつは、じつは日本が円借款を打ち切ったことにある。２００６年、小泉純一郎首相が新規の円借款を２００８年で打ち切る決定をしたことが、中国の環境対策に大きなダメージを与えた。なぜなら、地方政府と電力会社など国営企業は、硫黄酸化物の脱硫装置や防塵など、公害防除のためのクリーン設備の費用を中央の特別枠でもらうようなのだが、その特別枠の財源が円借款だったからだ。日本の資金援助がなくなると、地方政府は環境対策のための設備投資をしなくなったというわけだ。

中国の新聞で〈大気汚染は中国進出した外国企業のせいだ。〉という記事が出ることがあるが、環境保護を自己責任とせずに、他国に頼る身勝手さの表れだろう。

バブル崩壊に揺れる砂上の楼閣

「チャイナリスク」が世界の金融市場でささやかれて久しい。チャイナリスクとは、中国特有の政治・経済・社会的要因によって、中国を対象とした投資や商取引を行う外国企業

グラフ6-3　中国全体の住宅平均相場の前年同期比増減率 (%)

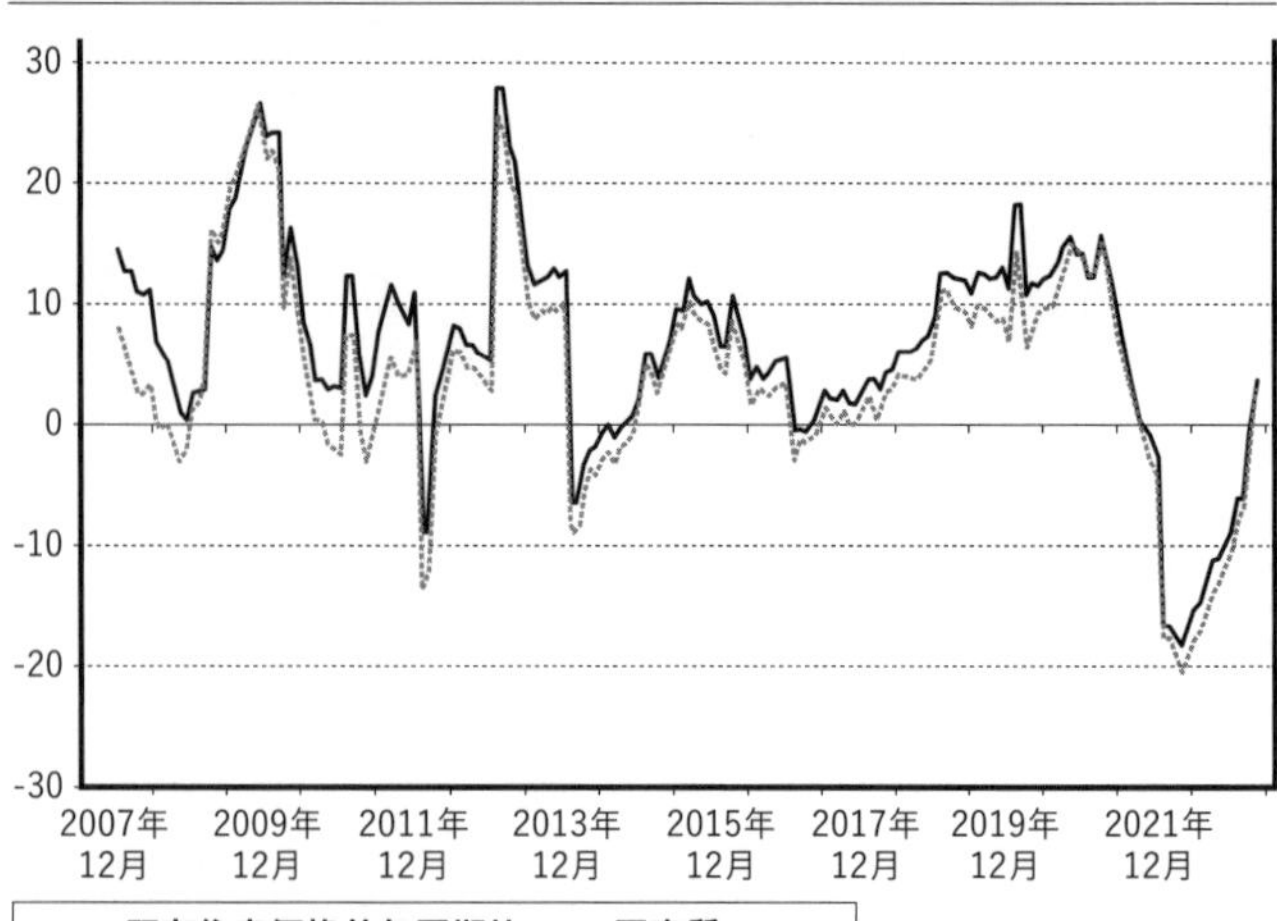

—— 既存住宅価格前年同期比　…… 同実質ベース

データ：中国国家統計局、CEIC

の経済活動が晒される危険のことだ。その有力な根拠に挙げられたのが、「不動産バブル崩壊説」である。

中国の不動産相場は、２０１３年から下降しはじめ、２０１４年初めから翌年末にかけて暴落、その後ふらついたが、２０１８年から２０２０年末にかけて上昇しつづけた。そして、２０２１年初めからは減速し、同年９月には前年比マイナスに落ち込み、２０２３年２月までマイナスが続いた。グラフ６－３は、全国平均の住宅相場の前年同期比増減率である。

２０１４～２０１５年当時の不動産価格の低迷は中国全土に広がっており、地方のいくつかの中小都市では高層マンション群がガラ空きで、ゴーストタウン（鬼城）化した。

中国四川省に生まれて２００７年末に日本に帰化した石平（せきへい）氏は、鋭い中国分析で知られる評論家である。日中の政治・経済・外交問題に通じ、以前から中国の不動産バブル崩壊説を唱えていた。

氏によれば、２０１３年12月下旬時点で中国の不動産業界の中心人物が、「不動産バブルが崩壊したスペインは中国の明日だ」などと相次いで警告したという。２０１２年にユーロ圏第4位の経済規模を持つスペインの不動産バブルが崩壊してヨーロッパのみならず世界を震撼させたが、今度は中国の番、というわけだ。

また、香港財閥の長江実業集団の総帥、李嘉誠（りかせい）は、１９９０年代に鄧小平（とうしょうへい）との縁で大々的に中国で不動産開発を手がけてきた人物だ。１９９７年の英国による香港の返還時に日経新聞香港支局長だった筆者は親しくしていたが、彼は常にリスクを考えて3年以内に中国本土での投資を回収するという原則を持っていた。それほど、中国不動産投資のリスクは大きい。

そんな先読みで定評のある長江実業集団が、中国国内の不動産物件を２０１３年の１年間ですべて売り抜けた。このころ、中国の政府系エコノミストのなかには、「地方の中小都市では不動産バブルの破裂がすでに始まった」との見方が出るほどだった。

ただ、単に不動産や株式などの資産相場が暴落する事態を「バブル崩壊」と判定するのは不正確である。バブル崩壊というのは、厳密に言えば金融の現象であり、最終的には金融市場危機、あるいは金融機関の破綻となって、実体経済に流れるカネが凍りついてしまい大不況を招く。

例えば、こういう流れだ。資産相場が継続的に下落するなかで、不動産関連融資が焦げ付き、金融機関の不良債権が膨らむ。それが対外的に明るみに出たとき恐慌となる。こうして初めてバブル崩壊となり、銀行などには預金が集まらず、金融市場での資金調達もままならなくなる。銀行は新規融資どころではなくなり、貸出金をとにかく回収しようとするのでカネが回らなくなる。そうして国全体の実体景気が急速に落ち込み、長期不況に陥る。企業も経営難で収益率が下がるので株価も急落し、回復が難しくなる……。

これこそ、1990年代初めの日本のバブル崩壊と、その後の慢性デフレ不況の実相である。

2008年9月のリーマンショックもバブル崩壊の典型だ。リーマンショックは、2007年ごろに起きたサブプライムローン問題に端を発している。サブプライムローンと呼ばれる米国の低所得者向けの高金利型住宅ローンが不良債権化し、そのローンに基づく金融商品も立ちいかなくなった。そうして米国の大手ヘッジファンド、リーマンブラザーズの破綻が引き金になって起こったのが、リーマンショックである。

この世界的金融危機の余波が、２００９年のギリシャ危機や２０１２年のスペイン危機にも影響した。リーマンショック直後は多くの専門家の間で「ドル凋落（ちょうらく）」予想が流れたが、実際に危機に陥ったのはドルに挑戦するはずのユーロだった。また、円は超円高に振れたため輸出は不振で、デフレ圧力に晒された日本の国内経済の落ち込みは米欧よりもひどかった。

そんな欧州や日本の困惑を尻目に、リーマンショック後の米国は、それまでの通貨・金融政策の定石を破って、１９９０年代のバブル崩壊不況の日本の二の舞になるのを避けるための方策を講じた。

米国の中央銀行であるＦＲＢは、まず第１段階として、大々的にドル資金を発行する量的金融緩和政策（ＱＥ）をとって、紙クズ同然になりかけた住宅ローン抵当証券を買い上げた。そうして住宅バブルの崩壊によって値下がりした住宅市場を下支えしたのだ。

第２段階のＱＥ２以降からは国債購入に重点を移して、金利を低めに維持し、ＱＥで流された巨額のドル資金を株式市場に誘導して株価を引き上げてきた。

それればかりではない。ドルはウォール街の手で新興国株式を中心に世界中に配分され、ドルによる世界の金融市場支配は強化された。家計が金融資産の大半を株式で運用し、かつ、企業は株式市場からの資金調達によって設備投資する米国の実体経済は、株高への反応度が日本よりも数倍も高い。米国経済はQEとともにじわじわと回復し、FRBは2014年10月にQEを打ち切った。

リーマン後、中国の不動産相場が崩落しなかったのは、謂わば米国の量的緩和のおかげである。第2章で詳述したように、米国で増発されたドル資金の相当部分が中国に流入し、それが中国人民銀行による量的緩和を可能にし、人民銀行からの資金供給を受けた商業銀行が前年比で2倍前後の規模で融資を拡大した。2015年前後の不動産相場の不安定な状況は、巨額の資本流出に伴うもので、米金利引き上げと人民元の切り下げが影響した。このときは前述したように、FRBが追加利上げを見送って中国の金融危機を防いだ。

2021年以降の住宅相場下落は2年も続き、2023年3月には底を打ったように見えるが、依然として停滞ムードにある（グラフ6－4参照）。米国では住宅相場の下落が始まって1年あまりでリーマンショックが起きている（グラフ6－5参照）。それを考え

グラフ6-4　2021年以降の中国の住宅平均相場（㎡あたり人民元）

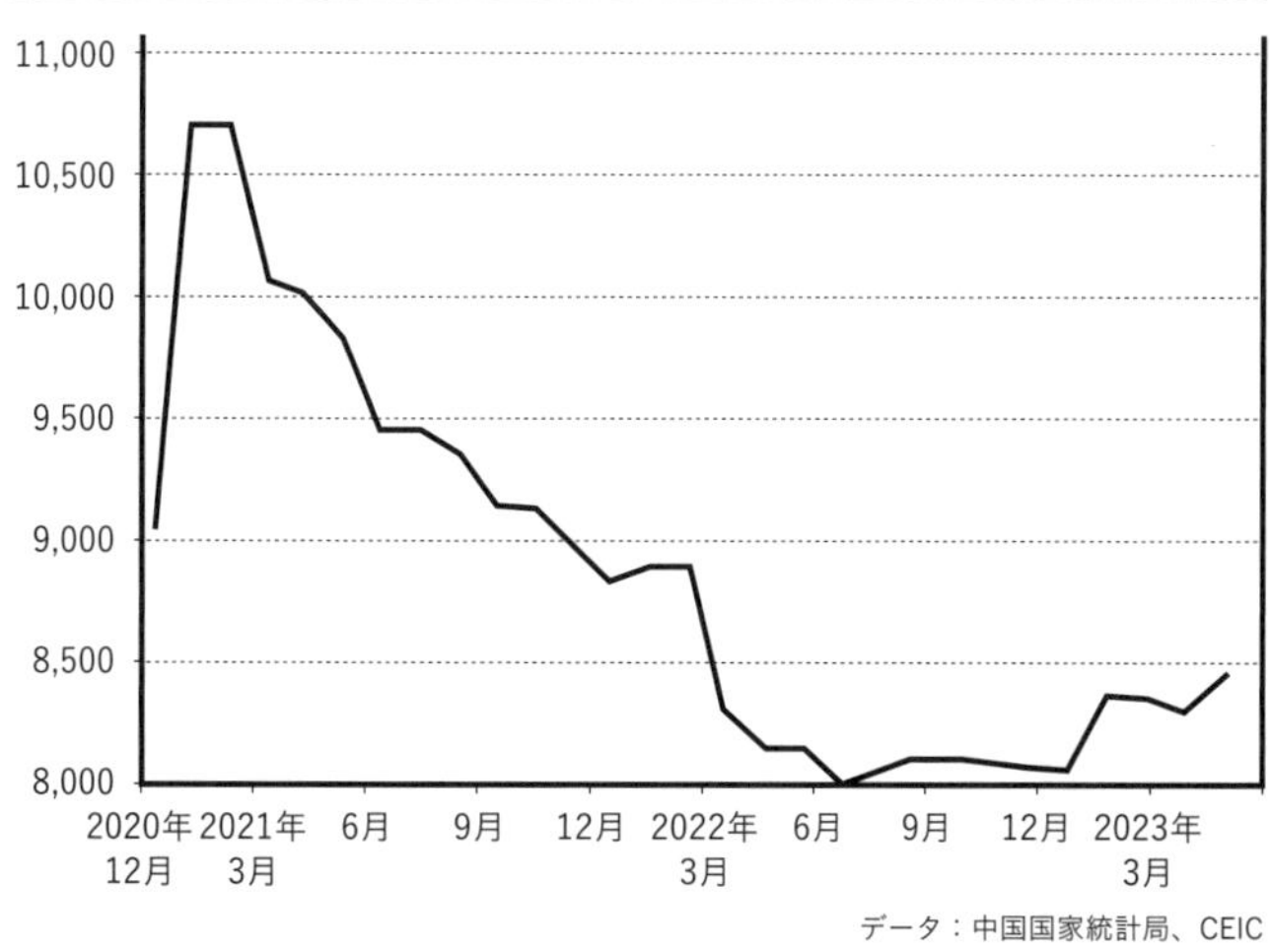

データ：中国国家統計局、CEIC

グラフ6-5　米住宅指数　1991年1月=100

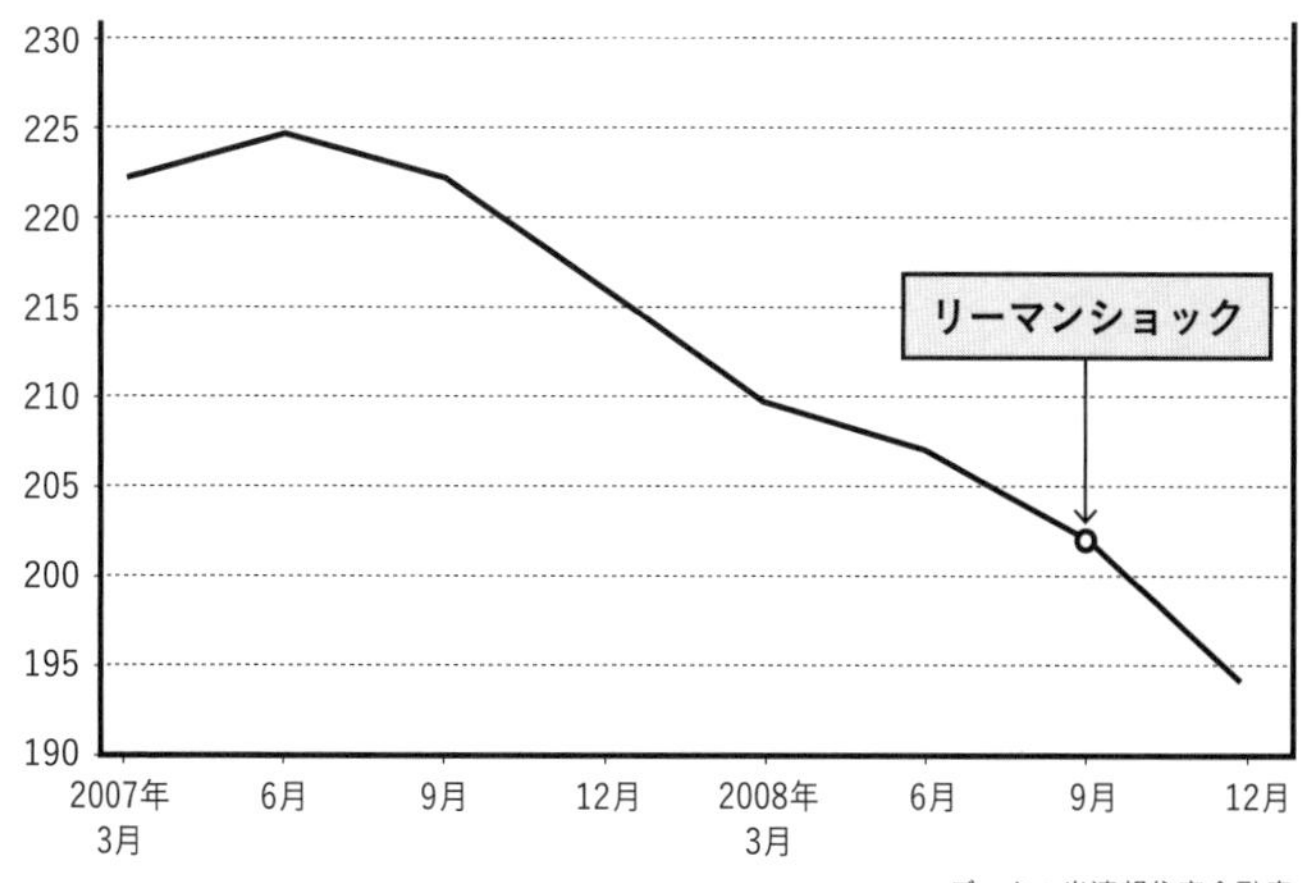

データ：米連邦住宅金融庁

ると、中国の不動産相場急落は不気味だ。しかも、２０２２年3月以降、外資などによる資本流出が止まないありさまで、外貨準備も減りつづけている。それは人民銀行の外貨資産を減らす結果を招いているが、習政権は人民銀行に対し、資金増発を命じ、不動産市況の底入れを図っている。それが効いたのか、２０２３年6月時点では金融危機は表面化していない。米国や日本と違って、党がカネを支配する中国では、バブル崩壊危機になれば、ただちに強権を行使してカネを商業銀行に供給し、同時に国有企業に命じて不動産を買い支える。しかし、そのやり方でいつまで持つか、不安は消えない。

「理財商品」で膨張するバブル融資

日本の評論家などには、中国の資産バブル崩壊が中国の共産党独裁体制の崩壊危機を招くと見る向きもあるが、それはどうだろうか。

党が情報を統制し、金融市場を厳重に統制する中国の場合、金融市場不安は起こりにくい。企業や金融機関の会計制度は極めて不透明で、銀行の焦げ付き債権も当局が不良債権扱いしなければ「健全債権」となる。

米欧の会計事務所などが実相を暴露すれば、中国の金融大手は国際金融市場で資金調達できなくなって、経営破綻の危機に直面するのだが、米欧の調査機関は中国でのビジネスの締め出しを恐れ、沈黙しがちだ。米国の金融アナリストの不良債権暴露が日本の信用恐慌の引き金を引いた１９９０年代半ばの日本とは大違いだ。

もとより、不安定な国際金融情勢のなかで、自らの不利益を案じて、「チャイナバブル」という名のパンドラの箱のフタを開けようとはしないのだ。

では、そのパンドラの箱の中身を見てみよう。

中国人民銀行のデータによると、銀行による不動産関連融資の残高は、２０２３年３月末で54兆元（約１０５０兆円）に上る。年間の増加幅は習近平が党総書記に就任した２０１２年の秋以降、急激に大きくなり、当初は2兆元台だったが、２０１８年末には6・45兆元まで膨らませた。２０２１年以降は不動産市況の悪化に伴う融資需要の縮小のために細り、２０２２年末の前年比融資増加額は１兆元を下回った。

日本のバブル崩壊の場合、銀行の不良債権総額はバブル融資の9割の１００兆円を優に超えている。

中国の場合２０２３年3月までの5年間の不動産融資増加額は約20兆元（約３８８兆

グラフ6-6　中国の不動産投資資金源（兆元）

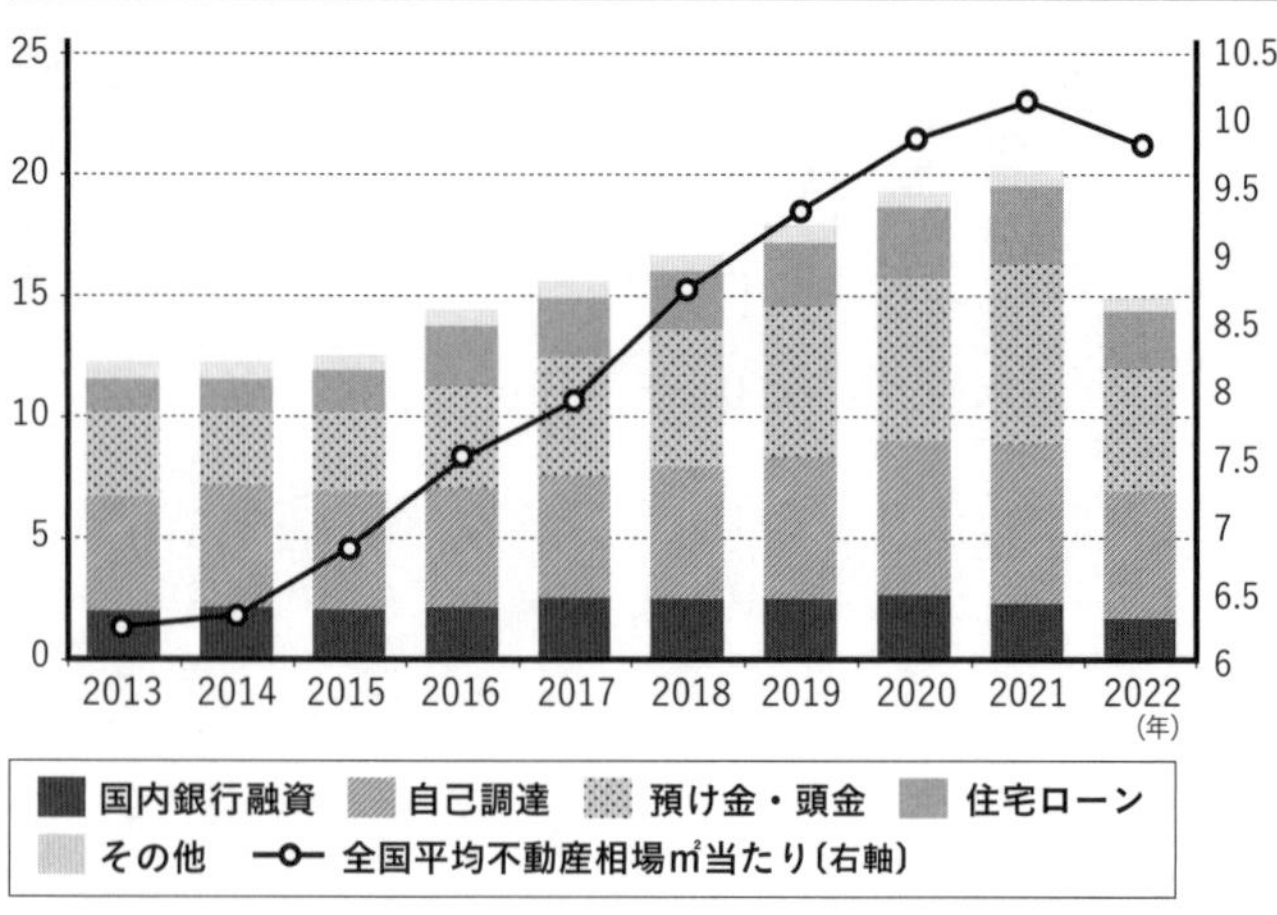

データ：CEIC、中国国家統計局

円）で、もしバブル崩壊で新規融資の９割が不良債権になれば、約18兆元（約３５０兆円）が焦げ付くことになる。中国のＧＤＰ、１２１兆元（２０２２年）の15％で、日本のバブル崩壊時の銀行不良債権ＧＤＰ比とほぼ同水準である。

日本のバブル崩壊とその後の20年デフレ不況を研究してきた中国共産党官僚は、日本の二の舞いを演じまいとして、不動産相場の崩落を避けようと腐心した。不動産相場が下がりはじめると、党指令を出して金融を緩め、不動産関連融資を増やして相場を下支えする。さらに、上海など巨大都市で不動産市場が過熱すれば、少し冷やし、そのかわり地方の不動産市場に資金を投入させて地方都市の不動産相場を押し上げる。このオペレーションが功を奏して、不動産相場の下落は最小限に抑えられ、バブル崩壊は全国規模で起きなかった。

もうひとつ重要なデータを国家統計局が発表している。それがグラフ6－6の不動産関連投資の資金源別投入額である。総額はピークの2021年1年間で20兆元。このうち国内銀行融資は2・3兆元である。さらに、「自己調達額」が6・5兆元を占める。国内銀行融資の3倍近くの自己調達額、つまり自己資金が不動産関連に投入されているわけだ。

この自己資金の正体は「シャドーバンキング」である。「影の銀行」とも称されるシャドーバンキングだが、ノンバンク系（非銀行金融機関）などが高利回りの「理財商品」として広く預金者や投資家から資金を集めて、地方政府系の不動産開発業者に融資する手法である。

理財商品とは、おもに中国で取引される高利回りの金融商品（投資信託）のことだ。習近平が実権を完全掌握した2013年以来10年間の自己調達総額は54兆元（1000兆円）超に上る。銀行融資は22兆元あまりだ。これほどの巨額のカネを集められるのは、理財商品以外には見当たらない。10年間で銀行融資の2倍以上のカネが、シャドーバンキングから不動産関連に出ている。

ノンバンク系といっても、銀行とは密接な繋がりがある。理財商品はおもに銀行の窓口で販売されるし、その半分以上は銀行の返済保証付きである。しかもこのノンバンク系企業は銀行からの迂回融資を受けている。

ともかく、不動産向けに融資した理財商品が焦げ付いた場合、銀行は27兆元以上の保証履行を迫られる。それは中国の名目ＧＤＰの２割以上に達し、中国の金融システムを根幹から揺るがすだろう。それを恐れているからこそ、金融機関の帳簿は不良債権を極めて過小に見積もる。

それと同時に、党中央は中国人民銀行に命じて人民元を大量発行させ、国有商業銀行を通じて不動産融資を拡張させて、不動産相場を安定させようとする。習政権が２０２３年3月に、中国人民銀行の易綱総裁を党中央委員候補から外したのは、米国の経済学界でも評判が高く、合理的な思考をする易総裁の党内での発言力を奪うためだったのだろう。

借金主導型モデルに転換

現代経済の変動には「借金の法則」がある。民間の借金が多ければ多いほど景気が良くなるのである。かと思えば、借金できなくなった途端に大不況に陥る。つまり、現代世界の経済成長は借金が原動力になっており、その典型が米国と中国である。

米国の消費者は、２０００年代前半だけで年間約４００兆円以上も金融機関から借り入れては消費にふけった。そうやって自国の経済を押し上げると同時に、中国をはじめとする新興国や日本などに対米輸出ブームをもたらし、世界の景気を押し上げた。

しかし、住宅価格の値上がり予想の上に成り立っていた借金主導型成長モデルは、住宅相場が下落基調に転じると、一挙に崩壊してしまった。それがサブプライムローン問題であり、その影響によるリーマンショックである。

２００８年９月のリーマンショック以降、ＦＲＢは６年間で３・２兆ドル（約３４０兆円）ものドル資金を追加発行して「ウォールストリート」に流し込み、住宅抵当証券相場と株価の維持、押し上げに努めてきたが、「メインストリート」（主力産業界）の回復の足取りは弱々しかった。その原因ははっきりしている。金融資産の価値が上がっても、カネは金融市場をぐるぐる回るだけで、実体経済、つまりモノやサービスの需要を構成する個人消費や企業の設備投資にカネが回るとは限らないからだ。

２０１７年に大規模なインフラ投資と大型減税を公約にしたトランプ政権が発足すると、

株価は急上昇し、実体景気も力強く回復するようになったが、それは政府が国債発行などで金融市場から資金を吸い上げ、財政支出を増やすことで、実体経済に直接カネが流れ、カネの裏付けのある需要、即ち有効需要が喚起される期待が生まれるからだ。

また、減税は当面、政府の財政収入を減らして債務を増やすが、民間の所得を実質的に増やすことで需要を刺激する。財政支出拡大と同じく実体経済を回復させる。

即ち、民間が金融市場にカネをとどめる景気停滞局面では、政府が民間から借金して財政支出を増やすか、あるいは減税によって消費者や企業の消費や投資を刺激することが、理に適(かな)っている。

翻って日本はというと、１９９０年代後半から20年以上もの間の慢性デフレで所得が減りつづけ、家計や企業は消費や設備投資どころではなかった。需要が細りつづけるデフレ経済では、企業は借金を減らすことに努め、収益は増えても、内部留保としてため込むだけで、賃上げ、雇用増や新規設備投資にカネを振り向けない。

２０１２年末に発足した第2次安倍晋三政権は当初、異次元の金融緩和と公共投資など財政支出の拡大を柱とするアベノミクスによって景気を大いに刺激したが、２０１４年度には景気は失速した。まず消費税率を５％から８％に上げた。それと同時に公共投資を大幅削減し、緊縮財政路線に回帰したのだ。するとたちまち、人々の消費マインドが再び冷え込んでしまった。

日本の慢性デフレは１９９７年度の橋本龍太郎政権による消費税増税と緊縮財政が端緒になったが、安倍政権はその愚を繰り返した。安倍首相は誤りに気付き、消費税率の10％への引き上げ予定を二度にわたって延期したが、財政支出の拡大は控えた。景気はもっぱら円安と輸出頼みとなり、国内需要は停滞が続いた。

中国はどうなのか。共産党が市場経済をコントロールする中国の経済モデルは、米国とはまったく異質に見えるが、借金主導という点では米国と同じである。米国と中国とでは借金の担い手は異なるものの、それを可能にする仕掛けは共通している。不動産相場である。

米国の場合、住宅相場の値上がり分を担保に、消費者は金融機関から借り入れた。中国の場合は、不動産デベロッパーや地方政府の受け皿が不動産相場の値上がり益を先取りして、年利回り10％前後の理財商品を銀行経由で販売して資金を調達してきた。リーマンショック後の中国は、デベロッパーや地方政府が借金しては不動産投資にいそしみ、投資主導型で高度成長を維持してきた。

グラフ6-7　不動産投資、固定資産投資と名目GDPの伸び率と固定資産投資のGDP比(%)

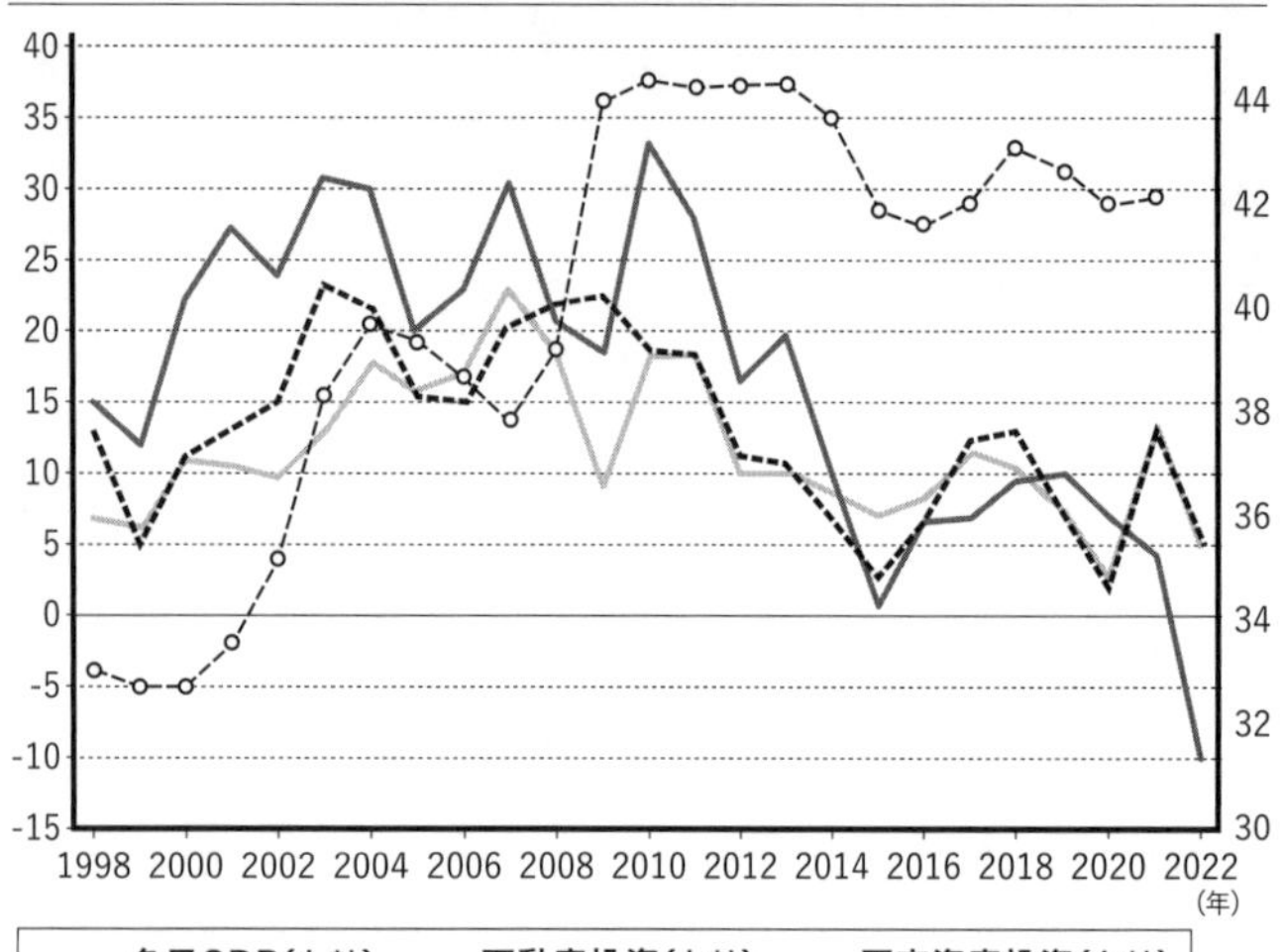

データ：中国国家統計局、CEIC

中国経済は土地代を除く上物、つまりインフラ、住宅、オフィスビルなどの建物や工場設備などの建設である「固定資産投資」で支えられている。固定資産投資のGDP比率は２０００年代初めで35%だった。３割台の固定資産投資比率は１９６０年代の日本の高度成長期や韓国などアジアの一部でごく限られた期間に見られたが、中国は２００８年９月のリーマンショックのあとに大幅に上昇させた。２００９年から２０１４年まで45%近い水準を続けたあと、２０１５年以降も42%前後と、依然として高水準である。中国の場合、党中央の指令で銀行が融資し、国有企業や地方政府がそのカネで固定資産投資するので、容易に固定資産投資を拡大できる。

固定資産投資の対ＧＤＰ比率が45％とすると、固定資産投資を前年比で22％増やすと、家計消費などほかの項目が横ばいとしてもＧＤＰは10％伸びる。中国がリーマン後、世界で最も早く景気回復し、しかもふた桁台の成長に回帰した秘密は固定資産投資増による（グラフ6－7参照）。

リーマンショック後の固定資産投資はインフラ整備に重点が置かれたが、習近平政権になった２０１３年以降は不動産開発が主役になった。不動産開発投資が全固定資産投資に占める比率は２００９年で36％だったが、２０１６年は45％台に上昇した。習政権の経済成長実現の決め手は不動産開発投資なのである。

こうした固定資産投資、不動産開発主導の経済は債務を膨張させずにはおかない。不動産開発は投資回収期間が長いので長期債務を伴う。国際決済銀行（ＢＩＳ）統計によれば、中国の非金融部門債務は２０１０年以降、膨張を続け、２０１６年にはＧＤＰの２・５倍を超えた。上述したように、借金なくして経済成長しないのは米国も同じだが、米国の場合、ＧＤＰを１増やすのにＧＤＰ増加分の２～３倍の借金を伴う。中国の場合、リーマン前まではその倍数は2前後だったが、２０１４年以降は4～5倍であり、債務が生み出す所得は半減している。２０１５年ごろまでは中国経済を楽観視してきた国際通貨基金（ＩＭＦ）や米欧のアナリストたちは、２０１７年になると中国の異常なまでの債務依存型成長に警鐘を鳴らすようになった。債務増は不動産開発関連が主となっていることからすれば、不動産市場の崩落は中国経済危機を招き、党独裁体制を揺るがす時限爆弾になりかねない。

熱銭と不動産バブル

２００８年9月のリーマンショックを受けて輸出が打撃を受けると、当時の胡錦濤政権は翌年1月から、融資をそれまでの3倍に一挙に増やすよう国有商業銀行に指令した。こうして人民元が膨張し、不動産ブームの原動力になった。習近平政権になると不動産の過剰在庫が顕在化したが、右記の通り、金融を通じて不動産市場を押し上げている。

国有企業はこぞって不動産投資や開発に手を染め、銀行自身も不動産に投融資した。地方の党幹部は不動産開発の受け皿会社を相次いでつくり、農地を潰して高層ビル群を建設した。上海など大都市郊外は勿論、住宅需要の少ない内陸部でも高層住宅建設ラッシュが起きた。それがいまはゴーストタウン（鬼城）化しているわけだが、貸し手の金融機関は不良債権として計上しない。可処分所得の半分近くを貯蓄に回している中間層以上の個人も、政府の不動産相場維持政策を見て、2戸目、3戸目のマンション購入に走るというありさまだ。

不動産市場の過熱時には、党幹部は一時期だけ不動産開発や不動産融資にブレーキをかける。頭金の比率を上げるなど、住宅ローンの条件を厳しくする。その結果、不動産投資は抑制され、不動産販売も落ち込む。デベロッパーは「新築」を保つために工事を遅らせて完成時期をずらす。

しかし、投資家のほうは不動産の値上がりを信じるので、絶対に投げ売りをしない。上海在住の知人は、2015年当時、3戸目の高級マンションに投資したが、借り手がおらず1年以上空室のままだったが、放置しても平気だった。実際に、不動産相場は金融緩和によって回復する。中間層でも、親類縁者からカネを集めて頭金を確保し、ローンを組む。そうした債務を抱えながら物件を遊ばせている。

こうして不動産が売れなくても、相場が下落しても、値崩れは避けられるというのが、

グラフ6-8　熱銭と不動産投資

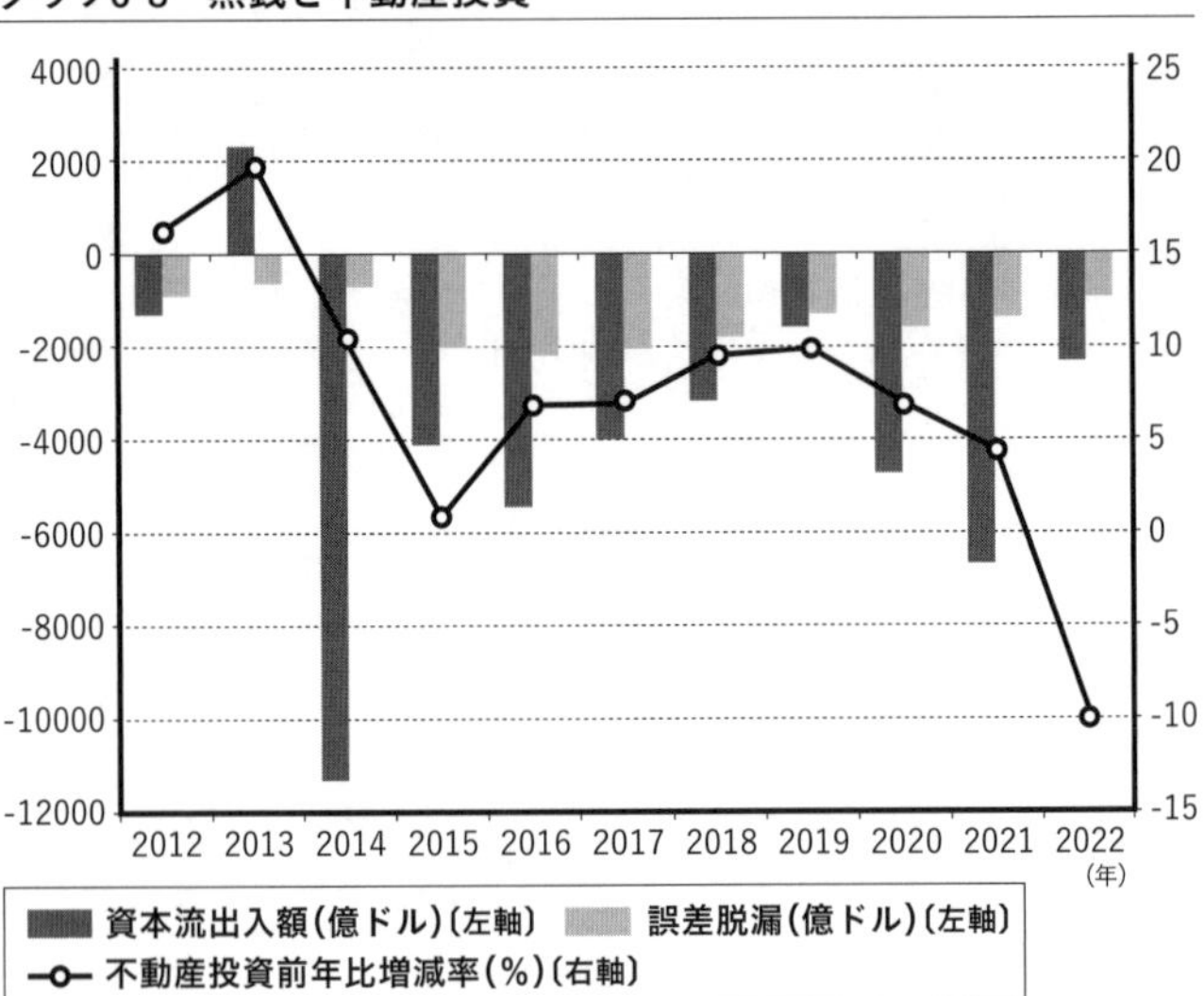

データ：中国外為管理局、CEIC

上海などの不動産市場の特徴だ。

ともあれ、中国は、このような固定資産投資主導によって、世界でいち早くリーマンショック不況を乗り切り、習近平政権になっても不動産開発投資主導で、経済成長率７％前後を維持しようとする。だが、その成功プロセスは、不透明な巨大な額のカネのやりとりを伴い、汚職腐敗をはびこらせる。

党の利権官僚によって不正蓄財される資金は、香港経由などで海外にいったん移されたあと、中国本土に還流して投資される。その売買益は再び海外に流され、今度は「外資」を装って還流するというふうに循環する。いわゆる「熱銭」で、その多くは不動産や高利回りの理財商品に投資され、バブルを膨らませてきた。それが外に逃避すると、不動産や金融商品バブルが崩壊することになる。

外為規制の網をくぐって不動産市場などに流出入する海外の投機資金である熱銭の総額を、正確に算出することは不可能だが、大まかな金額は算出できる。

中国で、海外との間で合法的に出入りできる資金は、①貿易収支の黒字または赤字分②中国からの対外投資に伴う利子・配当収入から、外国企業の対中投資の利子・配当収入を差し引いた所得収支 ③外国からの投融資と中国の対外投資の差額の三つである。だから、これら統計に表れる資金の純増加額から、外貨準備増加額を差し引いた額を、資本の流れと見なすことができよう。このうち、当局が把握できない資本の流れが国際収支統計上は誤差脱漏として計上される。誤差脱漏はまさしく投機マネーで当局の監視の目を潜っている。しかし、把握できるカネでも多かれ少なかれ投機的な狙いがあるので、資本流出入全体の流れから熱銭のトレンドを見るしかない。

グラフ6-8は習近平が党総書記に就任して実権を握った２０１２年から22年までの、ネットの資本流出入額、誤差脱漏と不動産投資の伸び率を対比させている。資本がネットで流入した２０１３年は不動産投資が20%も増加した。ところが翌年は１兆ドルを超える資本流出が起きた。不動産投資の伸びも2013年がピークで、以降は鈍化の基調に変じた。

習政権は汚職高官の摘発や金融市場の監視強化、さらに第5章で詳述したように資本逃避の手段になっているビットコインなど仮想通貨を全面禁止した。不動産相場は上昇基調を保ち、不動産投資も前年比プラスで推移したが、それでも年間4000億ドル前後の規模の資本流出が続いた。ところが、2021年からは住宅市況が悪化し、不動産投資は2022年には前年比で10％も落ち込んだ。それでも資本流出は2000億ドル程度で抑えられている。当局による資本流出規制の強化の賜物だろうが、これまで不動産投資に回されていた中国国内の余剰マネーは膨らんだまま、足止めされている。謂わばダムに溜まった水のように、いったん堰が破れると一斉に流出する不気味さを秘めている。

第7章

習近平
3期目の焦燥

米中通貨戦争の核心

米中通貨戦争は２０２２年10月の中国共産党大会を経て異例の３期目に入った習近平政権のもと、激化が避けられない。党主導でハイテク国産化、石油を含む国際取引の人民元決済化、巨大中華経済圏構想「一帯一路」の拡大など、米国の世界覇権を切り崩そうと狙う。資源大国ロシアのプーチン大統領との盟友関係も結んだ。半導体王国台湾併合も急ぐ。だが、無理がある。中国経済は依然としてドル金融と米ハイテクに依存しているからだ。通貨覇権を狙っても、そこから来る脆弱(ぜいじゃく)さは克服できていない。

だからこそ、基軸通貨ドルに寄生して蚕食し、部分的にせよドルに成り代わろうとする。前述したデジタル人民元導入推進も、ペトロ人民元への策謀もそうだ。

主要項目ごとに、習政権の政策を追ってみよう。

習政権の正体とは

中国共産党には最高指導部メンバーが5年に一度の党大会の際に68歳以上なら引退する

という不文律があるが、中国共産党大会の行われた２０２２年現在、69歳だった習はそれを無視するかのように総書記３期目の座につき、周囲を側近で固めた。

習政権の過去10年間、不動産開発投資と人民元安政策で、見かけの上では一定程度の経済成長を保ったものの、２０２１年以降は住宅バブル崩壊、そしていまは成長率の低迷と資本逃避、歯止めがかからなくなった人民元安に悩まされている。

習は党大会冒頭で２３４０人あまりの代表を前に活動報告を行い、新型コロナウイルスを徹底的に抑え込む「ゼロコロナ政策」や、「中国の国際的な影響力や訴求力、世界の形成力は顕著に高まった」など〝成果〟を並べ立てた。そして、持論の「共同富裕」推進の決意を表明し、「機会の公平を進め、低所得者の所得を増やし、中間層を拡大し、所得分配機能をルール化し、富の蓄積メカニズムをつくる」と強調した。

習が掲げる政策目標は、中国経済の構造的な脆弱さの裏返しである。項目別に筆者が評価すると以下の通りだ。

＊中国は共同富裕を断固推進する

――→不動産開発に代表される党利権配分システムの破綻の表れ

＊中国は高水準のテクノロジー発展を加速させる
――→国産化を急ぐが、米国のハイテク禁輸のために頓挫しかねない
＊中国は高水準の市場開放を継続する
――→西側の資本とハイテクを誘い込み、奪取するための方便で、党による市場支配のカムフラージュ
＊中国は高い基準の社会主義市場経済を構築
――→民営企業に対する党支配強化の正当化
＊台湾問題で武力解決を決して放棄しない
――→米国の超党派による台湾支援を強化させる
＊中国は覇権主義を追求したり拡張主義に従事したりせず
――→実際の行動は膨張主義であり、軍事で周辺国・地域を威圧する

習政権10年の経済政策の「成果」とは

まず、気になるのは党独裁体制特有の情報隠しだ。〈ここ1年で中国の統計局や民間調

査会社が非公開化したり、削除したりするデータが増え、エコノミストや市場アナリストのリポートは、弱気のものほど撤回や削除されている。〉（２０２２年10月19日付『ウォールストリートジャーナル（ＷＳＪ）電子版』）という具合である。

中国国家統計局は党大会最中の２０２２年11月18日に予定されていた７～９月期の国内総生産（ＧＤＰ）の公表を、予定時刻のわずか数時間前に理由説明もなく中止した。数日前には、税関当局が月次貿易データ発表を説明なしに取りやめた。

統計については党大会ごとに人事の流れが決まる各地の党官僚が実績を誇示するために水増しすることが常習だ。党機関紙『人民日報』は２０１６年12月に地方が中央に上げるデータの改竄を糾弾した。すると地方政府がデータの公表をやめる例が続出した。今回は中央政府自体が統計開示に後ろ向きになった。

以上の不透明さを念頭に置きつつ、習政権の経済「成果」を見よう。経済の要所を踏まえると、その構造的脆弱さが見えてくるはずだ。

グラフ７－１は習政権が本格稼働した２０１３年以来の鍵となる経済指標について、変動率と人民元の対ドル相場を追っている。これまでの10年間を通じて不動産開発投資はＧＤＰの４割以上を占める固定資産投資の要で、ＧＤＰを動かす最大の要因となってきた。

グラフ7-1　習近平政権10年間の主要中国経済指標の推移

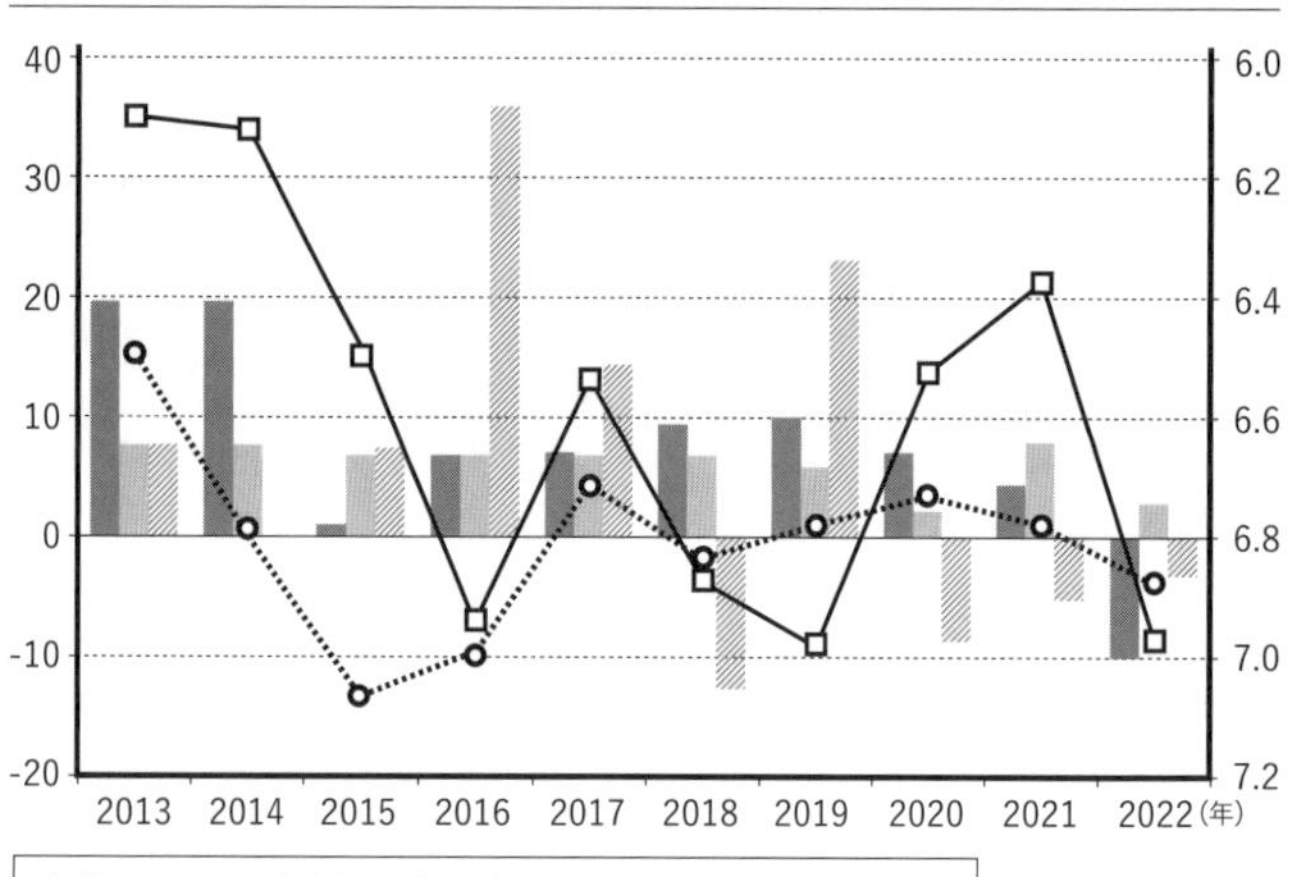

データ：CEIC

だが、住宅バブル崩壊を受けて2022年は前年同期比で10％減。それに引きずられて実質GDPは減速が続いた。2015年に本格始動した習の肝いり、一帯一路の新規契約額も細っている。

グラフ7－2は住宅価格、不動産開発投資に焦点を当てている。

中国の土地は「人民所有」という建前のもとに、共産党が支配する地方政府が配分権を行使し、所有権を不動産デベロッパーに販売する。党官僚は発券銀行である中国人民銀行と国有商業銀行の要職を占め、カネの発行と配分も支配する。

土地もカネも党がすべてを仕切るの

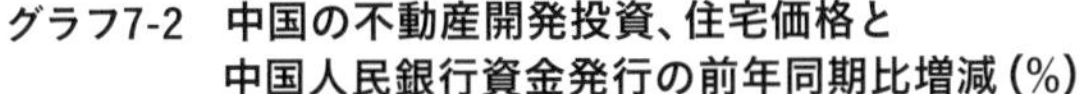

グラフ7-2　中国の不動産開発投資、住宅価格と中国人民銀行資金発行の前年同期比増減（%）

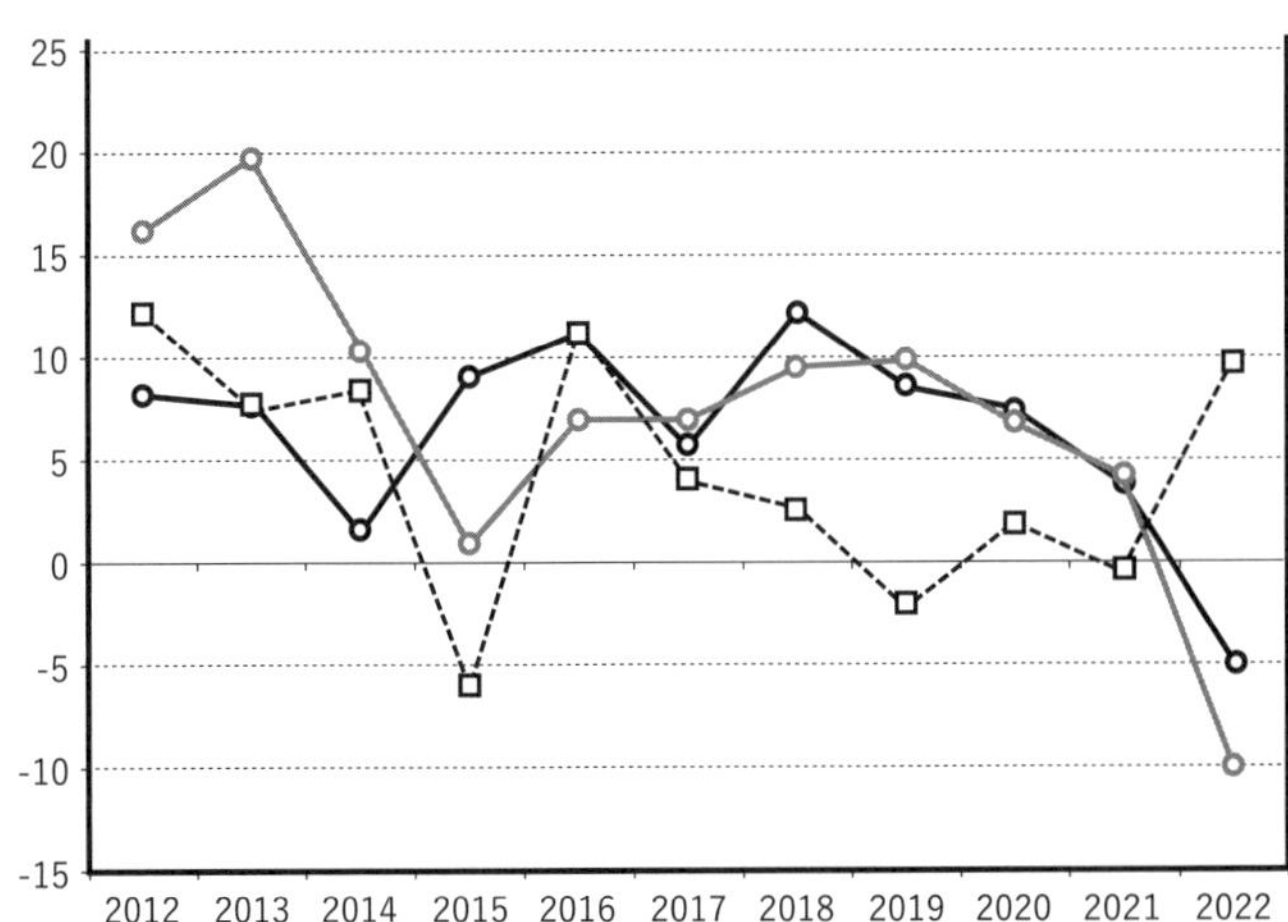

データ：CEIC

だから、経済成長させようとすれば簡単である。共産党の強権のもと、山林、原野、農地、旧市街地、墓地をも含むあらゆる用地をブルドーザーで平らにし、固定資産を建設すればよい。

固定資産投資は習政権のもとほぼ一貫してＧＤＰの40%以上を占めてきた。ちなみに日本は25%前後、米国は18%程度、欧州は20数%の水準で推移している。中国の固定資産依存は突出しているのだ。

固定資産投資にはマンションや商業ビルばかりでなく、工場など産業設備のほか、高速道路、空港などのインフラも含まれる。中国のインフラ整備はかなり進み、最近数年間は不動産開発投資が主役になっており、ＧＤＰを牽引してきた。

脆弱な金融システム

中国は共産党がその気になればいくらでも人民元を刷って、不動産投資主導で高度経済成長を続けられると思わせるが、そんな時代は過ぎたようだ。

住宅価格下落が示すように、住宅バブル崩壊が歴然としている。上海など主要都市の多くの中間層は2戸目、3戸目のマンションを購入済みだ。年金など社会保障に不安があるなかで、中間層の多くは不動産資産で富を蓄えようとする。しかも、中国の高齢化は猛スピードで進む。退職年齢60歳以上の層の15〜59歳の現役世代比率は２０２１年で３・４人、10年前の５・１人から急減し、２０２７年にはふたり以下になりそうな情勢だ。現役世代の縮小とともに新規住宅需要も減りつづけるだろう。

さらに注目すべき習政権の特徴は、人民元切り下げだ。

グラフ７−３はリーマンショックの２００８年からのドル換算の名目ＧＤＰと人民元の対ドル相場の推移である。人民元相場は２０１４年まで上昇を続けたあと、２０１５年に

グラフ7-3　習近平の10年は人民元安に振れがち

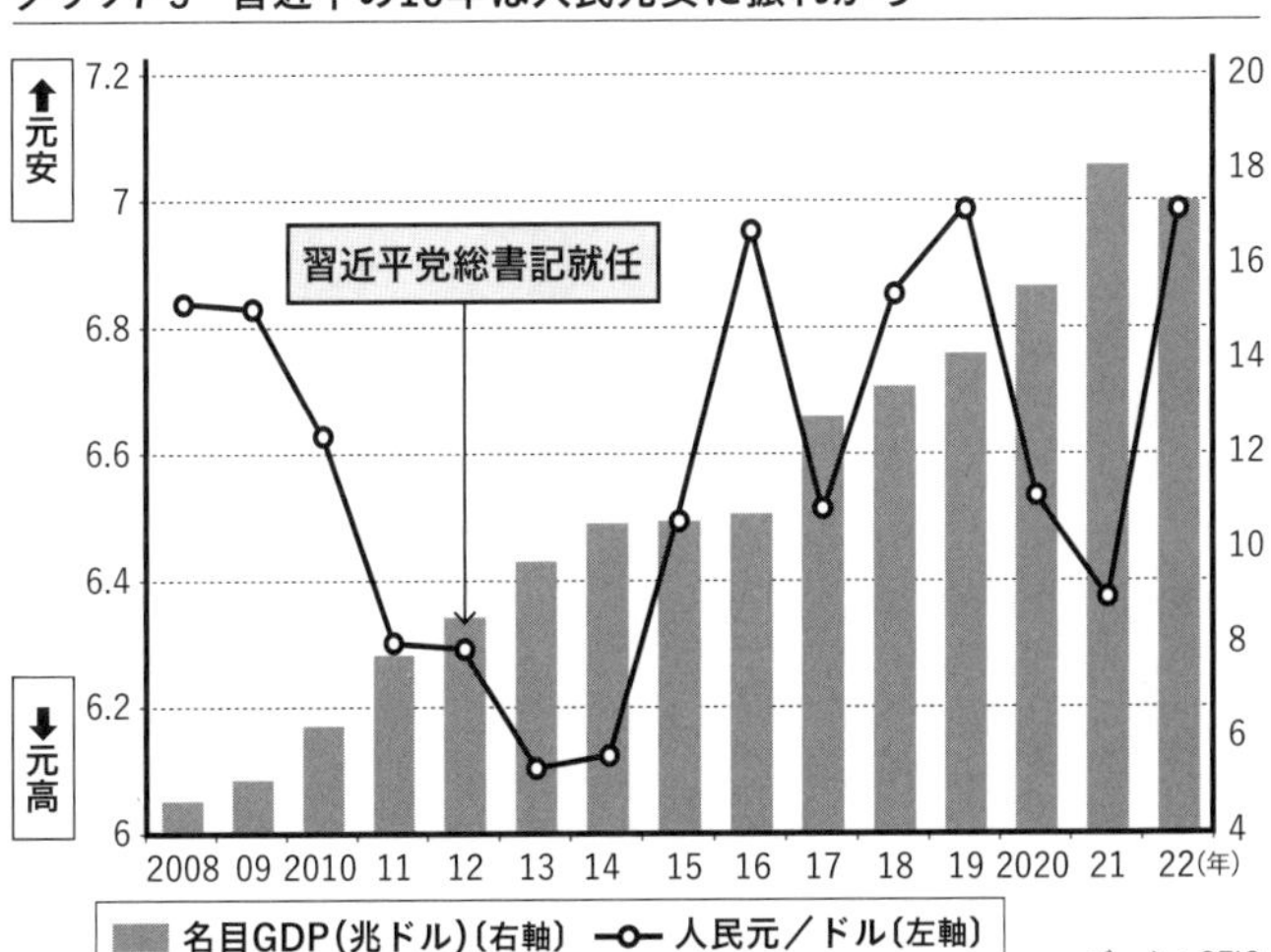

データ：CEIC

切り下げられた。以来人民元安トレンドに入った。本来は人民元表示の名目ＧＤＰのドル換算値は人民元安時には圧縮されるが、それでも人民元ベースでの高成長のために、ドルベースでもプラス成長を保ち、ドルベースのＧＤＰは習が党総書記に就任した２０１２年には米国の52％だったのが、２０２１年には77％まで迫った。しかし、２０２２年を見ると、ドルベースＧＤＰは２０２１年よりも４％減で、「マイナス成長」になった。米国を抜くと意気込んできた習政権としては初の後退となり、プラス成長を続けている米国との差が再び開いた。２０３０年までには米ＧＤＰを抜くという西側に多い予測も修正を迫られる。

人民元安路線で輸出や外国からの対中直接投資、証券投資を促進してきた習政権の成長モデルはここにきて限界が露呈した。致命的な弱点はドルに依存する脆弱な金融システムということになる。

李克強首相は2022年7月、世界経済フォーラムのオンライン会合で「高すぎる成長目標のために、大型の景気刺激策や過剰に通貨を供給する政策を実施することはない」と言明したが、したくてもできない事情がある。

ここまで何度も触れてきたが、中国の通貨金融制度は「準ドル本位制」というべきで、発券銀行である中国人民銀行はドルを中心とする外貨の流入に合わせて人民元資金を発行している。中国の経済成長を支えているのはドルであると言っても過言ではない。

外貨の主要流入源は経常収支の黒字と外国からの直接投資や証券投資だが、日米欧のメーカーはサプライチェーン依存を減らそうとしている。さらに海外投資家はロシアのウクライナ侵攻開始後、米連邦準備制度理事会（ＦＲＢ）が大幅利上げに踏み切って以来、対中債券投資引き揚げにかかっている。このため、人民銀行はバブル崩壊不況にもかかわらず、金融の大幅な量的拡大ができないでいる。

米利上げによる衝撃

中国人民銀行統計によると、海外投資家による債券、株式など人民元建て金融資産保有残高は２０２２年１月以降、減りつづけている（グラフ７－４参照）。

２０２２年９月の金融資産保有残高は２０２１年12月に比べて、１兆３１７４億元（約３５８８億ドル）減った。この間の経常収支黒字合計額３１０３億ドルをかなり上回る。経常収支黒字や外国からの投融資で支えられている外貨準備はこの結果２２１２億ドル減った。

外国人による資産売りは２０１５年にも起きており、金融危機の様相を呈した。そのときは２０１６年２月までの９ヶ月間で２７００億ドル減っており、今回の中国売りの激しさはそれを凌ぐ。人民元資産売りの動因は米金利上昇に伴う米中金利差の縮小、さらに逆転である。

グラフ７－５は、人民元の対ドル相場と米中それぞれの10年もの国債金利差の推移である。10年国債金利は各国の金融市場の標準的な指標である。中国の通貨制度は、人民元の対ドル相場変動を中国人民銀行が指定する中心レートの上下２％の幅に制限する管理変動

グラフ7-4　外国投資家の中国金融資産保有

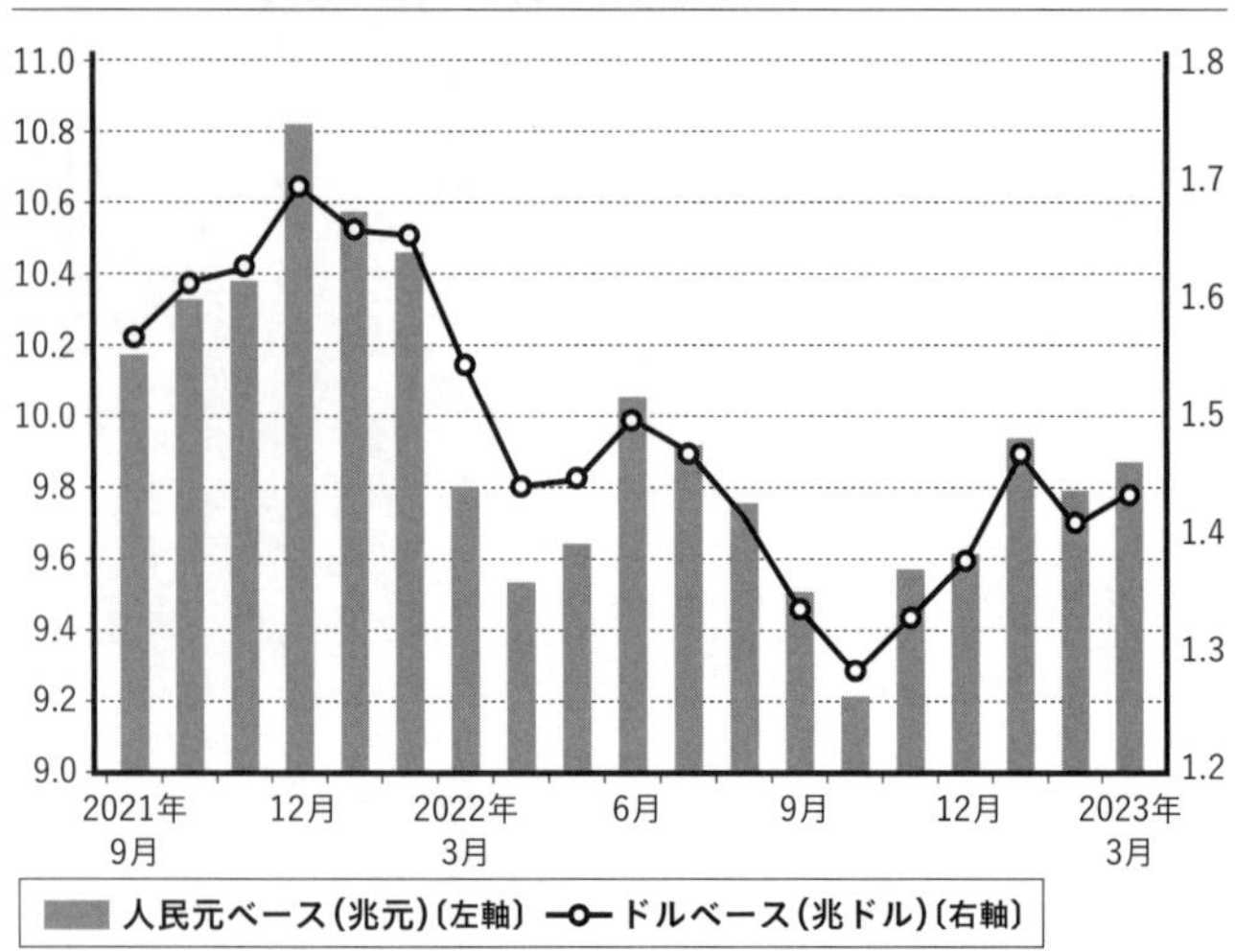

データ：CEIC、中国人民銀行

グラフ7-5　米中金利差と人民元／ドル相場

データ：CEIC、中国人民銀行

相場制である。人民元相場を安定させるため、人民銀行は国債金利を米国よりも絶えず高めに誘導してきたが、米金利は２０２０年末から上昇に転じたのに、中国金利は徐々に下がりはじめた。金利差の縮小を見て、外国投資家は２０２２年1月から中国債券を売りはじめた。金利差縮小は急速に進み、２０２２年5月には中国債金利が米金利を上回る逆ざやとなった。

投資家のカネは当然のようにより高い金利の金融資産に移動する。外国為替市場では人民元が売られてドルが買われる。

ウクライナ戦争の余波

ワシントンに本部のある国際金融協会によれば、外部からの中国証券売りは２０２２年2月24日のロシアのウクライナ侵攻以降急増し、資本流出の度合いはかつてないほど大きいという。3月にはパウエルＦＲＢ議長が大幅な連続利上げに踏みきったことが、外国の中国売りをさらに加速させた。売られる証券はおもに人民元建て債券で、中国国債、地方債や不動産会社の社債などが含まれる。こうして3月以降、中国の金融資産売り、人民元安が同時進行するようになった。

ドル金利上昇のために、通貨安となるのは日本もそうだが、中国の場合、意味するところは深刻である。元安の進行は外国人投資家の引き揚げでは済まない。中国の富裕層や投資家による資本逃避の激化を招くからだ。

人民銀行は外貨準備を取り崩して、人民元を買い支えることにより、暴落を阻止しようとする。この結果、２０２２年9月の外準は２０２１年末に比べ２２１２億ドル減った。この間の経常収支黒字は３１００億ドルに上るが、外準は逆に大幅に減った。主因は外資の引き揚げである。

外準が減るとなると、ドルの裏付のない人民元資金を大幅に増やさざるを得なくなるが、通貨価値の安定が損なわれかねない。人民銀行はそんな恐れから、不動産開発が低調でも、小手先程度の金融緩和で済ませている。

ゼロコロナ政策という失政

経済難をこじらせたのは上海に代表されるゼロコロナ政策だ。２０２２年2月末以来の上海の都市封鎖は6月半ばまで続いた。ゼロコロナ政策は、市全域の封鎖を解いても、入居者がひとりでもコロナ陽性となった場合、そのマンションや居住区全体の住民が外出を禁じられるという徹底ぶりだった。嫌気が指した上海の中間層以上の市民は、外国への移住を目指したくらいだ。知人の金融機関幹部は東京で億ションを買い、子弟を東京の学校に通わせる計画を立てていた。習政権は慌てて、外国送金を厳しくチェックし、パスポート発行や海外移住ビザ許可に制限をかけようとしたが、市民の反発を買って引っ込めざるを得なくなった。

習は２０２２年10月の共産党大会で党総書記３期目を決めたあと、11月下旬にゼロコロナへの抗議デモが広がると、ゼロコロナ政策の大半を撤回した。大規模なＰＣＲ検査をなくし、省をまたぐ移動規制を緩めた。さらに12月26日にコロナ規制の追加緩和を発表し、入国者に強制してきたホテル隔離を２０２３年１月８日からやめた。48時間以内のＰＣＲ検査の陰性証明を提示すれば中国に入国できるようにし、工場生産の再開に必要な技術者やビジネスマン、留学生などへのビザ発給に応じるようにした。

だが、習政権のゼロコロナ政策はコロナ感染を防ぐことはできたのだろうが、多くの国民が罹患しなかったせいでオミクロン株への免疫保全者が少ない。２０２３年も蔓延（まんえん）再発不安は解消しない。仮に収束に向かったとしても中国経済の構造問題が解決できるはずはない。

資本逃避は止まず

米金利が中国を上回る状態が続く以上、人民元安は長期化する見通しが市場に広がっている。中国の金融資産や不動産に投資している中国の投資家は資産の目減りを懸念する。中国当局は厳しい資本流出規制をかけているが、党幹部一族を含む既得権益層はその監視網をかい潜って人民元建て資産を一斉に売って、海外に資産を移す。これらのカネは当局に把握されないので、国際収支統計上は「誤差脱漏」に区分けされる。「誤差」どころか、その規模は２０１５年に急増し、年間２０００億ドルを超え、２０１６年から２０１９年までは貿易収支黒字など経常収支黒字を上回った。２０１５年夏からは、中国人民銀行が人民元の切り下げに踏み切ったことがきっかけで資本逃避が急増していた。ＦＲＢは同年12月にインフレ抑制のために政策金利引き上げに転じ、中国の資本逃避を加速させた。慌てた中国人民銀行首脳は当時のオバマ政権に窮状を伝え、イエレンＦ

グラフ7-6　中国の対外収支、対外債務と外貨準備、資本流出（単位：億ドル）

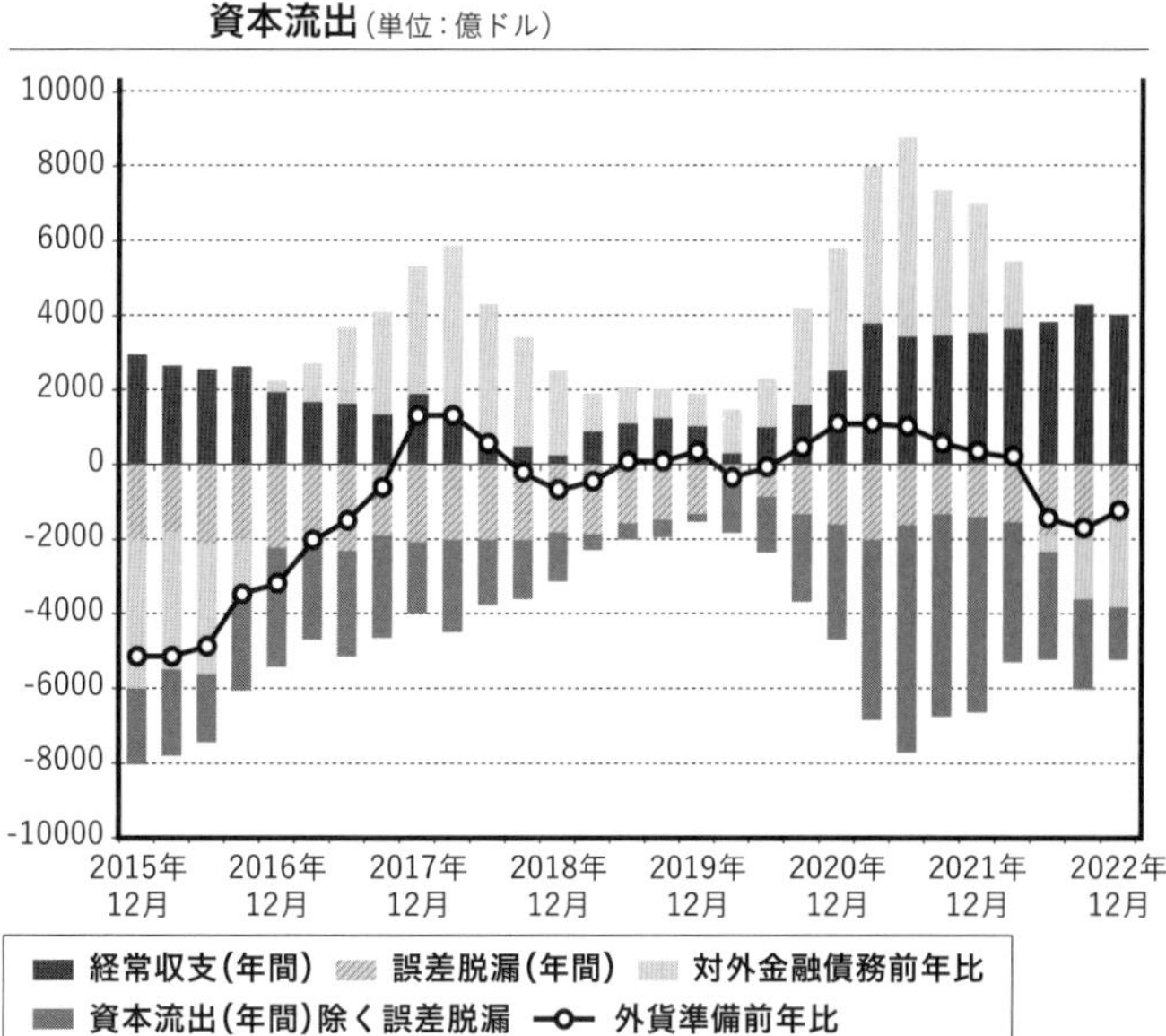

データ：CEIC

RB議長（現・財務長官）は国際金融不安を恐れて追加利上げを1年間留保する配慮を見せた。

米中関係の緊張が高まる一方だと、イエレン財務長官やパウエルFRB議長が中国に配慮することは望み薄だ。

勿論、習政権は資本逃避を厳しく取り締まっているが、それでも2021年の誤差脱漏は1674億ドルに上り、経常収支黒字の5割以上相当分が海外に消えていることになる。

グラフ7－6は国際収支統計のうち経常収支、誤差脱漏に加え、対外金融債務、外貨準備の前年比増減を重ね合わせている。

中国の外準は流入する外貨を人民銀行に集中させる制度なので、経常収支黒字と外国からの対中投融資の増減額の合計に左右される。他方で対外投資と資本逃避（誤差脱漏）の合計が資本流出と見なされる。

誤差脱漏を除外した資本流出は当局が把握する対外投資であり、中国企業による海外投資、企業買収のほか、拡大中華経済圏構想「一帯一路」プロジェクトなどが含まれる。この合法的な対外投資は２０１５年６月にピークに達し、年間１・２兆ドルを超えたが、人民元切り下げがたたって金融危機に直面、その後は退潮傾向が続いていた。新型コロナ発生後の２０２０年の後半には対外投資は復調トレンドに入ったが、２０２２年４月以降は縮小に転じた。

資本流入と流出を相殺した結果が外準に反映する。２０２２年末は前年比で対外債務が２９３７億ドル減った。前述した外国からの証券投資の激減によるところが大きいのだが、外準は１２２５億ドル減った。

人民銀行は資本逃避に伴って売られる人民元を買い支えるために、虎の子の外準を取り崩す羽目になる。すると、経済成長に欠かせない人民元資金の追加発行が大きく制約される。

習政権は他方では、拡大中華経済圏構想「一帯一路」など、対外投資を増やしている。巨額の資本逃避が続く以上、外貨を使う対外膨張策も推進できなくなる。そこで習政権は外国からの対中証券投資を呼び込み、外貨不足を補ってきた。だが、いまや海外の投資家は対中証券投資の引き揚げを加速させている。

米利上げが続けば、資本逃避はさらに増えつづけ、習政権の国内経済運営を一層困難にさせる。不動産開発の落ち込みや上海などの都市封鎖長期化などに伴って減速する景気のてこ入れに必要な財政措置や金融緩和は最小限にとどめるしかない状況だ。

共産党が采配を振る中国版国会、全国人民代表大会（全人代）を経て、習近平党総書記・国家主席体制３期目がスタートした（図7－1参照）。経済財政、金融が党即ち習総書記直轄型で運営される。中国人民銀行はさっそく、量的緩和追加策をとった。が、強権による市場支配で中国経済の失速を止められるのか。

中国の権力システムは党が軍と行政を指導する建前だ。市場経済化が進むにつれて、経済省庁や中国人民銀行のトップが、党幹部であることを示す党中央委員及び中央委員候補を兼ねるようになり、党に対する一定の発言力を持っていた。習政権３期目の経済関連の

図7-1　中国・習近平3期目政権

共産党最高幹部

序列	氏名	役職
1	習近平	国家主席（党総書記）
2	**李　強**	**首相**
3	**趙楽際**	**全人代常務委員長**
4	王滬寧	人民政治協商会議主席
5	**蔡　奇**	**党中央書記局書記**
6	**丁薛祥**	**筆頭副首相**
7	**李　希**	**党中央規律検査委員会書記**

国務院（政治）

●副首相	●国務委員
丁薛祥（筆頭）	*呉政隆　秘書長*
何立峰	**秦　剛　外相**
張国清	*李尚福　国防省*
劉国中	**王小洪　公安相**
	諶貽琴　前貴州省党委書記

応　勇	**最高人民検察長**
陳一新	**国家安全相**
易　綱	中国人民銀行総裁

（数字は序列　太字は習に近い　斜字は軍関連）

閣僚や中央銀行総裁には、党のトップ約200人を構成する共産党中央委員・委員候補がいない。習総書記の名代格で、党中央政治局常務委員の李強首相が経済政策を実行するわけである。

繰り返しになるが、注目すべきは李克強首相の２０２２年7月の世界経済フォーラム（ＷＥＦ）での見解だ。「高すぎる成長目標のために、大型の景気刺激策や過剰に通貨を供給する政策を実施することはない」と言い、習が求める財政支出拡大と金融の量的拡大に背を向けた。李克強は北京大学経済学博士号を持つので、習にとっては煙たい存在だったが、全人代を最後に完全引退に追い込んだ。

金融の要、中国人民銀行総裁の易綱は米イリノイ大学の博士号取得、米インディアナ大学で准教授を務めたあと、中国に帰国、北京大学の教授を務めた。２０２２年秋の党大会で共産党中央委員・委員候補から外されたことから、全人代で正式に決まる政府機関トップ人事で人民銀行総裁から退任するとの観測が、日本を含む主要なメディアの間で強く流れていた。結果は留任だ。

習政権は易綱の国際的知名度を無視できなかったわけだが、いずれにせよ易綱は習とは一定の距離を置いていた李克強と違って、習側近ナンバーワンの李強首相や人民銀行党委員会書記の指示に従うことになる。

もともと人民銀行は１９４９年10月1日の中華人民共和国建国前に創設された党直属の金庫である。その時代に逆戻りすること自体が、行き詰まる経済情勢への習政権の危機感の表れだ。

習が経済を直接支配しようとする背景には、党が土地とカネを支配するシステムの行き詰まりがある。「土地は人民のもの」との建前のもと、「人民」を代表する地方政府の党官僚が土地配分権を持つ。地方政府財政は土地使用権の移転（販売）収入で支えられる。地方政府の全財政収入に占める土地使用権収入の割合は２０２０年に82％、２０２１年は76％に上った。

不動産開発を中心とする固定資産投資はＧＤＰの5割近くを占める。住宅など不動産投資は関連需要を含めＧＤＰの約３割に上り、不動産開発、住宅ローンなど不動産がらみの融資は預金、さらなる融資という信用創造の連鎖となり、マネーを膨張させてきた。現預金は２０２２年１年間、日本円換算で１２００兆円増えたが、それはちょうど日本の現預金残高に匹敵する。資金力を背景に、習政権は拡大中華経済圏構想「一帯一路」など対外拡張路線を推進する。

この成長と膨張の方程式が、２０２２年来の不動産市況の低迷で狂った。

住宅価格の全国平均は２０２２年初め以降、前年比でマイナスが続いている。２０２２年の不動産投資は前年比10％減、それだけでＧＤＰは３％の下落圧力になる。それでも実質3%の成長を遂げたとは信じがたい。不動産市況低迷が続く限り、習政権が掲げる2023年の5%前後の実質成長は画餅（がべい）でしかない。

習政権は不動産市況てこ入れに躍起だ。まず、中国人民銀行に資金を増発させる。次に国有商業銀行など金融機関には住宅市場回復に向け融資強化を指令してきた。財政難の地方政府には地方債を大量発行させている。

易綱中国人民銀行総裁が銀行融資拡大策の主力策としているのは、市中銀行の人民銀行預金準備率の引き下げだ。人民銀行は全人代終了後の2023年3月17日、銀行の預金準備率を0・25%引き下げると発表した。引き下げは2023年では初めてで、準備率はそれまでの7・8%から7・6%に下がる。預金準備率は預金の一部を中央銀行に預ける割合のことで、下げると銀行は融資に回せる余資が増え、融資、預金、融資の連鎖である信用創造が活発になり、現預金（M2）を増やす。人民銀行が市中銀行に供給する資金を増やせば、量的拡大効果は格段に上がる。単純計算すれば準備率が8・4%だった1年前に比べて現預金は10%あまり増えることになる。

グラフ7－7は右軸が預金準備率だが、目盛りを逆転させ、上方向が小さくなる。左軸の現預金が引きずられるように膨張していることがわかるようにした。

グラフ7-7　中国人民銀行の預金準備率と現預金（M2）

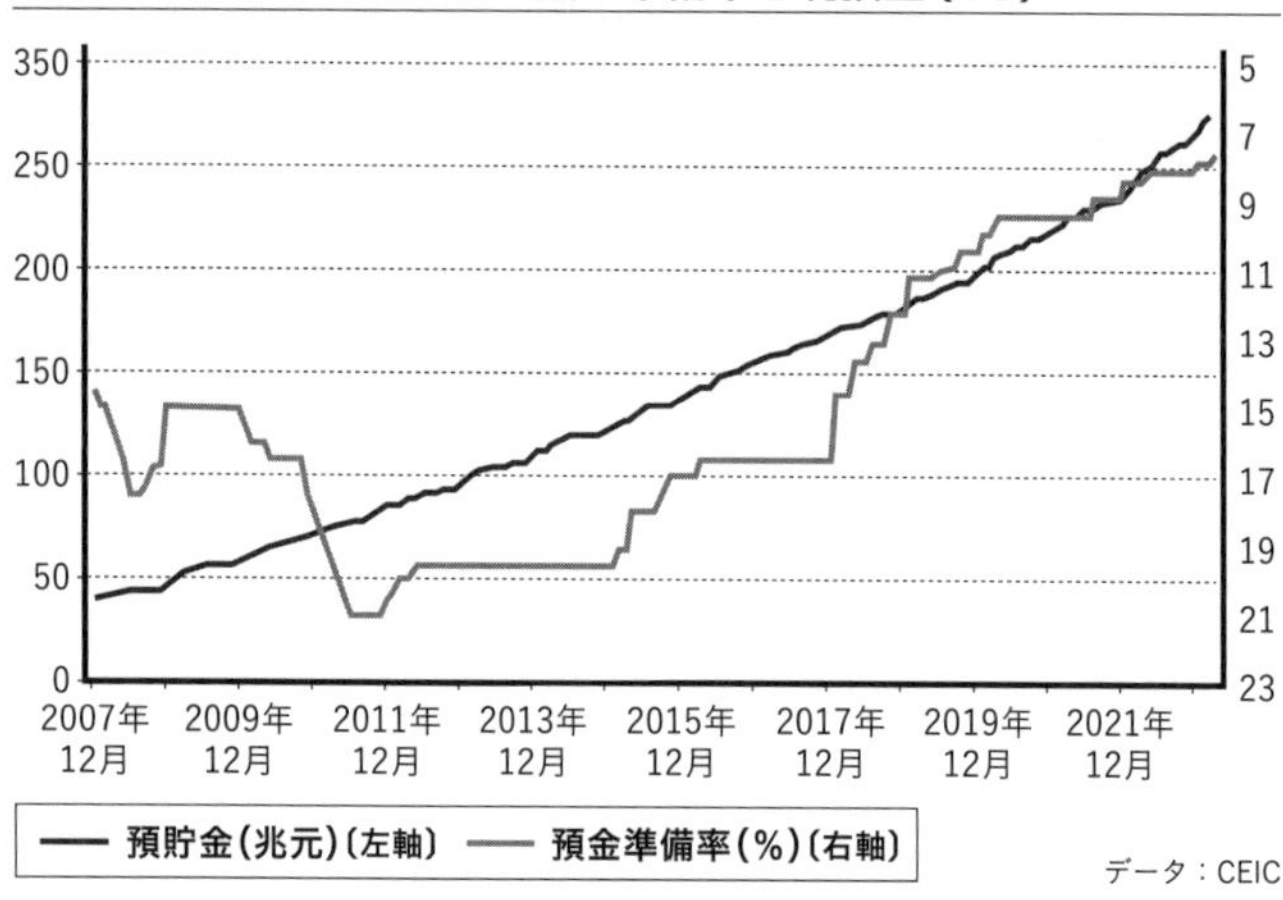

データ：CEIC

金融緩和の手段として「量的拡大」と「金利引き下げ」のふた通りあるが、人民銀行は利下げよりも量的拡大策に重点を置いている。利下げは米金利との差を拡大し、資本逃避を加速させる恐れがあり、慎重にならざるを得ないのだ。

中国の現預金総量は、グラフ7－7が示す通り預金準備率の引き下げとともに増長の一途を辿ってきた。

日本の現預金残高は2022年末で約1200兆円だが、中国の現預金を円換算すると、人民元に対して円安が進行した2022年9月には前年比で1350兆円増えた。たった1年でも日本のマネーを上回る規模で増殖するのだから、恐るべしである。

中国資本はそのマネーパワーを背景に北海道

グラフ7-8　中国人民銀行の資金発行高、外貨・金準備と現預金（M2）

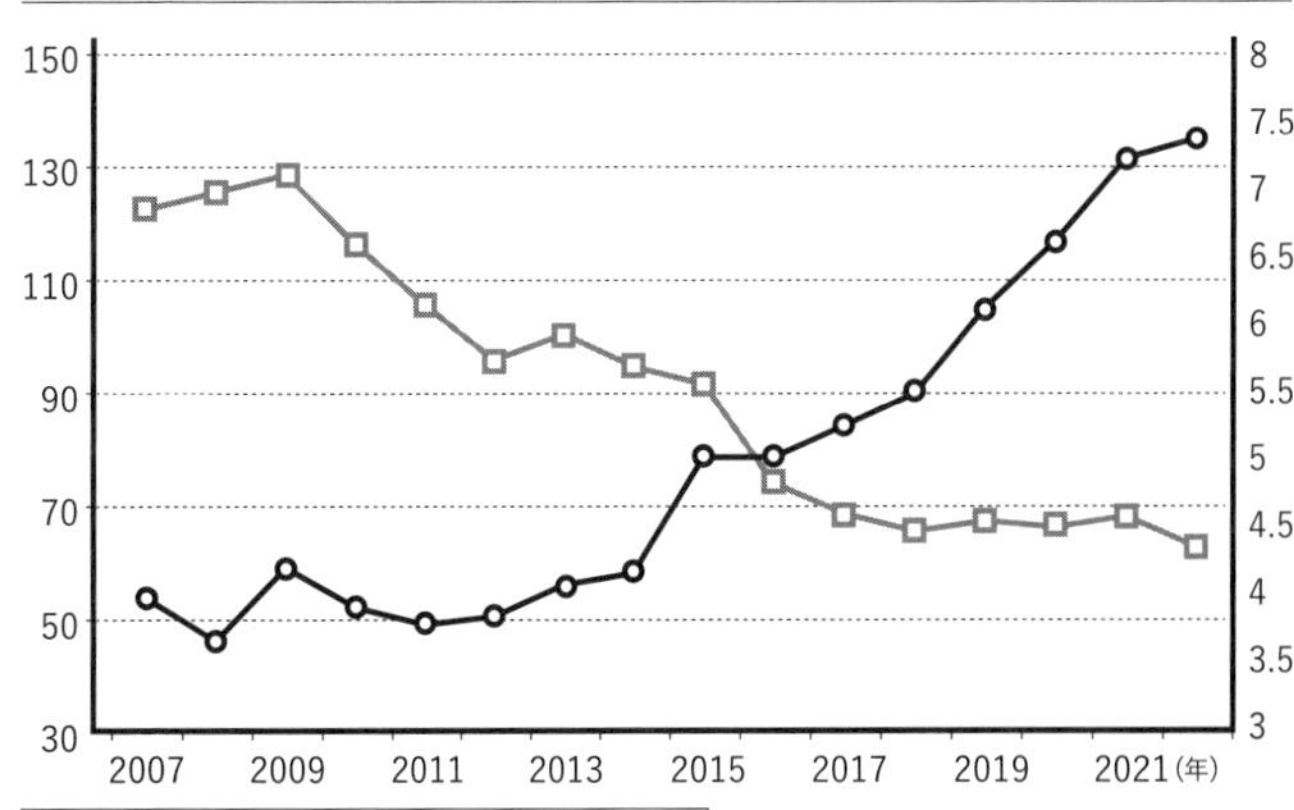

データ：CEIC

の大地や沖縄の離島を買い占め、上海電力が太陽光発電用地を日本の各地で取得してきた。

だが、習政権喫緊の課題は不動産市場の建て直しだ。預金準備率引き下げによって住宅など不動産関連融資を増やして不動産市場をテコ入れするつもりだ。それに失敗すれば、銀行の不良債権を膨張させるだけに終わり、巨大バブル崩壊へと繋がりかねない。加えて、これら一連の金融拡大には致命的な制約がある。

外貨の裏付けのない資金発行は通貨乱発となって、人民元の信用を失いかねない。人民銀行は人民元資金発行に対する外貨資産比率を高めることに腐心し、２００８年のリーマンショック直後時点では１００％を超え、元資金を大量に増発しても人民元の価値は安定し、経済のふた桁台の高成長をもたらした。ところが同比率は徐々に下がり、２０２２年末には60％を切った。人民銀行は外貨に加えて金保有を増やし、元価値の信用維持に躍起となっている（グラフ7－8参照）。

２０１５年には巨額の資本逃避が起きたために人民銀行は金融を引き締めた。そのため不動産投資も大きく減速したが、翌年には金融の量的緩和によって不動産投資を回復させた。

その後も人民銀行の外貨資産はほとんど増えず、元資金発行は制約を受けたが、不動産ブームは続いた。２０２０年には武漢発新型コロナウイルス・パンデミックが起き、不動産投資が失速しはじめ、２０２２年は前述したようにふた桁台も落ち込んだ。貿易は２０２２年に大幅な資金増発に踏み込んだが、不動産は供給過剰だ。カネを刷っても不動産市況は回復せず、人民元の信用が損なわれる不安だけが高まりそうだ。

それに、外貨の主要な流入源である外国からの対中証券投資は２０２２年のウクライナ戦争開始後減る一方だ。習政権は日米欧の金融界や産業界に対して対中投融資の秋波を送ってくるが、どの企業がリスクだらけの対中投資に応じるだろうか。

第8章

ハイテク戦争

米中ハイテク戦争の行方

貿易強硬策も上場規制も成果が出るのは時間がかかる。金融制裁については、〝返り血〟を浴びるという国際金融資本の反発で国内調整に手間取るともなれば、米国が習政権の対外膨張路線を封じ込める手段は限られてくる。そこでバイデン政権が重点を置くのが対中ハイテク禁輸である。

規制はトランプ政権による中国の通信機器大手メーカー、華為技術（ファーウエイ）に対する制裁に始まるが、バイデン政権はとくに半導体に照準を合わせている。

時系列に米国の対中ハイテク規制を並べてみると、以下のようになる。

・2019年5月、ファーウエイ、監視カメラ大手の杭州海康威視数字技術（ハイクビジョン）、太陽光パネル企業などを禁輸リストに加える。
・2020年12月、中国最大の半導体受託生産企業である中芯国際集成電路製造（SMIC）を禁輸リストに加える。
・2021年9月、米連邦政府から資金提供を受けている国内のハイテク企業に対し、今後10年間、中国での「先端技術」施設の建設の禁止を指示。

・2021年11月、特定の中国企業の製品販売を禁止する法律が成立、1年後をめどに米連邦通信委員会（FCC）が具体的な規制を決める。

・2022年8月、半導体補助金法の施行に関する大統領令に署名。半導体製造・研究に対する527億ドルの支援のほか、半導体工場向け投資を促進するための推定240億ドル相当の税額控除が盛り込まれた。

・2022年10月、スーパーコンピュータなどの先端半導体の技術、製造装置、人材など幅広く禁輸。

・2022年11月、ファーウエイやZTEなど中国5社の通信機器や監視カメラの米国内販売を禁止。

・2022年12月、中国半導体メーカーの長江存儲科技（YMTC）、人工知能（AI）向けの半導体などを手がける中科寒武紀科技（カンブリコン）、露光装置に強みを持つ上海微電子装備集団（SMEE）を含む30超の中国企業・団体を禁輸リストに加えると発表。輸出禁止対象の企業・団体は633件に達した。

・2023年1月、米政府はファーウエイへの米技術・製品の輸出を全面的に停止した。

ハイテク中国の台頭阻止を狙うバイデン政権

対中ハイテク戦はファーウエイ封じから始まった。２０１８年6月中旬、米国は中国の貿易慣行を批判する報告書を発表し、中国が組織的な「経済侵略」作戦を展開していると指摘した。報告書は中国の経済侵略を複数の大きなカテゴリーに分けている。国内のメーカー・生産業者のための国内市場保護、天然資源の支配権確保、ハイテク産業における優位性の追求などだ。そして、サイバー攻撃による知的財産の窃盗や、おもに中国でしか手に入らない主要原材料に対する外資のアクセス禁止など、中国政府がこれらの目標を達成するために導入した50あまりの政策を挙げている。

以上のトランプ前政権のファーウエイ封じは後述のように水際作戦であり、米国市場から締め出すことが主眼だったが、２０２１年1月に発足したバイデン政権になると、中国のハイテク能力そのものを封じ込めてしまう戦略にシフトさせた。禁輸対象の分野と業種を一挙に広げ、半導体とその製造装置、半導体を使用するメーカーとサービス業種全般に及ぶ。謂わば中国という国家全体を抑え込む戦略のようである。

貿易戦争は思うようにいかず、金融面でも〝返り血〟を恐れて身動きがとれない。習政権は相変わらずドル資金を流入させてはハイテク能力を高めている。米国の金融パワーは強力だが、中国はそれを吸い取ってしまう。ならば、残された米国のハイテク覇権を生かし、中国の挑戦を退けるという戦略なのだ。

これに対し、習政権はハイテク国産化で対抗するしかない。習政権は２０１５年5月に産業政策、「中国製造２０２５（メイド・イン・チャイナ２０２５）」を打ち出している。その柱が半導体産業である。中国建国１００周年の２０４９年までに「製造強国のトップ」となるという。２０３０年に75％に引き上げる目標を掲げた。２０１５年に10％だった半導体の自給率を２０２０年に49％、２０３０年に75％に引き上げる目標を掲げた。政府は「国家集積回路産業投資基金」などを通じて投融資を促すなど、資金面から半導体産業を積極的に支援してきた。しかし、米調査会社IC Insightsによれば、中国の半導体自給率は16・7％（２０２１年）にとどまり、そのうち中国企業によるものは6・6％しかなく、外資企業が残りの10・1％を占める。

日本総研の２０２３年5月12日付リポート「中国半導体産業の行方―デカップリングと自給戦略の成否―」では、以下のように現状を分析している。

〈世界の半導体企業の売上高に占める中国の割合はわずか7％にすぎない。中国企業が量産可能なロジック半導体の回路幅は広く、最先端から大きく遅れている。中国の半導体産業は、電子設計自動化ツールや回路コンポーネントの設計情報といった設計市場における存在感が薄く、自力で高度化を進め自給率を高める自己完結性を構築していない。

米半導体産業はＣＨＩＰＳ・科学法により半導体製造能力が増強されるものの、それによって国内需要が完全に満たされるわけではないこと、また、中国市場の規模の大きさと成長性を無視出来ないことから、中国と手を切ることが出来ない。

中国は半導体のサプライチェーンの川下部分で重要な役割を果たしている。中国は、半導体を電子機器に組み込む最終組み立て工程で圧倒的な存在感を示し、これを代替出来る国はない。電子機器の部品を生産するすそ野産業の厚さも中国特有の強みである。

最先端半導体製造にかかわる中国企業は八方ふさがりの状態に陥るものの、22ナノメートル以下の半導体は市場の13・0％にすぎないことから、輸出管理規制が引き金となり、中国の半導体産業が失速するとは必ずしも言えない。中国の半導体企業は最先端半導体とレガシー半導体の棲み分けを意識した製造体制を整えようとしており、規制の枠外で成長を遂げる企業もある。

中国の半導体企業は、①人材不足が顕著である、②産業政策の効果が低い、③半導体の製造コストが相対的に高いといった課題を抱えている。〉（引用者注：「レガシー半導体」

とは、不可欠で長年使用される、在来技術による半導体のこと。おもに自動車、エネルギー開発、インフラ関連などの産業機器分野で使用される）

習政権の焦慮

焦る習政権は国内産業のてこ入れに躍起となっている。2022年12月13日付のロイター通信によれば、〈中国政府は国内半導体産業を支援するため、1兆元（1430億ドル）を超える規模の対策を計画している。おもに補助金と税額控除を通じて、5年間にわたって国内の半導体生産と研究開発を強化する。支援の大半は、国産半導体装置を購入する半導体工場など国内企業への補助金に充てる。購入費用の20％に相当する補助金を受けられる。〉という具合である。

だが、中国には致命的とも思える弱点がいくつもある。

まず、財政上の問題だ。すでに詳述したように、中国の財政金融は外貨の流入次第で、外貨準備が増えないと中国人民銀行は資金発行量を増やせない。となると、政府の国債発行には限度が生じる。

２０２３年１月４日付のブルームバーグ電は〈中国、半導体への巨額投資休止へ〉と報じた。新型コロナウイルス感染の急拡大が国内経済や財政を圧迫しているからで、〈最大１兆元（約19兆円）規模に上るインセンティブの推進継続を主張する政策当局者がいる一方、想定していたほどの成果がなかった投資主導のアプローチへの支持を後退させる当局者もいるという。〉とのことだ。

さらに、半導体の設計技術の貧弱さ、半導体製造装置メーカーの層の薄さも深刻だ。半導体製造装置市場は首位の米アプライドマテリアルズ、２位のオランダＡＳＭＬ、３位の東京エレクトロンが高い競争力を持つ。さらに、バイデン政権は外国企業でも米国製の技術を使っていれば、対中輸出を認めないと日欧に通告している。

米国の強みは製造装置に加え、設計技術にある。２０２２年10月24日付『ウォールストリートジャーナル（ＷＳＪ）電子版』によれば、半導体チップの設計ソフトメーカーの世界シェアは米国が74％で中国は３％、論理回路設計企業は米国67％、中国は５％、製造装置メーカーはそれぞれ47％、２％と米国が圧倒している。

鍵を握る半導体王国台湾

そこで鍵を握るのが台湾の受託製造最大手の台湾積体電路製造（ＴＳＭＣ）である。米国には技術はあるが製造はＴＳＭＣなど海外メーカーに委託するケースが多い。

バイデン政権は２０２２年8月には国内生産強化に向けて総額５２７億ドルの補助金を投じる新法を成立させた。その補助を得て、ＴＳＭＣは米西部アリゾナ州に最先端半導体の工場を新設する。微細の度合いは「３ナノ（ナノは10億分の１）メートル」で、総投資額は４００億ドル（約5兆５０００億円）に上る。

先端半導体はスマートフォンやサーバーに搭載され、頭脳の役割を果たす。〈最先端の３ナノ品は現在、世界でもまだ量産レベルになく、ＴＳＭＣはまず台湾で２０２２年中の量産を予定している。米国の新工場はそれに続く形で、26年の量産開始を目指す。〉（２０２２年12月７日付『日本経済新聞』）という。

だが、習政権もまた、狙うのはＴＳＭＣなど台湾系の対中協力だ。中国半導体大手の中芯国際集成電路製造（ＳＭＩＣ）の半導体技術に関わる最高幹部四人のうち三人は台湾人で、ナンバー２はＴＳＭＣ創業者張忠謀（ちょうちゅうぼう）の腹心だ。

中台は緊張関係にあるが、血は水よりも濃い。ビジネスともなればなおさらだ。少なくともＴＳＭＣが米国一辺倒との見方は楽観的すぎる。

２０２４年１月には台湾の次期総統選がある。野党の国民党は馬英九政権時代がそうだったように、「ひとつの中国」では本土の共産党政権と一致する。国民党政権ともなれば、ＴＳＭＣをめぐる中台関係は様変わりするだろう。

中国のハイテク窃取の歴史

トランプ政権は２０１８年6月中旬、中国の貿易慣行を批判する報告書を発表し、中国が組織的な「経済侵略」作戦を展開していると指摘した。先に本章でも触れたが、報告書は中国の「経済侵略」を複数の大きなカテゴリーに分けている。そして、中国政府がこれらの「経済侵略」を達成するために導入した50あまりの政策を挙げている。そのうち、サイバー攻撃や情報通信などのハイテク技術窃取については、以前から米国議会が綿密に調査してきた。トランプ政権はそれを受けとめたのだ。

２０１２年10月、米下院情報特別委員会は中国の通信機器メーカー大手のファーウエイとＺＴＥの製品は中国政府のスパイ行為やサイバー戦争に利用される可能性があるとの報告書を発表した。

ほぼ同時期、ホワイトハウスは、１年半にわたる調査の結果、ファーウェイが中国のためにスパイ行為をしたという明確な証拠は発見されなかったと発表したが、今後ハッカー攻撃の標的にされかねないとして、米政府は政府用の通信システム市場から両社を締め出した。以来、米政府と議会は民間の通信会社に両社との取引自粛を勧告してきた。

トランプ政権はさらに両社に対する警戒を強め、ＺＴＥが米国の対イラン禁輸措置に違反したとして、２０１８年3月にＺＴＥに対する米国製半導体の禁輸を決めた。その結果、ＺＴＥは基幹部品が不足して操業停止に追い込まれる事態になった。

習政権が米国産農産物関税撤廃を取引材料にもちかけると、トランプ政権がＺＴＥへの制裁緩和に傾いた。すると、米上院議員27人の超党派グループが、米通商代表部（ＵＳＴＲ）、財務省、商務省のトップらに書簡を送り、中国向け販売を増やす手段として技術輸出規制を緩和するいかなる提案も拒否するよう要請した。米国の議会はファーウェイとＺＴＥに対し、強硬姿勢を貫いている。

ファーウェイは情報通信の基幹回線や「データセンター」、基地局など通信インフラで高い競争力を誇り、２０１４年は世界市場ではスウェーデンのエリクソンに次ぐ2位の大手だったが、２０１７年にはトップに立った。

　データセンターとはインターネット用サーバーやデータ通信などの装置を設置・運用することに特化した施設の総称だ。とくにインターネットデータセンターには情報通信ネットワークの中枢機能を持ち、「サーバー」と呼ばれるコンピュータや大容量記憶装置を備え、顧客からデータを預かり、インターネットの接続や保守・運用サービスを受け持つ。データセンターに「バックドア（裏口）」と呼ばれるデータ監視装置を組み込めば、やすやすとデータセンターを裏から支配し、盗み、操作できる。機器新規納入の際には安全性が確認されたとしても、設備の点検や補修の際にバックドアを埋め込むことは可能だ。すると、ユーザーはそれに気付かないままになり、ハッカー攻撃になす術もなくなる。スパイの仕掛けを発見したときはもう手遅れで、とっくに多くの情報が流出している。

　その脆弱性を衝かれないようにするためには、少しでもリスクのある機器や技術のサプライヤーを排除する、というのが米国の「サイバーセキュリティ」の考え方だ。日本はその点、無防備どころか、後述するように古代ギリシャの「トロイの木馬」の故事のごとくファーウエイなどを歓迎して受け入れている。

米国の情報筋によれば、情報通信の最前線には党の指令を受けた中国の工作員たちが浸透している。だが、見えるのは影のみである。中国のスパイたちが米国や日本の企業、研究機関などに入り込んでいる痕跡は数多いが、対象となる会社などの組織名や人名など具体的な犯罪行為を立証する決め手になる証拠は決して残さない。

日本に関しては、筆者の知り合いの台湾系米国人技術者が、「米中軍軍事技術交流を通じて懇意になった中国軍関係者から、『我々中国軍にはカネがたっぷりあり、ふんだんに使える。日本人はカネに弱い』と聞いた」と言っていた。豊富なチャイナマネーで日本企業幹部や技術者を買収し、機密情報を盗み出すのはいとも簡単だと示唆していた（２３２ページ参照）。

米国となると、言うまでもなく、情報当局の探知能力は図抜けている。通信傍受機関の国家安全保障局（ＮＳＡ）元職員だったエドワード・スノーデンは「ＮＳＡがファーウェイ技術幹部をことごとく盗聴している」と暴露したが、それに限らず、米諜報機関の軍事利用可能な重要技術が絡む分野での追跡能力の高さは、一般の想像を超える。

ファーウエイの正体

米情報筋によれば、ファーウエイとZTEは、1980年代初め、最高実力者鄧小平の指示によって生まれた情報通信関連の4社の後身である。4社とは、「巨龍」「大唐」「中興」「華為」で、通称、『巨大中華』。『巨』『大』の前2社は解散し、もはや存在しないが、『中』はいまのZTE、『華』はファーウエイへと変貌、飛躍を遂げたという。

1978年に改革開放路線に踏み出した鄧は「四つの使命」という党指令を発し、「自主技術」「海外との合作」「国家防衛」「情報浸透」を重点策とした。その後、「情報」については、無線、衛星、ネットワーク、半導体などの技術を担う企業の育成を図っている。上記の4社がそれに当たる。

他方、ファーウエイの説明は右記の見方を一蹴する。同社の発表によれば、設立は1987年で、人民解放軍工兵部隊に勤務した経歴を持つ現最高経営責任者（CEO）の任正非が42歳のとき、深圳で創業した「民間会社」である。

任は当初、香港で中古の電話交換機を調達して、中国本土の山間部を中心に販売していた。1990年代には中国国内で電話網の建設が急進展。通信機器の需要はうなぎ上りでブームの波に乗った。２０００年代に入ると、携帯電話用の設備需要が激増し、海外市場にも積極展開しはじめた。

２０１８年時点で全世界の社員総数は15万人、このうち中国人社員約７万人が自社株を保有し、上場予定はない。深圳の敷地２００万平方メートルの本社には約４万人が働く。交換機中古品の行商から立ち上がって、瞬く間に高度技術の通信機器の世界的巨人になった同社には、資金、技術、人材を中心に党・軍・政府からの大掛かりな支援があると米側は以前から疑ってきた。日米欧の情報通信機器メーカーが１００年近い歳月をかけ、莫大な研究開発資金を投じて、営々と築きあげてきたハイテクを、交換機中古品のブローカーが短期間でものにして、世界最大手級の市場シェアを獲得できるとはまさに奇跡である。米議会は国家を挙げてのバックアップがなければ、不可能だと見る。

ファーウェイの世界の通信機器シェアの拡大は目覚ましい。世界の市場シェアデータをネット上で提供するディールラボの２０２３年１月24日付発表データによれば、通信・携帯基地局向け機器メーカーの市場シェア１位はファーウェイで42・６％、２位はノキア（フィンランド）18・５％、３位はエリクソン（スウェーデン）17・５％、４位はＺＴＥで11・５％となる。日本勢はＮＥＣが４・３％、富士通１・７％と下位に沈んでいる。

グラフ8-1　2021年通信・携帯基地機器メーカーの市場シェア

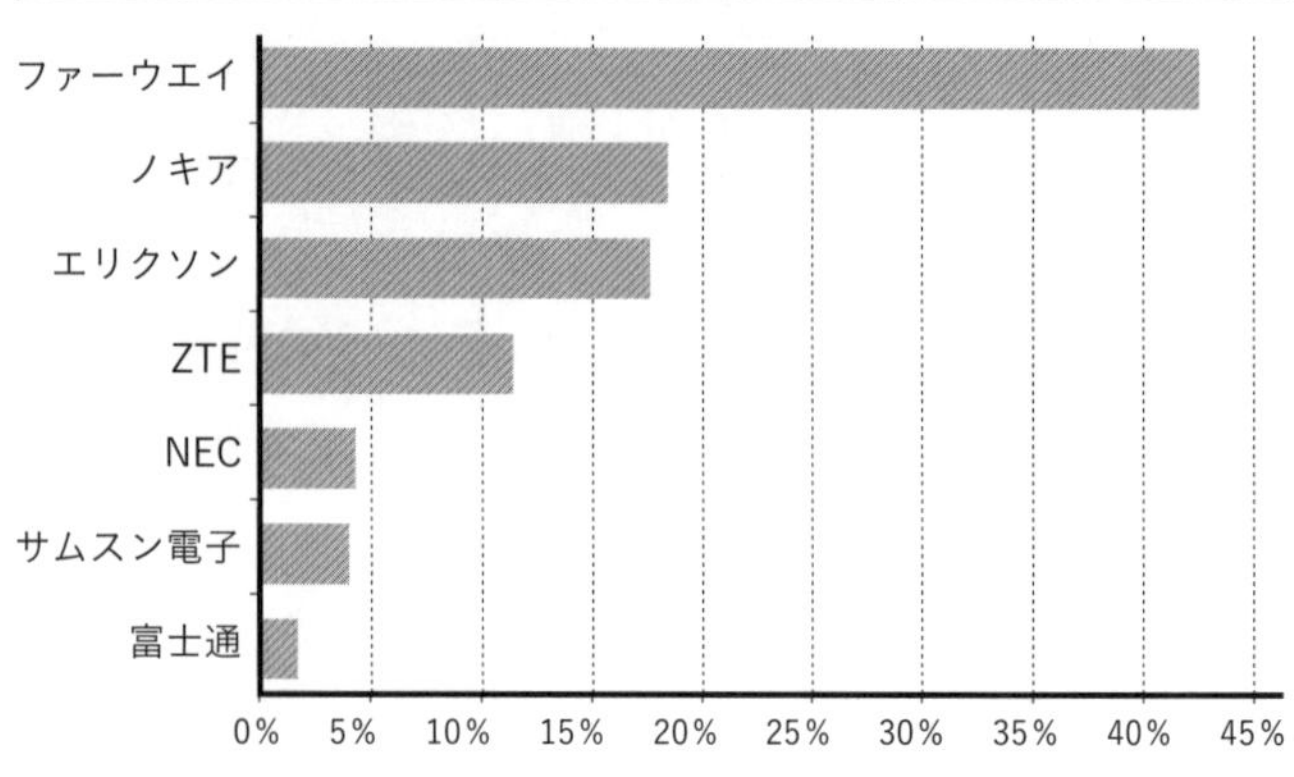

出典：2023年1月24日付『ディールラボ』

ファーウエイのシェアは２０１７年の段階で21％と世界一だったが、米市場から締め出されても世界シェアを２０２１年までに倍増させている。その理由は、中国政府の後押しに加え、次世代の高速無線通信規格５Ｇで世界に先駆けたことがある。中国は既存の有線通信の更新に変えて、携帯電話の高速通信網５Ｇを国内で整備、普及させている。この実績から、日米欧より競争力で優位に立った。

日欧などの通信事業者は、あとで詳述する米国のファーウエイ、ＺＴＥ締め出し要請に応じて、５Ｇ以降についてノキア、エリクソン製導入を進めているが、性能と速度は依然として中国系２社が優位に立ち、しかも価格も安い。このため、発展途上国を中心にファーウエイ、ＺＴＥが商圏を広げている。

米下院情報特別委員会は２０１２年の調査報告書作成の際、委員を深圳のファーウエイ本社に乗り込ませている。同社幹部にインタビューし、おもに同社と中国共産党、人民解放軍、中国政府との結び付きについて質問したが、回答が非協力的だったとし、同委員会は疑惑を強める報告書をまとめ、米通信機器市場からのファーウエイ締め出しを導いた。

他方、党指令のもとに解放軍、政府と企業が一体となることで、強大、高度かつ複雑化した中国のサイバー戦闘能力は衰えることがない。

〈２０１３年には米政府所有を含めた世界中の無数のコンピュータシステムが攻撃に晒されたが、その多くが中国政府及び軍による。〉（米国防総省による議会への２０１４年版「中国に関する軍事・安全保障の進展」報告書）というありさまだ。

業を煮やした米司法省は２０１５年5月19日、サイバースパイの容疑で、中国軍の６１３９８部隊所属の五人を起訴、顔写真付きで指名手配した。米原子力大手ウエスチングハウス（ＷＨ）、鉄鋼大手ＵＳスチールなど企業5社と労働組合が同部隊によるサイバー攻撃に晒され、米産業の虎の子である原発や、太陽光パネルの重要技術が盗まれたためだ。

２０１５年6月9日には、サイバーセキュリティ企業の米クラウド・ストライク社が、中国人民解放軍が２００７年以降、米国や欧州に対するサイバー攻撃を行っているとする調査報告書を公表した。中国人民解放軍総参謀部第3部には６１３９８部隊のほかに６１４８６部隊があると暴露し、同部隊を「パター・パンダ」と名付けた。ゴルフの「パター」と中国を象徴する「パンダ」を合わせた言葉だ。６１４８６部隊員が、ゴルフがテーマの会議によく参加する人々を狙って、メール（招待状など）を送り、それを開いた人々のコンピュータにハッキングプログラムをインストールして情報を抜き取ったことによる。

同部隊は上海市閘北区に拠点を置き、メールを通じて特殊なマルウエア（悪意のあるプログラム）を送りつけ、米国の国防当局や欧州の衛星及び航空宇宙産業などを対象にサイバースパイ活動を行っているという。米側は犯行者のうちひとりのメールアドレスを突きとめたと公表し、サイバー探査能力を誇示している。

米中間のせめぎ合いの舞台はいまや、米国外に広がっている。２０１４年6月18日未明、香港の親民主派の大衆紙「蘋果日報（アップルデイリー）」（台湾でも発行）のインターネット・ウェブサイトが何者かによるサイバー攻撃を受けて、データが完全に掻き消された。そのとき、香港では立法院（議会）の普通選挙実施を求める民主化運動グループがインターネットを通じて賛否を問う住民自主投票の最中で、そのウェブサイトも同様の攻撃を受けていた。蘋果側は中国本土からのサイバー攻撃によると非難した。

サイバー攻撃に晒されやすいネットワークは、データセンター、光ケーブル基幹回線など通信インフラである。ハッカーは香港と台湾にある蘋果日報のデータセンターに侵入し、データをことごとく破壊した。香港や台湾のデータセンターなど通信インフラにはファーウエイやＺＴＥ製機器が使われている。その脆弱性を衝かれた可能性が高い。

米国の手でバックアップされていた蘋果日報のデータを、米国国防総省系の「アカデミア」社が修復用として蘋果日報に無償提供したので、蘋果日報はウェブサイトの閉鎖を免れた、との秘話もある。

中国発のサイバー攻撃に対する日本の防御体制について、米関係者は懸念を隠さないが、「自分の国は自分で守るのが基本だ」と警告する。２０１１年８月には三菱重工業の取引関係者を装ったメールアドレスからマルウエア付きの添付メールが台湾のサーバーから送られ、軍事機密情報が流出した。同時多発的にＩＨＩ、川崎重工、日本電気なども攻撃された。いまでも、国防、通信、電力会社など日本の企業を狙い打つ月間８００件近いサイバー攻撃が発生しているが、発信源の特定はいまだにできていない。

ファーウエイは２０１４年から、日本の通信インフラ市場でのシェア拡張を狙って、積極果敢な売り込み攻勢をかけている。同社日本法人幹部は「当社のサイバーセキュリティ技術の信頼性には定評があります」と胸を張る。ソフトバンク、イー・モバイルを中心にファーウエイは着々と納入実績を伸ばし、経営トップは経団連を含む日本の産業界に人脈を広げている。

勿論、ファーウエイは党や軍との結びつきを否定するし、図8－1（238ページ）にあるような党からの指令などありえないと主張するだろう。だが、何よりも共産党主導の技術窃取・サイバー攻撃体制の行動に、共産党の影響下に置かれるファーウエイやZTEが組み込まれないと考えるほうが不自然だ。

2015年3月には米国をはじめとする世界の情報通信システム業界を震撼させる通達が北京当局によって発せられた。

この通達は図らずも、ファーウエイ、ZTEが党の情報技術戦略にしっかりと組み込まれていることを示す。同年3月16日付の『WSJ電子版』によると、その要点は以下の通りだ。

・中国政府は2015年3月15日までに、中国の銀行にコンピュータ機器や技術を販売する企業は、独自のソースコードや暗号化キーの利用を止め、中国の技術を採り入れたうえ、同国当局の厳格な検査を受ける必要があると通告した。

・世界的な情報技術（ＩＴ）企業各社は中国市場へのアクセス確保の見返りに独自のＩＴ情報を開示するか、中国企業と合弁会社を設立するか、中国市場向け専用の製品やサービスを提供するか、もしくは撤退するか迫られる。

・新たな規則は、銀行に対し中国製のＩＴ機器に切り替えるよう命じる政府通達と解釈されており、米国の大手ＩＴ企業に深刻な打撃を与えそうだ。

・米金融・通信サービス会社各社で構成される「コアリション・オブ・サービシーズ・インダストリーズ」のピーター・オルガイアー会長は、「これは、基本的には外国企業よりも中国企業を優遇する産業政策であり、企業に中国製ＩＴの使用を無理強いするものだ」と語った。

・欧米の業界団体は、銀行に対する規制は中国が重要視している運輸・エネルギーなどのほかの分野にも広がると予想している。

中国政府は勿論共産党の指令下にあり、上記の規制は党の決定による。そして、中国製

ＩＴ機器メーカーを代表するのはファーウエイ、ＺＴＥである。外国のＩＴ各社は中国でビジネスを続けたければ技術一切を中国側に提供するか、ファーウエイなど中国企業製を採用するしかなくなる。提供されるソースコードなどの機密情報は当然ファーウエイなどに渡ってしまう。

もうひとつ、規制対象となる銀行には日米欧の銀行も含まれる。外銀も党・政府の情報当局とオンラインで繋(つな)がるファーウエイやＺＴＥの機器の使用を迫られる。銀行以外のほかの分野にも同じやり方が適用される情勢だ。

度重なる中国からのサイバー攻撃に慣れっこになっているはずの米軍関係者を震撼させる事件が２０１４年８月18日に表面化した。米国最大級の病院グループ「コミュニティー・ヘルス・システムズ」（ＣＨＳ）が中国からサイバー攻撃を受け、約４５０万人分の患者の個人情報が盗まれたのだ。同年６月にはモンタナ州保健衛生局のサーバーから約１００万人の個人情報が奪われてもいる。攻撃を仕掛けたのは、いずれも「ＡＰＴ18」と呼ばれる中国のハッカー集団という。

知り合いの米情報筋に聞くと、「最も懸念したのは米国市民の遺伝子情報の流出だった」という。特定の遺伝子だけを狙い撃ちにする生物化学兵器が開発されると、その遺伝子を持つ人種すべてが標的にされる危険性が高まる。それはまるでＳＦの世界だが、ロシアは国防を理由に２００７年に遺伝子サンプルの輸出を禁止している。

　中国系投資ファンドが日本の代理人を通じて医科大学系を含む首都圏の大型病院を買収する動きも耳に入る。利益動機によるものには違いないが、背後の気配は不気味だ。東大医科学研究所は中国科学院微生物研究所と分子生物学や分子免疫学で協力しているし、独立行政法人「物質・材料研究機構」は中国科学院大連化学物理研究所と燃料電池の共同研究に取り組んでいる。民生用に見えるが、中国側は随時、日本の技術研究成果を軍事用に生かすだろう。

　中国は対米サイバー攻撃の激化に見られるように、習近平体制のもとで、鄧小平が敷いた「韜光養晦（自分の能力を隠す一方で力を蓄える）」というソフト戦術を全面放棄し、力を剝きだしにして取るべきものを最大限取っていく路線に転じた。米国と違って、「不戦」の憲法第９条のごとく、防御しない日本の研究機関は絶好の標的だ。

　日本の国会は、米国議会にならって、中国に流出する最先端の民生用技術が日本を噛み砕く牙にならないように、徹底的にファーウエイやＺＴＥなどの対日進出中国企業や、中国側と提携する研究機関、大学を精査するべきなのだが、その気配すらない。

ここで、２０１４年当時の中国によるハイテク窃取対日工作の実態について、筆者が取材した記録を紹介しよう。現在（２０２３年６月）の彼らの対日浸透工作を知るうえで欠かせない参考資料になるはずだ。

中国のハイテク窃取対日工作（２０１４年8月の取材ノートから）

「あなたの両親は南京出身だね。日本軍による南京事件を忘れてはいないだろう」――。

２０１４年7月19日、中国・深圳福田区にあるシャングリラ・ホテルの広々としたラウンジで、ふたりの男が向き合っていた。一方的にまくし立てる初老の男Hは、中国空軍の長老。もっぱら聞き役なのは台湾生まれ、米国籍のコンピュータ技術者K。6歳のとき、IQが２００を超え、周囲を驚かせた。米国留学時に天才的な理数系の頭脳が米軍関係者の目に留まり、１９９０年代にロッキード・マーティンが中心となって開発したステルス型統合打撃戦闘機（ＪＳＦ）F-35や無人偵察機（ドローン）の画像システム開発に携わった。ＩＢＭの技術陣に協力して同システム用スーパーコンピュータを作りあげてから間もなく、１９９６年に台湾海峡危機が勃発。米国防総省はKに新たな使命を託した。「中国軍の幹部連中に中国軍が米軍に挑戦することは無意味だと認識させてくれ」との指示を受け、Ｋは１９９８年ごろから２００２年まで、数ヶ月に1回の割合で訪中しては軍事技術セミナーを開き、中国軍幹部たちを前に米中間の技術格差がいかにすごいかを講演してきた。その交流を通じて知り合ったＨとＫはそれ以来の「老朋友（旧友）」だ。そうなると、中国人はいたってあけすけだ。Ｈはまさにそうだった。

Ｈはラウンジで Ｋを迎えると、自分の携帯電話を取り出して、「中国科学院幹部からのあんた向けのメッセージがある」とショートメールの画面を開けた。内容は以下の通り。

発信者：阮昊　上海
日付：６月14日午前11時４分
「日本のＮＩＣＴは３次元（３Ｄ）立体画像技術開発で、多視点型とホログラム型のふたつの技術開発に取り組んでいる。Ｋさんは多視点型で我々と組んでくれないか。我々はいま、それと類似の技術開発プロジェクトに参加しようと準備を進めている」

ＮＩＣＴとは独立行政法人の「情報通信研究機構」（本部・東京都小金井市）のことである。政府の補助を受けて最先端の情報通信技術開発に取り組んでいる。３次元立体画像技術というのは、実物そっくりの立体画像をスクリーンに再現し、リアルタイムで伝送する。

ＮＩＣＴは「超臨場感映像システム」と名付けて開発に取り組んでおり、２０２０年の東京五輪でＮＨＫが３Ｄメガネなしで見られる次世代の立体テレビとしての試験放送を目指している。

調べてみると、阮昊はエリート技術者で、43歳。「中国科学院上海光学精密機械研究所（ＳＩＯＭ）主任」の肩書きだが、情報通信技術開発を手がける「中国科学院上海微系統研究所（ＳＩＭＩＴ）」担当を最近、兼務している。「科学院」とは単なる政府系研究機関のような印象を受けるが、実際は中国人民解放軍と直結しており、ＳＩＯＭ、ＳＩＭＩＴとも軍事技術開発センターでもある。両研究機関は衛星を使った地上攻撃、ハッカー攻撃や対立国の衛星破壊の技術開発に全力を挙げていると、米軍は警戒している。そう、阮昊は衛星を使った中国の軍事技術開発のキーマンなのである。

３Ｄ画像技術とはいかにも民生用に見えるし、ＮＩＣＴの幹部もそう信じきっているようだ。ところが、中国が実用化を急いでいるのは軍事用である。同技術を使えば標的を瞬時に探りあて、距離を寸分狂わず測定できるため、無人偵察機、中距離ミサイル、空母キラーミサイルの眼になる。ミサイル攻撃の際、電波錯乱によるミサイル防衛網をやすやすと突破できる。

阮昊は3D画像技術開発の先駆者であるKに白羽の矢を立てたのだった。Kは米軍向けの技術のうち、民生用として転用が許される部分だけを取り出して、日本で起業してR社を2011年6月に設立、2013年8月にシステム設計会社S社を通じて、NICTから3D画像伝送システムを受注した〝実績〟がある。

阮昊のメールにある「多視点型」とは、数百、数万から数百万の視点から捕らえた画像を映し出す方式で、「ホログラム型」とはレーザーを物体に照射し、反射した光の波形を解析して立体画像として再生する技術である。阮昊のメール通りKのR社は多視点型なのだが、最も困難なのは立体画像の歪(ゆが)みをなくす「幾何補正」と呼ばれる技術で、Kはコンピュータを駆使して歪みを補正することができる。NICTはその点をとりわけ評価したようだが、中国側も喉から手が出るほど欲しい技術に違いない。Kを取り込むための工作は、人海戦術で包囲してじわじわと締めあげ、屈従させる解放軍戦法そのものだった。

Hは「我々は2000人の工作員を日本に送り込んでいる」と言い、阮から渡されたというコピー文書をKに見せた。

R社がS社とNICTに提出した3D画像伝送システムの仕様、パワーポイントによるプレゼン用ファイル、そしてソースコード（コンピュータ・プログラムの原データ）である。Ｒ社の虎の子の技術の情報はことごとく入手済みだ、というのだ。衝撃的な話はそれにとどまらない。

「Ｒ社がＮＩＣＴ向けに納入するシステムを二度にわたって破壊した。まずは、半導体ボードの試作品納入のキャンセル。それから、再試作のボードには電源が欠けている」。いずれも図星だった。

そして、Ｈは「Ｋさん、我々には研究資金がたっぷりある。あんたは同じ中国人だ。将来がない日本でのビジネスは見切って我々に協力してくれ。これから上海に行って阮さんに会おう」と、迫った。

冒頭の「南京事件」のくだりはそのときの、「殺し文句」のつもりだったのだろうが、Ｋは「上海に行くつもりはありません」と丁重に断り、席を立った。

Ｋの米国への忠誠心は揺るぎない。米政府も希有な才能の持ち主である彼を重要視し、米国に帰国中は連邦捜査局（ＦＢＩ）が身の安全を保証している。

そんな具合だから、中国側は通常の手段ではＫを寝返らせることはできないと判断していたのだろう。やり方はある。「日本人は随分カネに弱いようだな。買収するのは簡単だ」とＨは言い放った。

技術開発専業のR社に半導体ボード試作設備はなく、レイアウト設計会社などに試作を頼まなければならない。２０１３年８月の受注のあと、川崎市のN社にボード試作を発注したが、納入されてきたのは欠陥品だった。あとで判明したのだが、N社の顧客の多くは中国系企業である。大手の日本の電子・光学機器メーカーら５社がN社に試作品を発注したら、その技術がごっそりコピーされ深圳の中国企業に流出し、製品が香港で出回っていたという報告が日本の当局にも寄せられている。被害者の大手企業は表沙汰になると、中国当局から逆ににらまれて、中国市場でのビジネスで不利益になると恐れて、泣き寝入り同然という。

R社はN社との契約を２０１３年10月に打ち切ったあと、半導体ボードの設計をP社、ボードの製作をF社に委託したが、納入されたボードには電源用コネクターが入っていなかった。そのことにKとR社が気付いたのは２０１４年７月１日である。阮は６月中旬に電源欠如の件をHに伝えていた。当事者のKが知らないうちに、阮が事実を掌握していたことは、破壊工作への関与を示唆するのに十分だった。

２０１２年10月、米下院情報特別委員会はファーウエイとＺＴＥの製品は中国政府のスパイ行為やサイバー戦争に利用される可能性があるとの報告書を発表した。ほぼ同時期、ホワイトハウスは、１年半にわたる調査の結果、ファーウエイが中国のためにスパイ行為をしたという明確な証拠は発見されなかったと発表した。しかし、今後ハッカー攻撃の標的にされかねないとして、米政府は政府用の通信システムからファーウエイ及びＺＴＥの製品や技術を締め出した。さらに米政府と議会は民間の通信会社に両者との取引自粛を勧告している。

ファーウエイは情報通信の基幹回線やデータセンター、基地局など通信インフラで高い競争力を誇り、２０１３年の世界市場ではスウェーデンのエリクソンに次ぐ2位の大手である。データセンターに「バックドア（裏口）」と呼ばれるデータ監視装置を組み込めば、やすやすとデータセンターを裏から支配し、盗み、操作できる。

スパイの仕掛けを発見したときはもう手遅れで、とっくに多くの情報が流出している。その脆弱性を衝かれないようにするためには、少しでもリスクのある機器や技術のサプライヤーを排除する、というのが米国の「サイバーセキュリティ」の考え方だ。

情報通信の最前線に浸透する中国の工作員たち。だが、見えるのはただ影のみである。中国のスパイたちが日本の関連産業の広大なすそ野、研究機関などに入り込んでいる痕跡は数多いが、対象となる会社などの組織名や人命など具体的な犯罪行為を立証する決め手になる材料は決して残さない。

１９８０年代後半、米国が日本製半導体のダンピングを摘発した。このとき、裏で活躍したのは中央情報局（ＣＩＡ）である。軍民両用技術でもある半導体はＣＩＡの日ごろの監視対象だったので、その流通ルートや価格のデータを調べるのに時間はかからなかった。ＣＩＡは香港で膨大な証拠を集めて、ワシントンの米通商代表部（ＵＳＴＲ）に送ったのだった。日本側はそのデータ一覧を見せられて、絶句し、屈服させられた。話を現在にもどす。

２０１４年7月28日、日本滞在中のKはシリコンバレーの中心、サンノゼ市にある自身の研究所から緊急連絡を受けた。「米政府から警告を受けた。R社が購入した米国アルテラ社製のＦＰＧＡ――製造後に購入者や設計者が構成を設定できる集積回路――一式がそっくり31日に中国の手に渡る、という。至急、チェックされたし」と言う。R社は同日夕、一式すべてを預けているF社の担当部長に問い合わせたところ、「手元にはない。すぐには返却できる状況ではない」と要領を得ない。詰問すると「じつはP社に置いている」と言うので、R社は翌日午前、P社に車で乗り込んで、すべて取り返した。

R社とパートナーS社の幹部は２０１４年8月1日午前、F社を訪ね、なぜ社外に運び出したか説明を求めたが、F社担当者は「品質検査のためだった」との一点張りだ。しかし、運び先のP社は社員二、三人の、ボード設計専業者で、チップの検査設備を持ち合わせていない。

ＦＰＧＡは２００個、１個当たり36万円で、総額７２００万円に上る。しかも、米国の輸出禁制品である。厳重な管理が要求される高価な技術資産を、持ち主に断りもなく他所に運び込んでいたのだ。

Ｒ社側が点検してみると、ＦＰＧＡ用段ボール24箱のうちひと箱と、ＰＲＯＭ――特定の手順で書き込みが可能な読み出し専用メモリ――用の３箱すべてが開けられていた。ＰＲＯＭのほうは、シリカゲルを加えた二重、三重の真空包装がすべて破られていた。このＰＲＯＭはＦＰＧＡとセットになる半導体で、Ｋが３Ｄ画像処理のソースコードをアルテラ社の施設で書き込んで、ＦＰＧＡとともにスーパーコンピュータの中枢を構成する手はずだった。「下手人」はこのソースコードがすでに書き込まれていると踏んで、それらを読み取ろうとしたのだろうが、幸い、Ｋはどのチップにもまだ書き込んでいなかった。

もとより、米当局は軍民両用で、米メーカーが独占しているＦＰＧＡチップの輸出を規制しており、輸出してもその流れを絶えず監視していたのだろう。ＦＰＧＡやＰＲＯＭの包装破りだけでも、米国なら軍民両用技術に対するスパイ容疑がかかり、ＦＢＩの捜査が入るはずだが、日本では定かではない。Ｈがにおわせた中国の工作による事件なのか、それとも、Ｆ社による単なる手違いなのか、真相はこのままだと闇のなかに葬られよう。

３Ｄ画像技術開発をめぐって起きる数々の疑惑と事件。日本の当局による本格的な捜査が始まらない限り、中国の関与を立証できそうにない。だが、ジグソーパズルのように、ばらばらにされた多数の断片を繋いでいくと、全体像が見えてくる。

それは、共産党を頂点とする中国という国家が全力を挙げて日本の情報通信システムと関連技術を支配下に置くと同時に、サイバー攻撃を含む軍事面で日本を無力化するというシナリオである。その謀略に対して、日本はあまりにも無警戒であり、しかも問題意識が欠如している。

米国の情報筋によると、中国は共産党を頂点に国家が全力を挙げて技術情報を窃取し、サイバー攻撃を含む軍事面で相手を無力化する体制を確立している。

中国のハイテク窃取の歴史

図8-1は、米情報関係者などからの取材をもとにした中国のサイバー戦争に関与する機関の相関図である。

図8-1　中国のサイバー攻撃体制

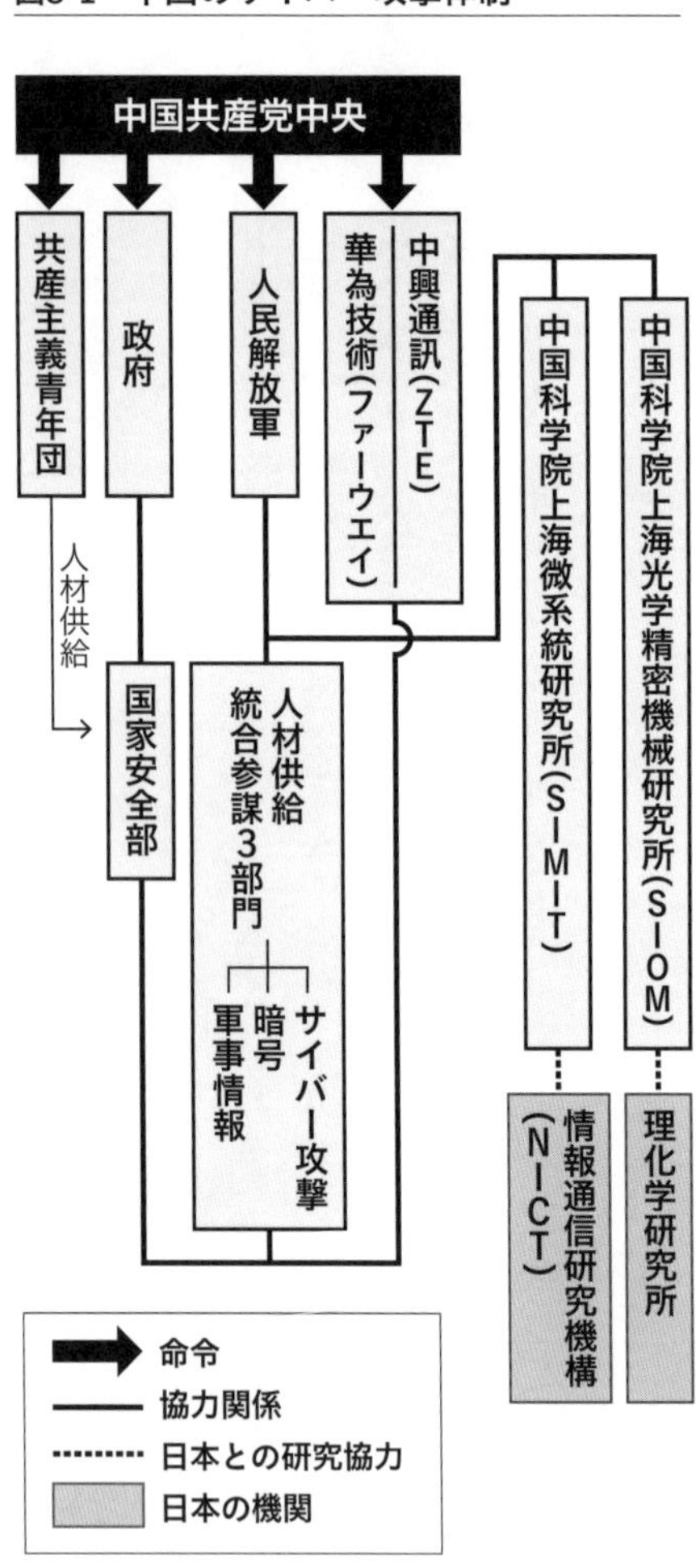

日本を代表する研究機関の理化学研究所（理研）や国立研究開発法人の情報通信研究機構（ＮＩＣＴ）、産業技術総合研究所（産総研）は知らず知らずのうちに、中国のスパイ機関と提携し、技術者を受け入れている。そのほか、東京大学、東北大学など国立大学や早稲田大学など有力私立大学の理系大学院には中国人研究者が数多く入り込んでいる。産総研では中国籍の上級主任研究員による研究データ漏洩が２０２３年6月に発覚したが、後述するように日本側のワキの甘さが際立つ。

共産党が銃口で建国した「中華人民共和国」は、基本的に党が軍と民を支配するシステムで成り立っている。

人民解放軍は政府ではなく党に直属する。人民解放軍は中国科学院上海微系統研究所（ＳＩＭＩＴ）という情報通信技術開発機関と、レーザー兵器技術開発を手がける中国科学院上海光学精密機械研究所室（ＳＩＯＭ）を傘下に置いている。ＳＩＭＩＴとＳＩＯＭ両研究所は、衛星破壊装置、衛星通信傍聴技術、高密度レーザービーム開発衛星の開発に関与している。これらは通信手段を使ったハッカー攻撃、レーザーによる敵対国の衛星破壊や衛星からの地上攻撃を可能にする。

両研究機関には日本を代表する研究機関がパートナー役を買ってでている。ＳＩＭＩＴ

の相手はほかならぬＮＩＣＴであり、ＳＩＯＭのパートナーは理研である。ＳＩＯＭが取り組んでいるレーザー破壊兵器開発には理研の技術が関連しているのだ。

ＮＩＣＴは２０１４年1月17日にＳＩＭＩＴとの間で研究協力覚書に調印した。期間は同日から２０１６年3月末まで、協力分野は「情報通信技術、とくに超伝導科学技術、バイオ科学技術、テラヘルツ科学技術」となっており、いかにも平和目的のように見える。しかし、ＳＩＭＩＴが軍事機関である以上、真の目的が何かは火を見るよりも明らかだ。米情報筋によれば、ＮＩＣＴを「情報通信技術の拡散センター」とし、米政府は警戒している。

他方、理研のほうは、２０１３年9月10日にＳＩＯＭとの間で研究協力覚書を締結している。レーザー及びその関連の技術開発のために「理研―ＳＩＯＭ連携研究室」を上海に設置する念の入れようである。理研のホームページでは、ＳＩＯＭに関して〈１９６４年に創立された中国の一番早い、規模最大のレーザー専門研究所であり、現代光学の重大な基礎と応用の最先端科学を探索することによって、大型レーザー開発と光量子最先端技術を開拓する国家重点総合研究所です。〉と紹介している。ＳＩＯＭが最先端のレーザー兵器研究機関であるのは、少し調べればわかるのに、理研にはその意識のかけらもないようだ。

ＮＩＣＴも理研も中国のカウンターパートとの協力覚書の全容、人物の交流リスト、中国側に渡した技術研究内容一切を公開すべきだろう。ところが、ＮＩＣＴのほうは、２０１４年９月初め、研究パートナー契約を結んでいるＳＩＭＩＴが人民解放軍系ではないかと外部から指摘されると、そのホームページに掲載していた研究協力覚書リストからＳＩＭＩＴの名を消し去った。

諜報（インテリジェンス）部門はどうか。厳密には、諜報は政府の国家安全部（省に相当）に属するが、工作員としての人材は共産主義青年団から供給されるという。ファーウエイ、ＺＴＥも党中央の直轄下にある。党指令系統で政府、軍と同列である。工作員を日本に送り込む指令を発するのは党中央で、国家安全部はその指示に従う。

先述したように、米情報筋によれば、ファーウエイとＺＴＥは、１９８０年代初め、最高実力者鄧小平の指示によって生まれた情報通信関連の４社の後身だという。４社とは、「巨龍」「大唐」「中興」「華為」で、前２社は解散し、もはや存在しないが、中興はいまのＺＴＥ、華為はファーウエイへと変貌、飛躍を遂げた。１９７８年に改革開放路線に踏み出した鄧は「四つの使命」という党指令を発し、「自主技術」「海外との合作」「国家防衛」

「情報浸透」を重点策とした。その後、「情報」については、無線、衛星、ネットワーク、半導体などの技術を担う企業の育成を図っている。上記の4社がそれに当たる。

第9章

チャイナマネーに呑み込まれる日本

相次ぐ日本人拘束

２０２３年３月に起きた、製薬大手のアステラス製薬の現地法人幹部に対する中国国家安全当局による拘束が端的に示すのは、中国への投資リスクがかつてなく高まっているという現実だ。ところが、林芳正外相は拘束後の北京詣で、対中投資を続けると約束した。的確な対抗戦略の意識が欠落している。これではなめられて当然だ。

不条理極まりない日本いじめは共産党政権の常套手段である。２０１０年９月には、沖縄県尖閣諸島周辺の領海に侵入した中国漁船による巡視船衝突事件で、海上保安庁が中国人船長を逮捕したあと、建設大手フジタの社員ら四人が中国当局に拘束された。

中国当局による日本企業や在留邦人の狙い撃ちはアステラス製薬の中国法人幹部に限らない。２０１５年以降、スパイ容疑などで拘束された日本人社員、研究者は17人以上に上る。２０１２年９月には中国各地では反日暴動が相次ぎ、日本企業の工場や店が放火などにより破壊され、総額で数十億円から１００億円もの被害を受けた。日本側は泣き寝入りするどころか、一部の日本車メーカー大手は、とばっちりで標的にされた日本車の中国人保有者の被害を補償すると言いだすありさまだった。それほど、各社は中国市場へのめり込み、市場シェア確保を優先してきた。収益分は現地に再投資し、中国側に要求されるまま先端技術を日本から移転してきた。

話を今回拘束された邦人に戻す。拘束された邦人は中国に20年間以上も駐在し、中国日本商会で幹部として日中友好に貢献してきた。中国政府や国有企業関係者との交流が深い。そんな人間が帰国直前に「スパイ容疑」で拘束されたのだ。当局はこの社員の交流の深さを逆手にとって、反スパイ法違反の嫌疑をかけたのだろう。なぜ突如中国当局は動いたのか。

今回の拘束事件の背景には日本企業の脱中国への動きがあり、それを察知した習近平政権が牽制に出た。

拘束された邦人は中国日本商会の副会長で、中国からの事業引き揚げ方法や企業秘密の技術の対中流出防止についての、日本企業同士の情報交換の中心になってきた人物である。それを警戒して、以前からこの鍵になる邦人を中国当局がマークしていたに違いない。

いかに強権中国といえども、外国人を拘束すれば外交問題になる。スパイ法違反に仕立てあげられる材料や情報を、内通者などを手懐け収集してきたのだろう。習政権はそれほど、外国企業の中国投資縮小や技術制限に神経を尖らせている。

日本企業にとってみれば、この拘束事件自体が対中投資リスクそのもので、脱中国を真剣に考えるのが当然だ。歴代親中派が会長だった一般社団法人日本経済団体連合会（経団連）も、十倉雅和現会長は２０２３年４月３日に離任挨拶にやってきた中国の呉江浩駐日大使に対し、「自由で安定的な経済活動の保証がないと日本の経済界は不安を覚え、その国に進出しなくなる」と申し入れたと、４月４日の記者会見で明らかにした。公益社団法人経済同友会の桜田謙悟代表幹事も同日の会見で、「中国は法治国家というが、具体的な事実が一切明らかにされず（拘束が）帰国直前なのが解せないことも含め、何が起きるかわからない国。経営や投資の判断は慎重にならざるを得ない」と指摘した。日本の財界もここに至ってようやく対中投資リスクに言及しはじめた。

もっとも財界はあくまでもサロンの域を出ないから、トヨタ自動車、パナソニック、日立など依然として対中投資に熱心な個別の企業の行動に影響が出るわけではない。

では２０２３年４月２日に訪中した林芳正外相は、中国側にどう申し入れたのか。外務省ホームページによると、林外相は李強首相との会談で、〈日本人や日本企業が中国において安心して活動できるような環境が極めて重要である旨指摘しました。〉と、まるで他人事のような口ぶりである。その軟弱さを中国は衝いてくる。４月３日付、国営通信社の新華社電日本語版では、李強首相が「日本が引きつづき対中協力を深化させ、中国の経済発展がもたらす恩恵を共有し、中日互恵協力の新たな一章を書きつづけることを歓迎する」と言ったと伝えている。それに対し、林外相は「日本は対中協力の推進に力を入れ、『脱中国化』のやり方はとらない」と答えたとある。

邦人が事実関係不明のまま拘束されたというのに、対中協力を強調したうえに脱中国を否定すると言ったと報じられるとは、随分となめられたものである。中国共産党得意の宣伝工作には違いないが、外務省は新華社電に関し、沈黙したままだ。これでは「脱中国はしない」という約束が既成事実にされてしまう。岸田政権の対中外交は日本政府の緊張感のなさを象徴している。

「日中友好」の呪縛

林外相ら親中派の思考は１９７２年の日中国交正常化以来の「日中友好」路線から外れないままだ。米国の対中政策は「協調」から「競争」、「融和」から「警戒」へと変わってきたというのにである。

２０１７年発足のトランプ政権は中国の不公正貿易慣行に対して制裁関税を発動し、中国通信機器大手のファーウェイなどを米市場から締め出した。２０２１年からのバイデン政権は半導体関連などハイテク輸出規制を強め、日欧に同調を求めている。米国の同盟国日本としては米側に同調しつつも中国市場も重視する両にらみ路線だが、もはやそうも言っていられなくなった。転機はロシアによるウクライナ戦争である。

習近平党総書記・国家主席はプーチン大統領と２０２２年２月の北京冬季五輪の際の会談で「限りない友情と強力」を約束済みだ。習政権は独善的な理由を根拠に、民主主義体制の台湾の併合に向けいつ軍事侵攻に転じてもおかしくない。

折りも折り、中国では２０２２年から不動産バブル崩壊が始まり、住宅など不動産投資主導の経済モデルが行き詰まりつつある。習政権は２０２２年秋の党大会、そして２０２３年３月初旬の全国人民代表大会（全人代）を通じて、党が経済と金融政策を直接指揮する体制へと移行した。

中国の金融は海外の投資家や企業が持ち込む外貨に大きく依存している。中国経済の致命的な弱点である。習政権は党主導でそれを克服しようと狙い、外資を繋（つな）ぎとめるためには手段を選ばない。外国人拘束は言うに及ばず、外国企業のサプライチェーンからの締め

グラフ9-1　外国の対中投資動向（フローベース、年間・億ドル）

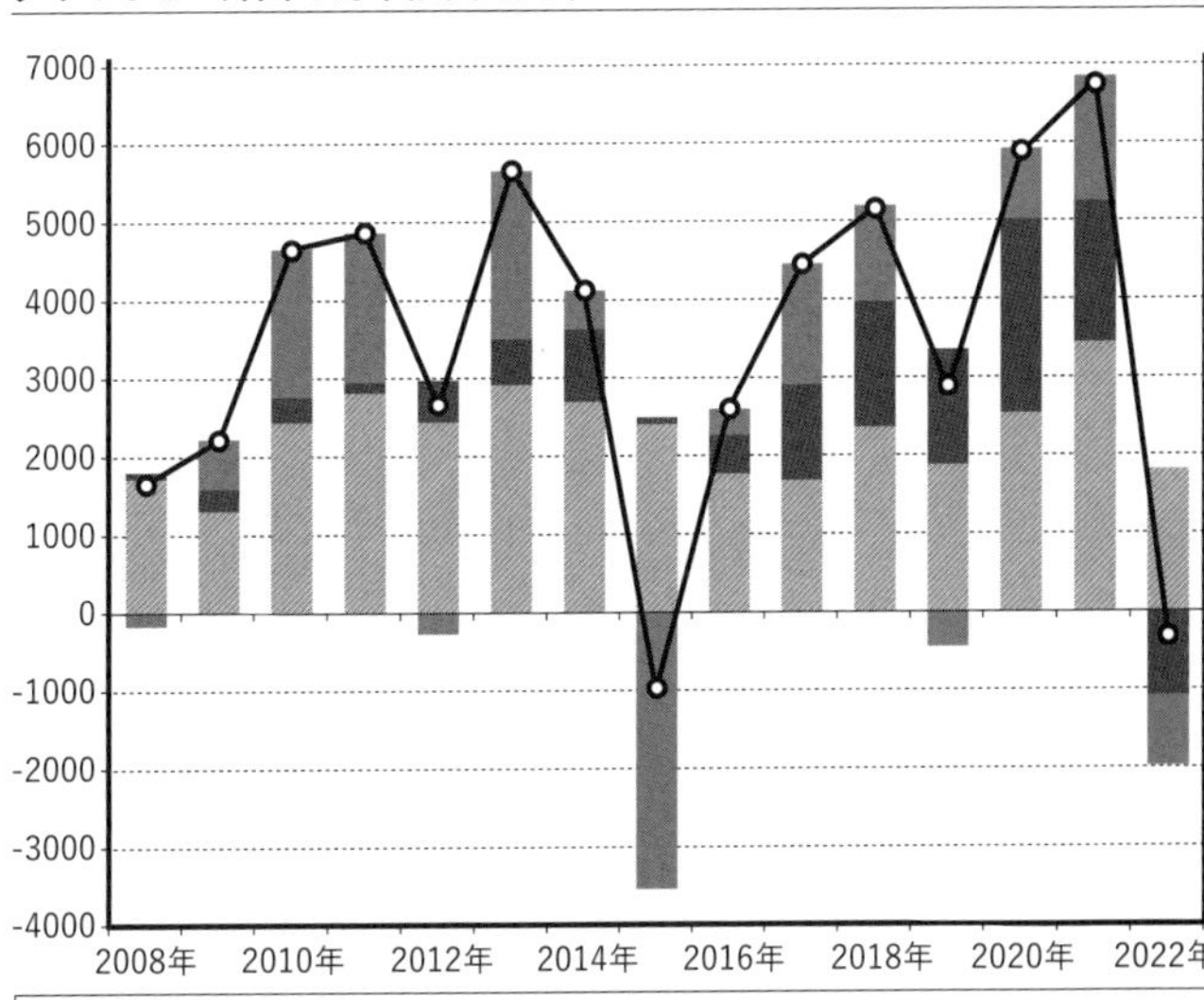

直接投資　証券投資　その他金融（預金、融資など）　投資計

データ：中国外為管理局、CEIC

出しや相手国への部品・原材料の供給停止、輸入禁止などだ。

グラフ9－1は外国の対中証券投資と直接投資の推移で、日本円換算で表示している。目立つのは、2022年2月のウクライナ戦争勃発後、海外からの対中証券投資が減少に転じたことだ。リスクに敏感で逃げ足の速い株や債券の投資家は腰が引けたままだ。

巨額の貿易黒字だけでは、拡大中華経済圏構想「一帯一路」などの対外投資資金を十分賄えず、海外からの証券投資に頼ってきただけに痛い。

残る頼みは、日米欧による対中直

グラフ9-2　海外からの対中投資残高前年比増減（億ドル）

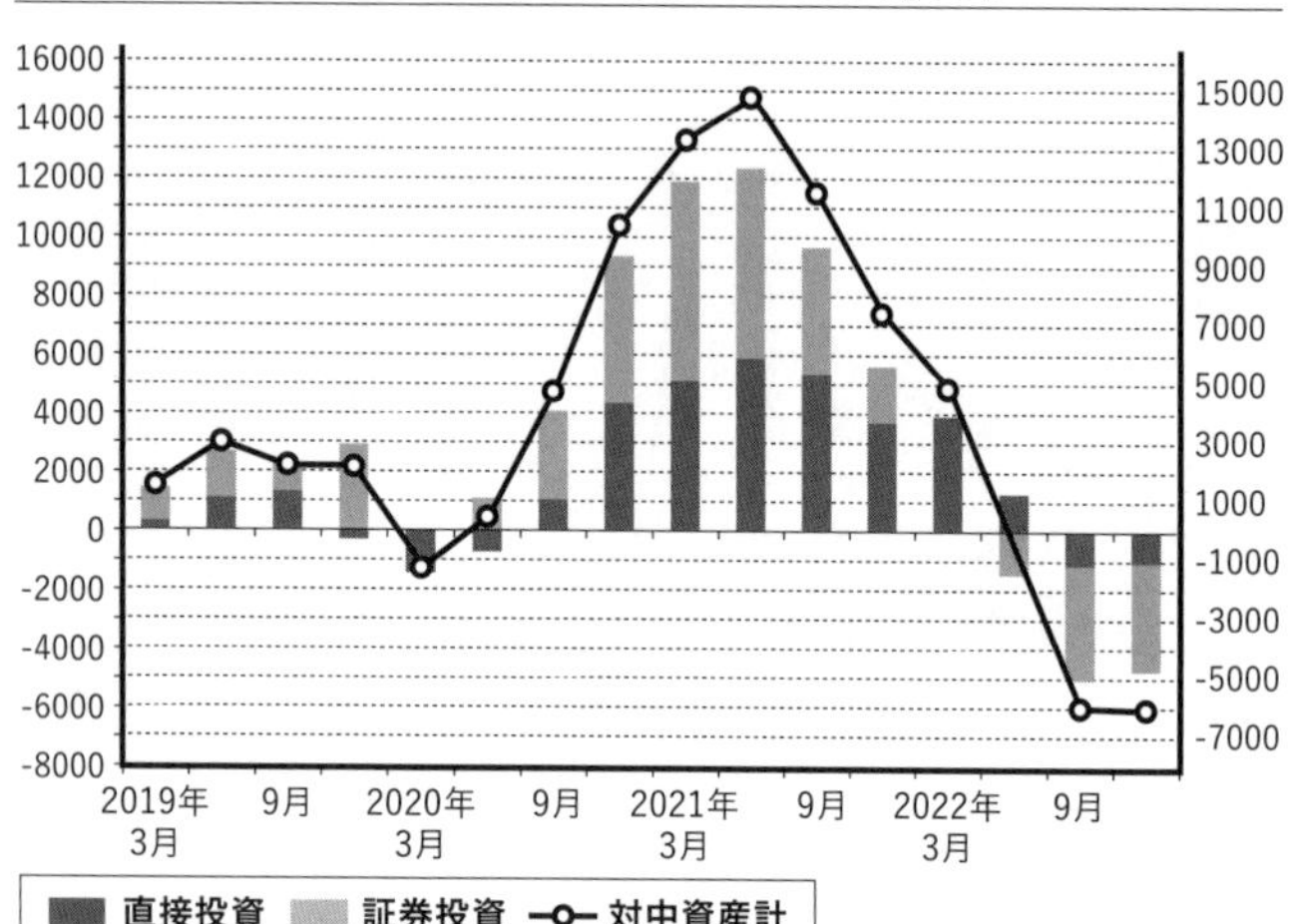

データ：中国外為管理局、CEIC

接投資で、依然として増加基調だ。世界最大の自動車市場中国で外資は電気自動車のシェア争いを激化させている。習政権は強気だ。日米欧が対中投資抑制で経済的威圧に対抗するしかない。

習近平政権によるゼロコロナ政策は中国に部品や材料供給を依存するグローバル・サプライチェーンの脆弱さを露にした。伸び盛りだった中国のハイテク産業は米国による半導体製造装置の対中輸出禁止によって大打撃を受けている。さらにウクライナ関連での米国による対中金融制裁の恐れは２０２２年２月下旬以降燻りつづけている。西側の投資家や企業は以上の投資リスクに気付き、すでに投資の引き揚げにかかっている。

グラフ9－2は、外国の対中直接投資、証券投資とそれらを含む外国の対中資産合計額の前年同期比増減額である。いずれも残高ベースで、２０２１年までは急速に膨らんできた。債券と株式で構成される証券投資はウクライナ戦争の始まりとともに縮小しはじめ、２０２２年9月は３９３０億ドル減、同年12月は３７７０億ドル減となった。直接投資もそれにつられて9月以降は１０００億ドルを超える減少ぶりである。

こうして２０２２年末の対中資産残高（中国にとっては対外負債）は前年末比で６０９０億ドルも減った。機関投資家などによる金融投資と製造業などによる直接投資の双方とも脱中国が鮮明になっている。

このトレンド自体が中国リスクをさらに膨らませる。中国の中央銀行、中国人民銀行は流入する外貨を元手に資金を発行し、人民元の信用を維持してきた。外貨の主力流入減は貿易黒字など経常収支黒字と外国からの対中投資だ。経常収支黒字は２０２２年は４０２０億ドルに上るが、外国の対中資産の減少はそれを２０００億ドル以上も上回る。資産自体はストックベースなので、フローの経常収支黒字と単純比較はできないが、外国からの対中追加投資が増えないと、中国は深刻な外貨不足に陥り、ドルに依存する国内金融の危機となる。

だからこそと言うべきか、習近平政権は訪中した林外相を「歓待」したように見せかけた。習側近ナンバーワンの李強首相、さらに外交トップの王毅(おうき)党中央政治局委員及び秦剛(しんごう)外相と相次いで会談をセットした。李首相以下、フルメンバーが親しげに林外相と顔を合わせた。李首相は笑顔で「より高いレベルの互恵関係」を持ちかけた。

繰り返すが、林外相はこの呼びかけに対し「日本は脱中国化というやり方をとることはない」と応じたと、中国外務省は政府直営の新華社に流させた。

邦人が理不尽にも拘束されようが、投資リスクが高かろうと、日本は対中投資を続けると林外相が約束したと宣伝したのだ。林外相はいくらなめられても北京にゴマをするのか。

買い占められる日本

中国資本による日本買いはかなり前から盛んになった北海道にとどまらない。中国人女性が沖縄本島北方の無人島、屋那覇島(やなはじま)を3億5000万円で買ったという。一事が万事だ。背景には急速なチャイナマネーの膨張がある。

グラフ9-3　日米中の現預金高と中国の年間増加額（兆円）

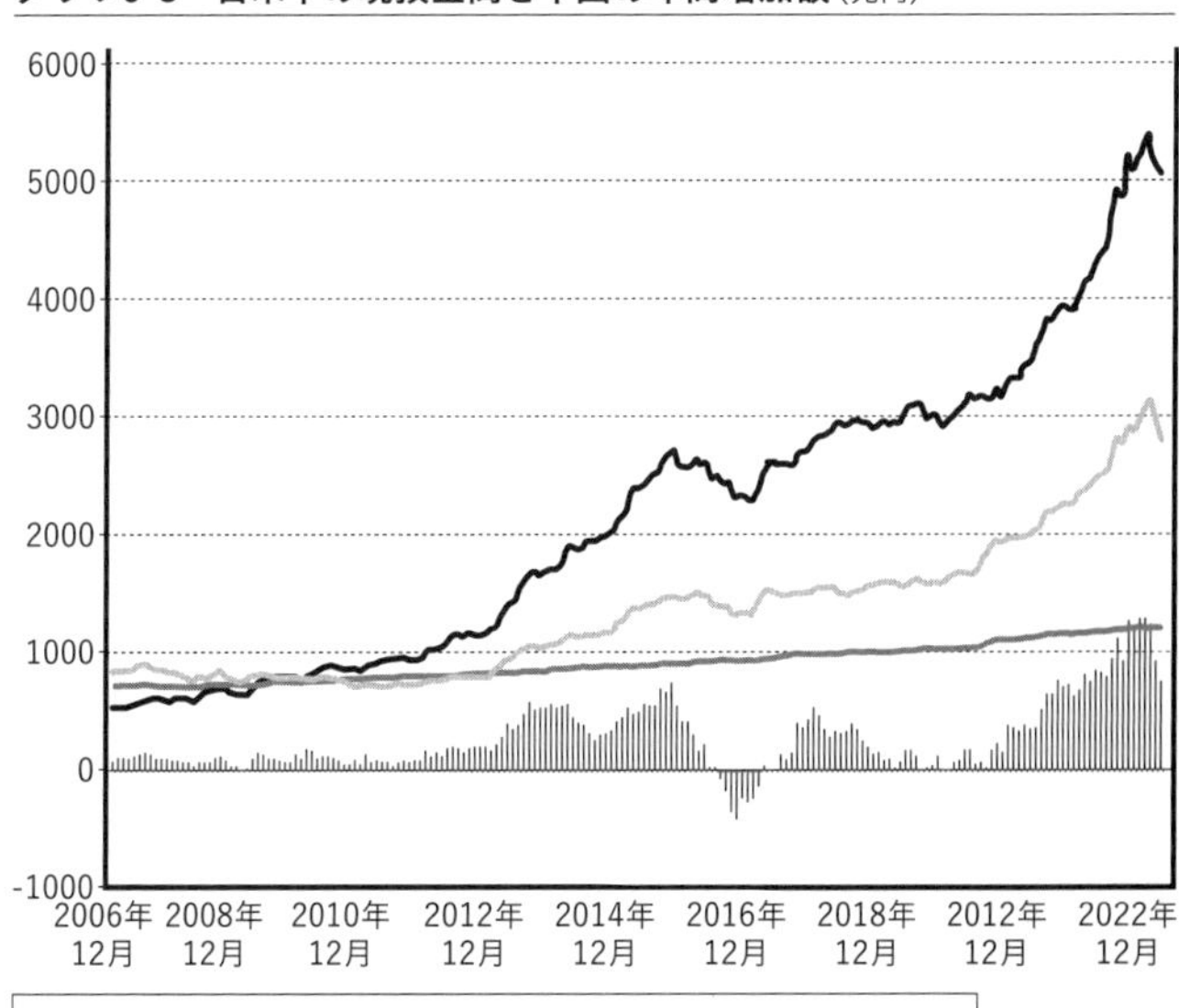

データ：CEIC

中国の現預金（金融用語のマネーストックM２）の総量を日本円に換算してみると、２０２２年12月末で５０５５兆円に上り、日本の１２１２兆円を圧倒する。前年同期比増加額は２０２２年12月で７５２兆円（日本の場合は34兆円）で、６月から10月までは１２００兆円前後（同40兆円弱）で膨らんできた。日本の最近の現預金残高は１２１０兆円前後だから、チャイナマネーは１年間で日本の総量相当分、膨らんでいるわけだ。

　中国の人口は日本の10倍に上る。現預金国民ひとり当たり平均は日本が上になるが、中国の場合、富の偏在が甚だしい。豊かな層が人口の10%だとしても、その数は日本の全人口を超える。東京都心で建設中の超高級マンションは広さ80㎡級で3億円近いが、こともなげに現金で購入を申し込むのは、中国の中間層の上程度の人たちだと聞く。

　北海道の広大なリゾートや原野が買い占められるのも、地方経済の疲弊と密接な関係がある。全国各地の宿泊、観光業界は中国の団体客のインバウンド消費再開を心待ちにしている。屋那覇島の買い手は山東省青島(チンタオ)出身、金融業や不動産業を営む34歳の女性だという。中国ではとくに目立たない風情の主婦がショッピング感覚で日本の離島を買うケースは今後当たり前になるやも知れぬ。

　それにしても、なぜやすやすと、日本が中国のマネーパワーに呑み込まれそうになるのか。それは、日本の慢性デフレとグローバル金融の流れが大いに関係がある。

デフレ経済では需要の萎縮のために物価や賃金が上がらない。需要を増やすための近道は実体経済を刺激する財政支出を拡大させることだが、政府は消費税増税と財政支出削減による緊縮財政路線をとりつづけてきた。

　２０１２年12月に始まったアベノミクスは脱デフレを目指したが、その役割はもっぱら日銀の異次元金融緩和政策に任された。日銀が巨額の資金を発行して、0％以下の資金を市中金融機関に供給する。市中銀行がその資金を融資に回せば、生産や設備投資が活発化する結果、需要が増えるという好循環を企図したのだが、そういかなかった。消費税増税など緊縮財政の影響で需要が増えなかったためだ。

増発される日銀資金は国内での資金需要不足のため基軸通貨ドルが支配する国際金融市場に流れでる。さまざまな国の金融機関や企業が国際金融市場で資金調達するが、なかでも高目の成長が続く中国が大口の借り手となる。米欧の投資ファンドなど金融資本は対中投融資に血道を上げる。

中国の中央銀行である中国人民銀行は人民元資金を発行して流入するドルを買いあげる。国有商業銀行などは人民元資金を融資し、国内の生産や不動産開発など固定資産投資を活発にする。結果、カネは商業銀行預金となって還流する。貸し出しが新たな預金を生む信用創造が現預金を膨張させるのだ。

グラフ9－4は以上のカネの流れを表している。即ち、異次元金融緩和の起点である2012年末に比べた日銀による資金発行と日本の対外金融債権、中国人民銀行資金発行及び中国の対外金融債務の増加の推移を追っている。

**グラフ9-4　日銀資金発行、日本の対外金融資産と
中国の対外金融債務の2012年末比増加額**（兆円）

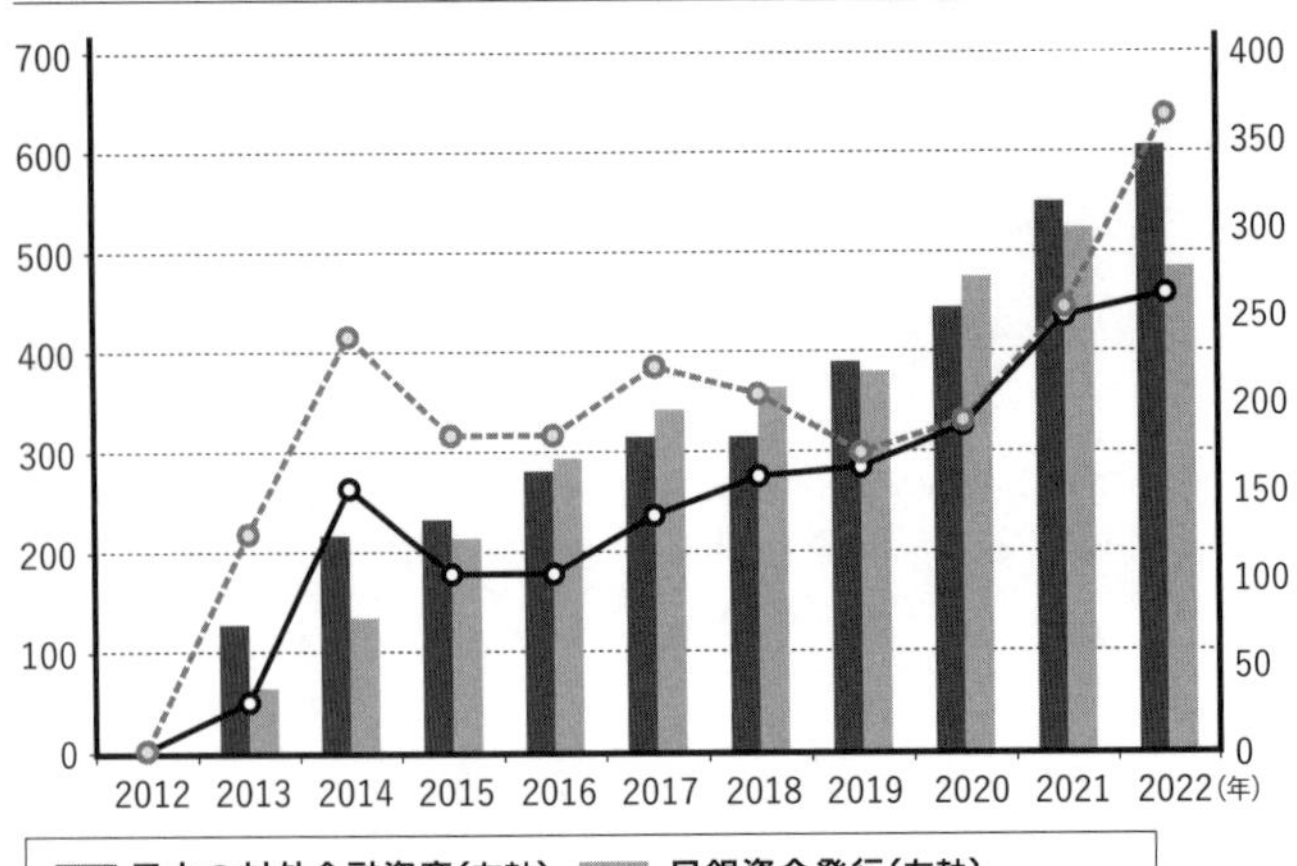

データ：日銀、CEIC

日銀資金発行と日本の対外金融資産が同時並行して増え、しかも２０１５年から２０２１年までは絶対額がかなり接近しているのには驚かされる。他方、中国の対外金融債務増加トレンドは人民銀行資金発行ばかりでなく、日本の対外金融資産の増加トレンドにも沿っている。

総じて、日銀がカネを刷れば、中国が対外債務を増やし、人民元資金を増発できる。この結果、中国は信用創造を通じて現預金を膨張させられる。中国による日本買いは日銀異次元緩和が元凶とはいえないが、まったくの無関係では済まされない。

重要なポイントは、日本がデフレから抜けだせないことにある。とくに問題なのは、異次元緩和の効果を減殺する緊縮財政である。「異次元緩和を止めよ」と論じるつもりは毛頭ない。ただ、岸田文雄政権が財務省主導で進める増税と財政均衡化路線に乗る限り、日銀政策の効果は極めて限られ、脱デフレは実現しそうにないというのが、これまで10年もの異次元緩和の教訓なのだ。

中国の日本国土買いは安全保障上の脅威になり得る。規制強化と同時に、財政と金融両面から脱デフレ達成を急がないと、チャイナマネーにつけ込まれつづけるだろう。

最終章

人民元帝国に
どう立ち向かうか

中国の通貨戦略とは

習近平体制の対外膨張戦略は、モノの供給力を人民元金融パワーに組み合わせるところに特徴がある。

筆者知人で中国問題専門家のD・パール――ブッシュ（父）大統領特別補佐官で、2002年から4年間米政府の台北代表部（AIT）代表を務めた――は「中国に戦術はあっても戦略はない。その戦術とは、相手が1歩下がれば2歩前に出る。1歩前に出れば、2歩下がる」との見解を持つ。たしかに、軍事面に限るとその感あり、である。

例えば、1996年に台湾で中国人社会初の直接投票による総統選挙が行われたとき、北京は台湾近海で大々的な軍事演習を行い、台湾沖にミサイルを撃ち込んだ。これに対し、当時の米クリントン政権は、太平洋艦隊の通常動力空母「インディペンデンス」の台湾海峡派遣で済まそうとしたが、中国側は攻勢を強める一方だった。そこで、ホワイトハウスはパールらの助言を受けて、ペルシャ湾に展開していた原子力空母「ニミッツ」とその護衛艦隊を追加派遣するに及んで、中国は軍事演習の延長を取りやめさせ、海峡から艦船を撤収させた。

２０１４年ごろから、中国は国際法を無視して南沙諸島を埋め立てはじめた。２０１５年９月には、造成した人工島に３本目の滑走路が建設中であることが衛星写真で判明した。これに対し、当時のオバマ政権は同年10月にイージス駆逐艦「ラッセン」を人工島の12海里内の海域に進入航行させる「航行の自由」作戦などを始めたが、抗議の意思表示程度に留めた。中国側は米側の軟弱さを見てとり、その後もどんどん埋め立て、飛行場の建設を進めていく。

中国に対しては受け身にならず、絶えず、攻勢にかかる態勢をとらなければならないというのが教訓のはずだが、パールのような対中観を持つ専門家はオバマ、バイデンの民主党政権には見当たらない。

軍事はさておき、本題の通貨のほうは歴史的に見ても中国共産党の戦略そのものである。通貨発行を担う中国人民銀行は人民解放軍と同様、１９４９年10月１日の中華人民共和国建国に先だって、党の手で創立された。軍事は相手の出方に応じて戦術を臨機応変に変える毛沢東式ゲリラ戦術を得意とするが、通貨のほうはじわりじわりと相手の領域を蚕食していく戦略である。

人民元は蚕食方式

国共内戦当時、共産党が支配する解放区（辺区）には、高度の教育を受けた金融界などの人材が腐敗した国民党政府を見限って集まり、辺区ごとに発券銀行制度を整備した。こうして共産党勢力は10年以上の期間をかけて人民元を全土に浸透させた。共産党は辺区ごとに発行される辺区券の乱発を避けた。財政の多くは、辺区内で栽培されるケシの実から抽出したアヘンを、国民党や日本軍が支配する地域で売りさばいた収入に頼ったようだ。他方で蔣介石率いる国民党は米英の後押しで日本との戦いを乗りきったものの、汚職腐敗が横行、通貨「法幣」を乱発し、悪性インフレを招いた。その結果、民心が離れてしまい、人民解放軍がどんどん領域を拡大していく。共産党は支配地を拡大するたびに、信用が失われた法幣を辺区券と交換することで、通貨を安定させて民心を掌握した。そして、中国人民銀行設立後は人民元で中国全土の通貨を統一した。国共内戦の勝利は通貨戦争での勝利が決め手になったわけである。

人民元は共産党戦略の産物であり、その考え方が党の指針としていまなお受け継がれていると見るべきなのだ。

人民元は建国後も中国国内でしか通用しないローカル通貨に長く甘んじてきた。その国際通貨化を党が最初に打ち出したのは、１９９３年、党第14期中央委第３回総会まで遡る。このときの「人民元を逐次兌換可能な通貨にする」という決議は、党官僚や人民銀行首脳部に延々と引き継がれてきた。

ここで、簡単に人民元の歴史をざっと振り返ってみる（詳しくは拙著『人民元・ドル・円』〔岩波新書〕参照）。

１９９４年にはそれまでの公定レートと貿易用レートの二本立ての相場制（二重相場制）を一本化し、わずかな幅で変動させる管理変動相場制とした。１９９７年７月にアジア通貨危機勃発を受けると、対ドル相場を１ドル＝８・27人民元に固定した。２００５年７月には、人民元を、ドルなど複数の通貨からなるバスケットに連動させるという建前の「管理変動相場制」に移行したが、内実は前日終値を翌営業日の基準レートとし、その上下０・３％までの変動幅を許容する対ドル準固定制であった。

このときの通貨制度改革について、当時の中国人民銀行総裁、周小川は「中国は引きつづき１９９３年の中国共産党第14期中央委員会第３回総会の定めた方向（国際化）に向かって努力する。勿論、この努力は長期にわたって続けていく必要がある」と述べた。国際化を見据えていると宣言したのだ。

周が中国外国為替管理局長だった1998年当時、筆者は国際会合のパネラーとして同席し、議論したことがある。そのとき筆者が「中国の固定相場制はいつまで続くのか」と聞くと、彼は「我々の目指すのはあくまでも管理変動相場制だ」とまくし立てたことを思い出す。中国共産党政権の人民元戦略とは、当局が為替変動を抑制しながら国際決済通貨化を進めることなのだ。

2005年7月以降、管理変動相場制は以下のように調整を繰り返してきた（グラフ10－1参照)。

2007年5月：対ドル変動幅を基準値の0・3%から0・5%に拡大

20一2年4月：変動幅を、基準値の上下一%に拡大

20一4年3月：変動幅を基準値の上下2%に拡大

20一5年8月：基準レートを大幅切り下げ

2008年9月、リーマンショックが起きると、いったんは固定相場制に戻したが、2

グラフ10-1　人民元の対ドル相場推移

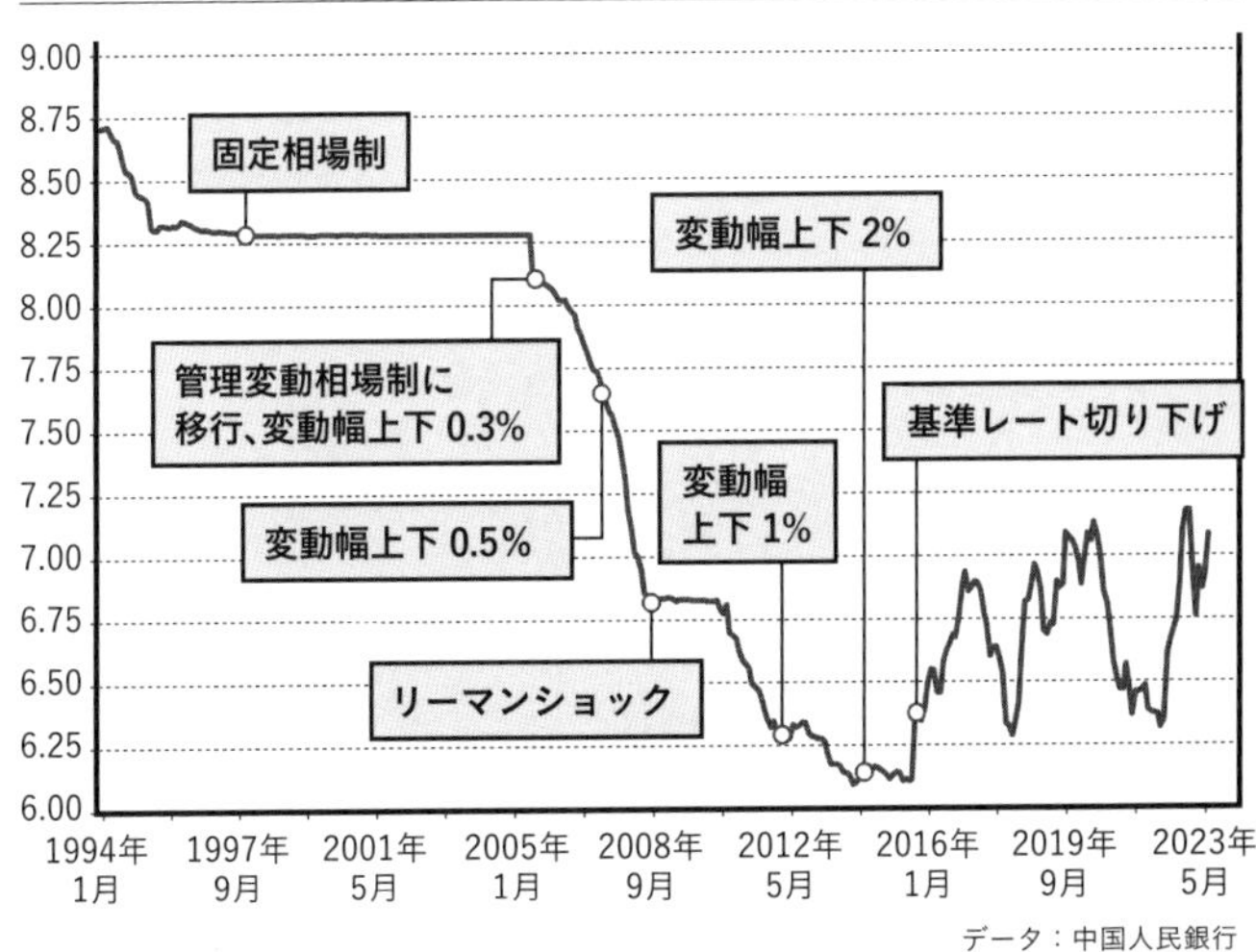

データ：中国人民銀行

０１０年6月に再び管理変動相場制に回帰した。そうした漸進的な通貨制度改革に加えて、アジアを中心に国有商業銀行を進出させ、人民元資金を現地に供給して貿易の人民元決済を普及させてきた。

習近平政権はさらにロンドンなど国際金融センターに人民元の決済拠点を置き、国境を越えた銀行間の人民元取引を拡大させてきた。そして、外国人投資家の上海資本市場への投資規制や海外での人民元資産取引規制を徐々にかつ限定付きで緩めている。

人民元の資本取引拡大はうまくコントロールしないと、人民元をヘッジファンドなどによる通貨投機に晒（さら）すきっかけになりかねない。

貿易面での人民元決済は取引状況が掴みやすいうえに、金額も限られるが、証券など「資本」の取引は不特定多数の投資ファンドが参加するために、金額は貿易に比べて際限なく膨らむ。すると、ヘッジファンドは巨額の人民元資産を売り買いできるようになる。ドルに対して交換レートを半ば固定する管理変動相場制の人民元は格好の投機の標的となる。

人民元売り攻勢をかけられると、中国の通貨当局は外貨準備を取り崩して人民元を買いあげるしかなくなるが、外貨準備は激減する。市場からは人民元資金が吸い上げられて、金融引き締め状態となり、経済活動はデフレ圧力に晒される。つまり、経済全体が萎縮する。外貨準備がいくら大きくても、急激に縮小すれば、経済活動に重大なマイナス効果が生じる。

管理変動相場制で人民元の国際化を図る

通貨の変動を自由にすれば、通貨はいったん暴落することもありうる。1997年から翌年にかけてのアジア通貨危機がそうだったように、投機勢力は暴落した分だけボロ儲(もう)けして、手じまいする。通貨が暴落した場合、その国の経済は荒廃する。そしてその再生には数年以上もかかるのが通例である。

ともかく、固定相場やそれに近い管理変動相場制は投機の対象にされやすい。変動相場制だと、投機勢力は為替の変動リスクを恐れて、投機しにくくなる。

アジア通貨危機では、資本移動の自由化に踏みきっていたタイやインドネシア、韓国などがヘッジファンドの通貨売り攻勢に晒され、通貨暴落の憂き目に遭った。インドネシアではスハルト独裁政権がそのために崩壊した。

中国はその二の舞を避けるために資本規制を敷き、管理変動相場制を維持してきた。この基本路線を崩さず、あくまでも資本取引の全面自由化は避け、当局の管理のもとにある投融資について人民元決済を認めようという。それによって、人民元を国際的に利用可能な通貨として国際通貨基金（ＩＭＦ）に認定させるよう執拗(しつよう)に働きかけ、２０１６年10月１日にはＩＭＦ特別引き出し権（ＳＤＲ）と呼ばれる、計算尺度としての通貨バスケットを構成する主要通貨（ドル、ユーロ、円、ポンド）の一角に割って入った。バスケットでの順序は円を押しのけてドル、ユーロに次ぐ第３位の国際決済通貨の座だ。日本の財務省はＩＭＦの副専務理事にまでＯＢを送り込んでいるが、何の異論もはさまなかった。米欧が賛成したから同調したのだ。

ＳＤＲ通貨となれば、各国の通貨当局は人民元を好きな分だけほかのＳＤＲ構成通貨であるドル、ユーロ、円、ポンドと交換できるので、安心して人民元を準備資産に加えられる。すると、民間の金融機関や企業の間で人民元の信用が上がる。

中国は資本取引に厳しい制限をかけている以上、国際金融市場での人民元取引は貿易決済など一部にとどまる。だが、習近平政権が重視するのは貿易での人民元決済圏の拡大だ。中国の政府や銀行、企業は人民元でモノや資源を売り買いしたり、決済できる相手を広げられる。石油などの戦略資源も、軍事用ハイテク製品も人民元で買えるようになる。

後述するアジアインフラ投資銀行（ＡＩＩＢ）設立と人民元のＳＤＲ通貨化は、その点、セットになっている。ＡＩＩＢは中華経済圏拡大を資金面で支える。その資金は当面ドル建てだが、借り入れ国が承諾すれば人民元建て融資にも踏みきるだろう。人民元がＳＤＲ通貨ともなれば、人民元建て融資が活発になるだろう。人民元建ての借金を持つと、今度は中国にモノを売って人民元で返済する必要が生じるので、中国に依存するようになる。

このようなプロセスを経て習総書記がもくろむ中華経済圏は人民元経済圏に変貌する。

そのエリアは華人が支配する東南アジア、中国依存の度合が強い韓国、台湾やインド、パキスタンなど南アジア、カザフスタンなど中央アジア、さらにアフリカや欧州の一部、さらに産油国のロシア、中東、資源豊富な中南米と広大なエリアに広がっていく。

「一帯一路」は人民元決済拡大の誘導路

習近平党総書記・国家主席は人民元の管理変動相場制の定着を見計らい、２０１４年11月に拡大中華経済圏構想「一帯一路イニシアティブ（ＢＲＩ）」を提唱した。習政権は広大な中華経済圏を目指し、それに欠かせない国際金融網を合わせて築く。それらは２０２２年に顕著になった、米ドル覇権に挑戦する踏み台である。

ユーラシア大陸、アジア、東アフリカ、中東、欧州の陸海のインフラルートを整備し、北京など中国の主要都市と結ぶという建前だ。中国主導で現地のプロジェクトを推進する。資金面でも中国が中心となった国際金融機関ＡＩＩＢを、北京に２０１５年12月に設立した。

だが、現代版「シルクロード」の別名で習が自讃する一帯一路の正体は「死のロード」であることが、時が経つにつれて次第に露（あらわ）になってきた。

グラフ10-2　中国の対外直接投資と一帯一路投資（億ドル）

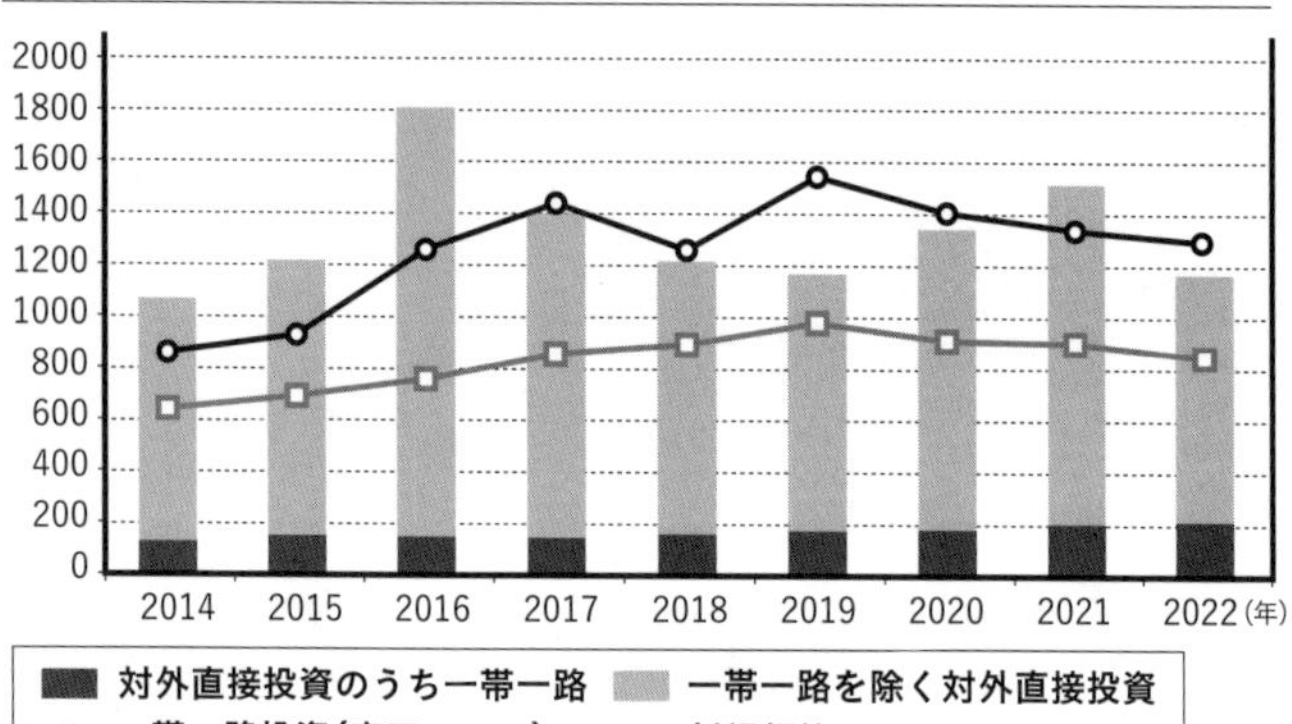

データ：中国商務省

一帯一路の現状をまずは見てみよう。グラフ10−2は一帯一路プロジェクトの完工、新規契約の推移と、中国の対外直接投資の動向である。

一帯一路プロジェクト受注額は２０１４年から２０２２年までの合計で、完工ベースで７４８１億ドル、契約ベースで１兆１３５０億ドルに上る。２０２０年で見ると、それぞれ９１１億ドル、１４１４億ドルである。この返済条件は市場金利に合わせており、無償を含めた超低金利、超長期返済の西側の政府開発援助（ＯＤＡ）と単純比較はできないが、参考までに紹介すると、ＯＤＡは米国３５５億ドル、日本は１６２億ドルである。中国が「対外経済協力」と称する一帯一路プロジェクト規模は図抜けている。

一帯一路投資は新規契約、工事も順調に拡大し、

２０２０年の新型コロナパンデミックでもさほど影響は受けなかったように見える。だが、グラフを凝視してみると、何か変である。完工、新規契約、対外直接投資総額、その内訳として一帯一路分を取りあげている。一帯一路の完工ベースと直接投資ベースは短期的には多少のズレが生じるかもしれないが、長期的には大差はないはずである。ところが一貫して直接投資ベースの一帯一路は完工ベースの2割前後にとどまる。２０１４年から２０２２年まで合計してもこの比率は2割弱である。

この理由は、一帯一路プロジェクトの特殊性にある。じつは、東南アジア、アフリカなどで中国が手がけるインフラプロジェクトは中国企業が受注し、中国の設計、資材、労働者、さらにファイナンスまで中国勢で完結する。したがって、中国国内での建設事業と大差ないことになる。

アフリカなどに送り出された中国人労働者はそのまま現地に居着いてチャイナタウンをつくることが少なくない。金融面では外貨ではなく、人民元のやりとりで済む。したがって、現地に落とされる外貨、つまり直接投資にカウントされるドルは最小限で済むのだ。

よって一帯一路投資規模は１０００億ドル近くても、主として外貨を現地に投入する直接投資になるのは２００億ドル程度にすぎない。つまり、一帯一路とは、中国の企業と銀行の収益を確保し、中国製の資材や製品を輸出し、中国人雇用を促進する中国のためのプロジェクトであり、同時に貴重な外貨を節約する国策なのだ。

しかも相手国との契約はドル建てである。相手国には総工費すべて、ドル建ての債務として金利付きで返済を迫る。ドル金利はロンドン市場での銀行間融通金利にプレミアムを上乗せするケースが多い。返済できないとなると、完成した港湾、高速道路、鉄道、空港などの利用権を中国側が獲得する。これを「債務の罠」と呼ぶ。

スリランカは２０１７年、中国に発注、建設した南部のハンバントタ港の債務の返済に行き詰まり、99年間の運営権を中国に引き渡さざるを得なくなった。援助と引き換えに権益を奪う、債務の罠の典型だ。

19世紀の清朝時代、英国など西欧列強が99年の期限で中国各地を租借して支配下に置いた。中国にとって屈辱の歴史だが、共産党政権が今度は悪名高い帝国主義政策をとる。

この中国による債務の罠は米国から問題視されているが、習政権はそれに動じるほどやわではない。いずれ人民元建て債務による契約に切り替え、相手国を人民元決済圏に組み込むだろう。

「債務の罠」は人民元経済圏編入のステップ

その片鱗（へんりん）が表れたのは、２０１７年5月14、15の両日、「一帯一路サミット」と称する国際会議が北京で開かれたときである。

会議では習が合計７８００億元（約12兆８０００億円）のインフラ整備資金を追加拠出すると表明した。同構想の推進を自身の権力基盤固めの手段にしているだけに、習はロシアのプーチン大統領らの出席者に気前のよいところを見せた、というところだろうが、そんなカネをどう捻出するのか。

通常、日米欧の海外向け投融資はドル建てで行われる。プロジェクトを実行する国も受注企業もドルを選ぶからだ。７８００億元は当時の人民元対ドルレートで計算すると１１３６億ドル相当だ。中国の外貨準備は3兆ドルあまり。「これは世界一の規模であり、中国はその一部を充当できるから問題ない」とは、とんだ誤解である。当時の中国の外準は3兆ドルだが、対外負債は4・6兆ドルに上る。即ち外からの借金によって支えられている。中国は２０１４年から２０１７年初頭まで巨額の資本逃避に悩まされ、外準は急減した。習政権は資金流出を食い止めようとして、企業や個人の外貨持ちだしを厳しくチェックしている。習が外貨を大盤振る舞いできるはずはない。

そこで、追加資金の内訳をよく見ると、大半は人民元である。インフラ投資基金を1000億元（約145億ドル）増額、政策投融資機関である中国国家開発銀行と中国輸出入銀行が合計3800億元（553億ドル）を融資、大手国有銀行が人民元建ての3000億元（437億ドル）規模の基金を設立するという。何のことはない。党が支配する中国人民銀行が人民元を刷って、国有銀行が融資すればよいだけだ。

この金融手法は本来、国内向けに限られてきた。2008年9月のリーマンショック後、党中央は人民銀行に命じて人民元を大増刷させ、国有銀行には融資を一挙に3倍程度まで増やさせた。その結果、国内のインフラや不動産開発投資が活発化して、世界でもいち早く不況から立ち直り、高度成長軌道に復帰した。同じ手を今度は「一帯一路」沿線国・地域に使おうという魂胆だ。

決済は中国企業なら人民元で構わない。外国企業なら使い勝手の悪い人民元決済条件付きでは二の足を踏む。プロジェクトは現地進出の中国企業が受注し、中国の国有銀行が融資する。こうした人民元信用供与によって中国企業の対外取引での人民元決済比率は第1章で述べたように、じわじわと上がっていく。

人民元の借り手国は人民元の返済原資確保のために、対中貿易に縛りつけられる。対中輸出が増えずに、中国からの輸入だけが増えると、対中債務がかさむ。習政権はそこで、中国が債権者となって港湾などのプロジェクトを差し押さえ、中国の支配下に置くだろう。

しかも、２０２０年からは新型コロナ感染で多くの国の経済が打撃を被り、同年３月からは米国が大幅利上げに踏みきった。右記の通り、中国からドル建て債務を押しつけられている一帯一路沿線国・地域は、相次いで債務返済が一層苦しくなった。

〈米国の調査機関ロジウム社の統計によると、２０２０年から２０２３年３月末の間で、中国の世界へのインフラ関係の融資のうち約７８５億ドルが返済難に陥り、再交渉または償却を余儀なくされた。〉（２０２３年4月17日付英『フィナンシャルタイムス（ＦＴ）』電子版）という。同紙は、中国は一帯一路プロジェクト参加国約１５０ヶ国の大口の借り手国政府の債務返済不履行を防ぐため、救済融資を拡大しているとも報じた。

返済難に陥っている国はベラルーシ、レバノン、ガーナ、スリランカ、ザンビア、アルゼンチン、エクアドル、スリナム、ウクライナの９ヶ国だ。救済額は２０１９年から２０２１年末までで１０４０億ドルに達しており、２０２２年以降さらに増えつづけている。

〈資金支援の７割を占めたのが、互いに通貨を融通する通貨スワップ協定の利用だ。外貨の支払い能力が落ちた新興国に人民元を貸し出し、債務返済支援の一端を担った。対外債務が膨らみ債務不履行（デフォルト）に陥ったスリランカも一例だ。世銀などによると、通貨スワップ協定を活用したり中国の国有銀行から換金しやすい資金の支援を受けたりした。〉と、２０２３年6月1日付『日本経済新聞』がフォローしている。

なるほど、中国は国有銀行が人民元資金を相手国に融通し、その資金で返済する仕組みにしたわけである。その結果、相手国の対中債務がドル建てから人民元建てに変わる。中国としてはドル資金を取りはぐれるが、債権そのものは人民元で回収できる。それでも返せないなら、インフラ設備を接収すればよいというのだろう。

それに何よりも、相手国は人民元決済を受け入れることになるのだから、人民元経済圏に編入される。一帯一路は人民元国際化を拡大する幹線道路なのである。

アジアインフラ投資銀行を歓迎した日本メディア

２０１５年12月、北京で設立された中国主導のアジアインフラ投資銀行（ＡＩＩＢ：Asia Infrastructure Investment Bank）の正体はアジアインフラ模倣銀行（ＡＩＩＢ：Asia

Infrastructure Imitation Bank）であり、看板だけの偽装銀行である。

ＡＩＩＢは北京による米欧の金融市場への工作が功を奏して、２０１５年にはアジア開発銀行並みの最上位の信用度（格付け）を取りつけたが、ＡＩＩＢが発行する債券を買う海外の投資家は稀だ。

習政権としては是非とも世界最大の対外カネ貸し国日本の一帯一路、さらにＡＩＩＢへの参加が欲しい。資金を確保して新規契約プロジェクトを実行しやすくするためだ。「その見返りに、一部のプロジェクトを日中共同で」というわけだが、日本のメディアは大歓迎だった。

一帯一路とＡＩＩＢにはアジア、中東、ロシアを含む欧州などの多くの国が参加しているが、先進国のうち日本と米国だけは参加を拒んできた。

２０１５年初めから3月にかけて、日本国内ではＡＩＩＢについて「バスに乗り遅れるな」とばかりに産業界と与党、日本経済新聞や朝日新聞などメディアの多くが、積極参加を安倍晋三政権に催促してきた。自民党の二階俊博幹事長ら自民、公明両党の親中派は、一帯一路、ＡＩＩＢへの参加問題を日中国交回復40周年である２０１８年の大きな対中外交テーマに仕立て、安倍首相に翻意を促したが、首相は最後まで突っぱねた。

３月には、Ｇ７から英国、ドイツなどが参加する見込みとなり、残ったのは日本と米国だけになり、「それ見たことか」と言わんばかりにメディアの参加論は過熱した。朝日新聞は〈中国主導のＡＩＩＢ参加で日米孤立〉〈アジアのリーダー的な地位を中国に奪われつつあることは明らか〉、毎日新聞は〈外交の完全敗北〉と安倍政権をなじった。

日本経済新聞は２０１５年１月、〈「中国版マーシャル・プラン」。ユーラシア大陸に海と陸の二本線を通してインフラ整備を進める「シルクロード」構想を中国メディアはこう呼ぶ。米国は第２次大戦後、西欧の復興を助け、米ドルと米国産品を世界に広めた。中国がそれを再現するとの認識だ。〉〈ＡＩＩＢを秩序を乱す異端とみなすのか。それとも国際金融の枠組みに組み込むのか。中国が世界に踏み絵を迫っている。〉とマーシャル・プランに喩(たと)える始末だった。

世界に踏み絵を迫るほどのパワーが中国にあるとの主張は、膨張する中国マネーパワーの幻影に惑わされている故である。中国の「世界最大の外貨準備」は見かけだけで外部からの借金でやっと維持されている。中国主導の投融資はベネズエラやアフリカの腐敗政権と結びつき、東南アジアでは乱開発を引きおこしている。マーシャル・プラン並みの諸国復興・開発どころではない。

中国がＡＩＩＢの原資としていた巨大な外貨準備は２０１４年央をピークに減りはじめ、１年半で約１兆ドルも吹っ飛んだ。巨額の資本逃避が起きたためだ。

外貨の流入源は大きく分けると輸出、それから中国にとっての対外負債である外国企業からの直接投資、外からの投機資金（「熱銭」）などである。輸出を増やそうとして人民元レートを切り下げようとすると、投機家は人民元をドルに換えて海外に持ちだすので、当局は外準を取り崩さざるを得ない。そんな不確かな外準に依存する国際融資専門の銀行の経営基盤は脆弱（ぜいじゃく）だ。

当時の主要メディアでＡＩＩＢ参加反対論を主張したのは筆者だけだった。ＡＩＩＢ参加を安倍首相や麻生太郎財相にしきりに勧めていた、当時のアジア開発銀行（ＡＤＢ）中尾武彦総裁を、筆者は厳しく批判したものだ。例えばある会合で、ＡＩＩＢが中国の膨張主義の先兵になることや、ＡＤＢの大口の借り手である中国が貸し手になるのは筋違いであり、ＡＤＢは中国に対し、まず借款を全額返済させ、その額を財源にアジアのインフラ整備用に融資すべきだと、中尾総裁に面と向かって迫ったことがある。この会合にはほかの全国紙とＮＨＫの論説委員や解説委員が参加したが、筆者以外は中尾総裁に賛同していた。

中国は当時、インドに次ぐＡＤＢからの大口の借り手で、新規借り入れ承認ベースで２０１２年は約18億ドル、２０１３年は20億ドルという具合である。その中国が、アジアに長期、低利資金を供与して「アジアの盟主」になろうとするとはうさん臭いと思うのが金融専門家なら当たり前なのに、中尾総裁は対ＡＩＩＢ協力路線を展開した。

そんな具合で、一帯一路やＡＩＩＢの正体が中国共産党主導の粗暴な対外膨張主義の一環であるという恐るべき現実を、親中派の多い政財界やメディアの多数派は直視しようとしなかった。

一帯一路に限らず、中国主導の対外経済協力は死屍累々（ししるいるい）である。

習は産油国ベネズエラへの経済協力プロジェクトを急増させたが、同国経済は崩壊した。主因は国内政治の混乱によるのだが、杜撰（ずさん）な中国の投資が政治腐敗と結びついたからだ。中国投資が集中したアフリカのスーダンもジンバブエも内乱や政情不安続きだ。中国と国境を接している東南アジアはいま、中国化が急速に進んでいる。ラオスやミャンマーでは中国国境の地域ごと中国資本が長期占有してつくったカジノリゾートがゴーストタウンになるなど、荒廃ぶりが目立つ。中国が輸出攻勢をかけるカンボジアは債務の累積に苦しみ、中国からの無秩序な投資に頼らざるを得なくなっている。

北京は加盟国・地域数でＡＩＩＢはＡＤＢを上回ると喧伝(けんでん)するが、自力ではドル資金を調達、融資できない。プロジェクト融資の経験にも乏しく、ＡＤＢや世界銀行（世銀）のインフラ融資に相乗りして生き残りを図っている。

中国の外貨準備は対外借金がなければ維持できない。ドル本位のＡＩＩＢに限界を見てとった習近平政権はユーラシアのインフラ整備構想「一帯一路」の決済通貨を人民元にするしかないのだ。

共産党主導金融の欺瞞

日本を含め、世界のメディアでは一般的に言って、中国の政治経済システムについてごく基本的な理解を欠いている。それは、中国のあらゆる政府組織、中央銀行（中国人民銀行）とも軍と同じく、習近平党総書記・国家主席を頂点とする中国共産党中央の指令下にあることだ。日米欧のように三権分立、民主主義制度が確立されている国とは根本的に異なる。

前述したＡＩＩＢは、同行を所管する中国財政省というよりも、同省を支配する党中央の意志に左右される。

例えば、党中央が政治的に判断したら、北朝鮮のＡＩＩＢ加盟がただちに決まり、同国向け低利融資が行われる。日本の対北経済制裁は事実上無力化するだろう。あるいは、東南アジアや南アジアで、中国の軍艦が寄港する港湾設備がＡＩＩＢ融資によって建設されることも大いにあり得る。そう、ＡＩＩＢ問題の本質は外交・安全保障であり、平和なインフラ開発資金の融資話は表看板にすぎない。

先に触れたようにＡＩＩＢ設立当時、政府内部や産業界、メディアの間でＡＩＩＢ出資論が出たが、実質的には、党指令先の組織に日本もカネを出せという意味になり、ブラックジョークとしか言いようがなかった。

「ＡＩＩＢは英独仏など欧州主要国も参加する多国間の協力機構ではないか、党中央に支配されるはずはない」との見方が日本のメディアでは根強い。日本経済新聞は〈ＡＩＩＢの否定や対立ではなく、むしろ積極的に関与し、関係国の立場から建設的に注文を出していく道があるはずだ。〉（２０１５年3月20日付「社説」）と論じたが、仮に日本がマイナーな出資比率で参加したところで、党中央に伺いを立てるＡＩＩＢ総裁の意思決定に影響力を持てるはずはない。

世銀、ＡＤＢ、ＩＭＦなど既存の国際金融機関は主要出資国代表で理事会を構成し、運営されている。ＡＩＩＢもそれに近い。

ＡＩＩＢ設立を指揮した楼継偉財政相は「西側諸国のルールが最適とは限らない」と公言してはばからなかった。同財政相ら当局者は、世銀やアジア開銀などのような、頻繁に開かれる理事会による決定方式を否定し、トップダウンによる即断即決方式を示唆してきた。ＡＩＩＢで圧倒的な出資シェアを持つ中国の意図は、世銀やＡＤＢなどとまったく違う中国式の意思決定方式なのである。

世界最大の外貨準備という〝資力〟を持つ中国が、アジアなどのインフラ建設資金融通を主導するのは理にかなっている、と思い込む向きもあるだろうが、とんでもない誤解である。

外準は人民銀行による人民元資金発行の原資になっている。外準が減ると、中国経済が貧血症状を起こす。そこで、中国は急激な勢いで、国際金融市場から借り入れを増やす。この傾向は２０２３年に至るまで、少しも変わらない。

グラフ10－3は、外準と海外の銀行からの借り入れの増減額の推移である。２０１４年9月末に外準の増加額を借入額が上回って以来、その差額は広がった。２０１９年初めか

グラフ10-3　中国の外貨準備と海外の銀行による
対中融資の前年比増減額（億ドル）

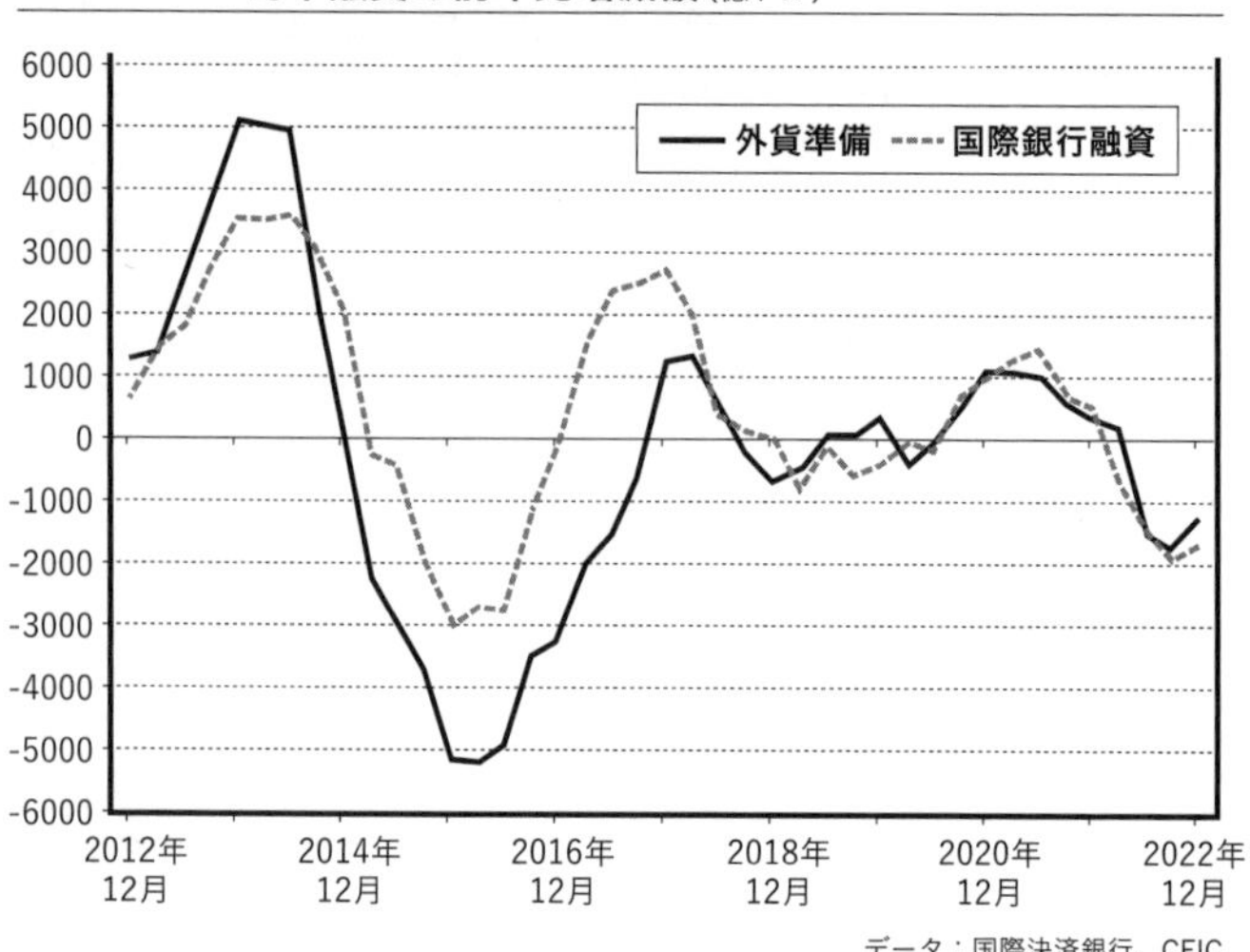

データ：国際決済銀行、CEIC

らは外準の増減額は海外の銀行による対中融資増減とほぼ一致している。中国の外準は見かけこそ世界最大で３兆ドルを超える〝巨額〟なのだが、海外からの借り入れによって支えられているのにすぎないのだ。

　中国がＡＩＩＢを創立し、アジア地域全体でインフラ投資ブームを演出する背景には、自身の窮状を打開する目的もある。鉄道、港湾、道路などで需要を創出し、中国の過剰生産能力、余剰労働力を動員する。そのために必要な資金はＡＩＩＢの名義で国際金融市場から調達する。

　そして、中国主導の経済圏が拡大す

るにつれて、人民元が流通する領域を拡大して、人民元経済圏を構築する。各国が人民元に頼るようになれば、外交面での中国の影響力が格段に強化される。ＡＩＩＢは党支配体制維持・強化のための先兵なのである。日本がそんな北京の思う壺に嵌（はま）り込んでよいはずはない。

日本主導構想を潰した米国

思い出すのは挫折した日本主導の「アジア通貨基金」構想である。

１９９７年のアジア通貨危機の際、橋本龍太郎政権はＡＳＥＡＮの要請を受けて、資金規模１０００億ドルのアジア通貨基金（ＡＭＦ）を立ち上げようとした。この規模はちょうど、ＡＩＩＢと同じである。ＡＭＦは通貨の防衛が当面の目的なのだが、その資金をもとにインフラ整備にも充当するのだから、ＡＩＩＢの構想とも共通する。

ところが、ワシントンは橋本首相を恫喝（どうかつ）したばかりか、北京を口説いて米中連携で基金中止に追い込んだ。１９９７年９月のＩＭＦ・世銀の香港総会では、米国のロバート・ルービン財務長官がＡＭＦ潰しに奔走した。その理由は、ＡＭＦではＩＭＦや世銀という既存の国際金融機関の枠組みやルールと異なる融資基準が適用され、ＩＭＦ・世銀体制による国際金融秩序を壊す、というものだ。この言い分はちょうど、ＡＩＩＢの運営、融資基準など「ガバナンス」に問題あり、とする日米のいまの批判と共通するのは何とも皮肉なものである。

１９９７年の香港総会に話を戻すと、ルービン長官は途中で退席するや、「ＡＭＦ問題については日本やＩＭＦとあとでじっくり話し合いたい」と言い残して香港から北京に飛んだ。会う相手は朱鎔基首相である。中国は、ＡＭＦに参加するかどうか態度を保留していたが、ルービン長官は中国を説き伏せて、反対に回らせた。

当時北京には、同年7月に英国から返還されたばかりの香港の通貨、香港ドルがジョージ・ソロス系のヘッジファンドから投機対象にされるという懸念が、香港から伝わっていた。香港ドルは米ドルに固定されており、ヘッジファンドにとってみれば格好の攻撃対象だった。

その手口は、巨額の香港ドルを借り入れ、その資金で香港ドルを売り浴びせるというものだ。ほかの投資家もそれに追随するので、香港の通貨当局は米ドルで香港ドルを買い支えるが、米ドル準備が底を突くようになるので、お手上げになる。すると、米ドルに釘付けになっている香港ドルを変動相場制に移行せざるを得なくなる。こうして香港ドルは暴落する。

ヘッジファンドはそこで精算して暴落した香港ドルの借金を返す。暴落前に香港ドルを売って手にした米ドルのうち一部を返済用に回すという操作で、あとはファンドの利益になる。

この手口で、ヘッジファンドはタイで荒稼ぎし、その次のターゲットを香港に定めていた。

そうなると、香港ドル建ての市場すべてに恐慌をきたす。株式も不動産も暴落の憂き目になりかねない。せっかく香港が中国に回帰したというのに、ヘッジファンドによって香港市場が崩壊すれば、北京にとっても一大事である。

そこで、朱鎔基首相はルービン長官と取引した、と当時、日経香港支局長として取材していた筆者は香港の金融筋から聞いた。この金融筋は文化大革命時代に朱鎔基と同じ農村に下放されており、ともに肥桶を担いで以来の親密なつきあいである。この金融筋が香港の危機を朱鎔基に訴えていた。

朱鎔基がルービンに持ちかけたのは、ヘッジファンドの香港ドル攻撃をやめさせることだった。それと引き換えに、ＡＭＦ反対で米国と同調したのだった。

ワシントンがヘッジファンドに介入するというと、すべて市場のことは市場に任せるという米国の建前に反するのでは、と思われるかもしれない。だが、米国の金融界は何でもあり、である。

もともとウォール街出身のルービンはヘッジファンドとも強いコネクションがある。タイの通貨投機のときは、タイ当局がヘッジファンドに対し、タイ通貨バーツの資金供給を凍結する対抗措置をとったことがあった。すると、ヘッジファンドは返済期限が来たバーツ資金を返済できず窮地に陥った。すると、ルービンはタイの財務相に電話をかけて、凍結解除しないと、ＩＭＦによるタイへの緊急融資を認めないと脅した。

タイ側はそこで泣く泣くヘッジファンドへの資金供給を認め、ヘッジファンドはボロ儲けした。その恩人、ルービンはヘッジファンドに香港ドル投機を断念させるだけの影響力があったのだ。

中国までもＡＭＦに反対となると、タイなど東南アジア諸国は腰砕けとなる。

さらに、ワシントンのほうからは、東京に重大な警告があった。

「日本はＡＭＦ推進を、それを決定する閣議の寸前で見送った。閣議のある朝までに橋本首相のもとにワシントンから電話が入ったからだ。日本がこのままＡＭＦ設立で強行するなら、日米同盟関係に悪影響があるとの警告だった」と当時の大蔵省幹部から聞いた。

当時、ＡＭＦ構想の前触れとなった、日本主導によるタイへの金融支援会合を演出した榊原英資財務官はその回想記のなかで、サマーズ財務副長官の腹心であるティム・ガイトナー次官補代理――のちにオバマ政権１期目の財務長官――は、米国抜きのタイ支援の枠組みが決まったあと、榊原財務官の耳元で「どうだい、スーパーパワーになった気分は……」とささやいた、と打ち明けている。

米国はとにかく、日本主導によるアジア通貨の新たな機構を米国覇権への挑戦と見なし、潰しにかかったのだ。

以来、アジアに対する日本独自の明確な通貨・金融戦略は空白のままだ。

歴史に〝ＩＦ〟はないが、もし、ＡＭＦが成立していれば、その後、中国が人民元帝国として台頭できたかどうか。

米国は中国という国際通貨秩序への脅威が台頭した以上、日本の主導性を認めるべきだ。しかし、いまの日本は政官財、メディアとも中国との融和を図るグループが多勢を占めるし、他方では金融面でも米国に追随するしか念頭にないようである。

米中関係の変化をとらえよ

米中関係の基調は共存の歴史だった。

19世紀半ばに米国の開拓者たちはネイティブアメリカンを駆逐し、東海岸から西海岸に到達した。そして、サウスダコタ州ウーンデッド・ニーでスー族300人近くが殺された。

1890年に実施された国勢調査では「フロンティア消滅」が宣言されている。以来、太平洋のかなたに進出を目指すのだが、主要目標は中国だった。米国は中国侵略にしのぎを削っている列強に加わらず、「機会均等」を唱えると同時に、もっぱら宣教師を中国に派遣した。米国の戦後外交の重鎮、ジョージ・F・ケナンは外交官引退後の講義録の中で、〈中国人に対する我々の態度には何か贔屓客（ひいききゃく）のような感じがある。〉〈この感傷は、自分たちほど恵まれず、より後進的と思われる他国民に対する慈悲深い後援者、慈善家または教師をもって自任することによって得られる喜びから生じている。〉と述べている。こうした米国人特有の親中意識がいまなお米中関係の底流にある。

第2次大戦後の米ソ冷戦期、米軍がベトナム戦争の泥沼に嵌まり込んだとき、ソ連と対立していた中国が米国にとって局面打開の切り札になった。2000万人以上が餓死したといわれる１９５０年代末の大躍進政策、さらに１９６０年代後半から続く文化大革命で疲弊しきった中国は、米国や日本の助けを借りた経済の建て直しを迫られた。１９７２年2月のニクソン訪中で米中国交正常化へと米中の雪解けが進んだ——正式な国交正常化は１９７９年。同年9月には田中角栄首相が訪中し、日中はただちに国交を正常化した。

１９９０年代に入り、中国はグローバル経済へ融合しはじめた。米議会とホワイトハウスは対中国最恵国待遇の恒久化を決め、中国のＷＴＯ加盟承認へと動いた。米企業が中国市場に進出しやすくなるし、金融面でもグローバル市場に組み入れられるという実利主義、プラグマティズムが対中外交を規定したのだ。ワシントンはこの対中融和を、「エンゲージメント（関与）政策」と呼んだ。

もとより、中国共産党は最高実力者、鄧小平が「韜光養晦」原則を掲げ、米国などと敵対せずに、資本や技術をうまく引きだして国力をつける路線をとった。それは、江沢民、胡錦濤と受けつがれ、軍事面での対決を避けた。

それでも、江沢民政権時代には二度、米中間で軍事的緊張が生じた事件があった。ひとつ目は、１９９９年5月、コソボ紛争でＮＡＴＯ軍の一員として武力制裁に参加していた米軍機が、当時のユーゴスラビアの首都、ベオグラードにあった中国大使館を爆撃した事件である。ワシントンはそれを表向きは「ユーゴ政府の政府機関と誤認した」と発表したが、「じつのところは、中国大使館がユーゴ政府支援のための武器供給の拠点になっていたことを中央情報局（ＣＩＡ）が突きとめたうえでの、意図的な攻撃だった」と筆者知人の元ホワイトハウス高官は打ち明けた。中国国内では反米デモが起きたが、江沢民の党中央はただちに沈静化させた。

二度目は、海南島事件である。２００1年4月1日、午前8時55分（中国標準時）、海南島から東南に１１０キロメートルの南シナ海上空の公海上で、中国国内の無線通信傍受の偵察活動をしていた米海軍所属の電子偵察機ＥＰ－３Ｅと中国人民解放軍海軍航空隊所属のＪ－８Ⅱ戦闘機が空中衝突する事故が発生した。

中国軍機は墜落しパイロットが行方不明、米軍偵察機は海南島の飛行場に不時着し、搭乗員は中国当局によって身柄を拘束された。

当然、米中間に緊張が高まったが、5月24日には米軍機の機体も返還され、両国関係は平常に戻った。

事件に狼狽（ろうばい）したのは北京のほうだった。事件後すぐに、江沢民党総書記・国家主席がブッシュ（子）大統領に電話をかけてきたが、大統領は応答を拒否した。江沢民はその後も数度電話してきたが、ブッシュ大統領は受話器をとらなかった。北京はさっさと折れた。とはいえ、ブッシュ政権は２００１年秋には中国のＷＴＯ加盟を認め、２００５年８月に次官級の「米中戦略対話」、２００６年12月に閣僚級の「米中戦略経済対話」を始めた。それはオバマ政権の２００９年の「米中戦略・経済対話」へと引き継がれた。融和と協調というエンゲージメント政策の枠組みは強化されていた。

米中間の通貨・金融協調は戦略と名のつく対話の形式をとらなくても、一貫してきた。２００１年９月11日の「同時中枢テロ」勃発の前夜に訪中していたブッシュ政権１期目のオニール財務長官は、人民大会堂で江沢民国家主席、項懐誠（こうかいせい）財政相と会談した。財政相は「人民元はいずれ変動が許されるようになるでしょうが、ちょっとだけ、大幅になりすぎないほどに」と言った。オニール長官は内心、「しょせん中国はまだ統制経済だ。市場資本主義の力に任せると中国は分裂してしまう」と理解した（オニール長官の回想を基にしたノンフィクション〝The Price of Loyalty〟〔邦訳は『忠誠の代償』（ロン・サスキンド著武井楊一訳　日本経済新聞出版刊）〕より。本書中の邦訳は引用者による）。

２００５年７月には北京は人民元小幅切りあげと小刻みな管理変動に踏みきった。党中央は前年末に切りあげを決め、２００５年２月の旧正月明け実施を予定していたのだが、ワシントンの切りあげ要求が高まっている間は実行を見合わせた。あくまでも北京の自主判断によるもので、米国の圧力に屈したわけではないという建前を重視したからだ。

半面、北京はワシントンと緊密に協議しつつ、改革の実行を最終判断し、２００５年6月末にスノー財務長官に事前通告した。スノー長官は7月1日にグリーンスパン連邦準備理事会（ＦＲＢ）議長とともにシューマー議員ら対中強硬派と秘密会合を開き、中国側の意向を伝えた。同議員らは5月に提出済みの対中制裁法案の7月採決を年末まで延期し、その間の人民元の推移を見守ることにし、沈黙した。

そして、２００８年9月15日にリーマンショックが勃発。ポールソン財務長官の回想録によれば、経営破綻の危機に陥った金融大手モルガン・スタンレーを救済するため、ポールソン長官は9月20日土曜日の夜（米国時間）に中国の王岐山（おうきざん）副首相に電話をかけた。すでにモルガンに50億ドルを出資していた中国投資有限責任公司（ＣＩＣ）の追加出資を打診したが、ＣＩＣはモルガンへの出資で多額の含み損を抱えていたために、王岐山は渋った。

ＣＩＣは王岐山肝いりの国家投資ファンドで、中国の外貨準備の一部をウォール街の投資会社ブラックストーンに運用委託し、その助言でモルガンにも出資してきた。脈があると見れば、ブッシュ大統領と胡錦濤国家主席との電話会談をセットするつもりだったというが、〈この種の接触には慎重を期さなくてはならなかった。米国大統領が中国国家主席に米企業への出資をじかに要請している、という印象を生むわけにはいかない。〉（″On The Brink″〔邦訳は『ポールソン回顧録』（ヘンリー・ポールソン著　有賀裕子訳　日本経済新聞出版刊）より。本書中の邦訳は引用者による〕。

結局、長官は中川昭一財務相と話し合い、三菱ＵＦＪ銀行が90億ドルの出資に応じ、出資比率20％の筆頭株主になることでモルガンは救済された。米大統領が北京に頭を下げる前代未聞の屈辱的事態は回避された。

これら一連のエピソードはワシントンが北京と協調せざるを得ない状況を示すのだが、金融について北京が優位に立っているわけではない。中国は膨らむ外貨準備の多くを米国債で運用し、さらに運用益を上げようとしてブラックストーンに委託しているものの、米金融危機で巨額の損失を被った。これ以上、カネだけ出させられるのを、王岐山は嫌がった。

こうした苦い教訓を経て、習近平総書記・国家主席は中国主導の国際金融機関（ＡＩＩＢ）の創設に動き、米国を中心とする国際金融秩序に挑戦することになったわけだ。

しかし、中国の金融パワーは脆弱さをはらむ。世界一の外貨準備も対外債務抜きには維持できず、一帯一路などの対外投融資で必要な外貨資金も、国際金融市場金利にプレミアムを上乗せして調達せざるを得ない。しかも加速する資本逃避に悩まされる。

この窮状から脱するためには、ドル金融への依存から脱し、人民元中心の通貨・金融システムを構築し、世界に広げるしかない。人民元が流通する地域を一挙にユーラシア大陸全域、中近東、アフリカの一部、さらに中南米へと広げる人民元帝国の建設である。

序章で論じたように、2023年5月の広島での主要7ヶ国首脳会議（G7広島サミット）は、バイデン米大統領がそれまでの対中対決姿勢から一転して「雪解け」を目指す発言を行った。G7首脳宣言自体も中国への対抗策の具体性に欠ける。ロシアのプーチン大統領と盟友関係を結ぶなど、米国への通貨覇権の切り崩し戦略を着々と繰り出す習近平に対し、ホワイトハウスの主はよろめき、西側全体の結束も危ういように見える。

しかし、米議会のほうは超党派での対中対抗法案の審議が進む。そこには対中金融制裁を求める条項が含まれる可能性がある。それに2024年の米大統領選では中国の脅威膨張の元凶は米国が巨額のドルを中国に供給してきたことにあるとする戦略家たちが、共和党候補のブレーンになるだろう。

米中通貨戦争は台頭する中国が覇権国になろうとする現代では必然であり、紆余曲折しつつ長期化すると覚悟しなければならない。

問われる日本の覚悟

米中通貨戦争は、これまでのドルを媒介にした米中間の融和関係の終焉を物語っている。米国の対中外交路線は、国際金融面での中国の挑戦で修正を迫られることになった。同時に、通貨と切り離せないモノ、ハイテクそして軍事・安全保障面での中国の攻勢に結びつく。これはとりわけアジアにおける日本の安全保障上の脅威となるし、日本の経済力弱体化に繋がっていく。日本としては、人民元帝国に対抗する覚悟と戦略が必要となる。

中国を脅威と警戒する見方はいまや、米国に限らず、欧州の一部やアジア各国・地域にも広がりつつある。そのなかで際立つのは、「日中友好」の古い看板にしがみつく日本の与野党議員、メディア、学者・識者の多数派である。時代の変化を読めない。

そればかりか、日本政府は２０１８年に中国に対し、ドルといつでも変えられる円を大量発行して中国に提供し、中国の外貨危機を回避するための通貨スワップ協定に応じた。

粗野な技術と質の悪い中国の国有企業が主契約者になる一帯一路のインフラ事業に、日本が資金を提供し、日本の企業が下請けになるかもしれない。また、中国資本が日本で土地や企業を買収する際、日銀は中国人民銀行が差し出す人民元と引き換えに円資金を提供する道になりかねない。

日本と米国が今後迫り来る危機を明確に認識し、人民元帝国の脅威にどう対処するか、新たな同盟関係の構築を目指さねばならない。

「人民元帝国の脅威」という認識を日米が共有できてこそ、前述したような中国側に振れがちだった米国の振り子は日本にぴったりと寄りそうだろう。

新たな次元の日米同盟とは何か。そのありようを具体的に描写することは難しいが、それは通貨・金融、通商など経済全般と軍事を合わせた総合的な日米協調の枠組みだろう。その枠組みづくりには、日本が米国をリードするという確固とした決意が必要になるだろう。

◎おわりに

本書を書きながら、頭の中から去らなかった気がかりな点は、日本は米中通貨戦争でどう位置づけられるのか、また、いったいいつになったら日本は主権国家として、中国に対して毅然とした対応をとるようになるのかということである。

四半世紀以上もの間、国内需要がデフレ圧力に押されたままの日本は、海外、とくに中国市場に依存する体質が染みついている。いや、対中依存をよいことに政財界、メディアの大多数が、増税や緊縮財政がデフレ圧力の元凶になっているにも拘らず、政府の「増税・緊縮路線」を問題視しないのだ。

そのため日本ではカネあまりがますますひどくなり、海外に流出している。日銀の資金循環統計によれば、対外金融債権は２００２年末３７１兆円、２０１２年末６９３兆円、２０２２年末には１３００兆円で10年ごとに倍近く増えているという異常さだ。これは名目国内総生産（ＧＤＰ）の2倍を優に超える。

この円資金がニューヨークやロンドンの金融市場を潤し、米英国際金融資本が吸いあげて中国に投入する。その結果、準ドル本位制の中国の膨張を助けてきたのだ。名付けるとすれば「ジャパンマネー循環」だ。

資本逃避に悩む習近平政権はこのおかげで人民元の量的拡大や低金利を維持し、経済の高成長を続けられる。そればかりか、拡大中華経済圏構想「一帯一路イニシアティブ（BRI）」への投融資や、軍拡の財源も確保できているのだ。その結果、日本、韓国、台湾、東南アジアなど周辺国は中国の脅威にますます強く晒（さら）される。

中国の少子化も最近よくメディアの話題になるが、日本の少子化問題のほうがはるかに深刻だ。というのはその速度もさることながら、日本政府がデフレ容認路線を変えないために、少子化が進行しているからだ。

平成バブルをピークに、バブル崩壊に向かう１９９０年以降、勤労者全体の実質賃金と、婚姻率、出生率の三つのトレンドはぴったり並行しながら下がりつづけてきた。理由は誰でもわかる。いま議論になっている同性婚は論外として、生物学上の男女が結婚して家庭を築かないことには、安心して子供を産み、育てることは難しい。結婚するためには安定した収入が求められるし、子供を養い、良い教育を受けさせるためには将来の収入が増えていくという見通しが前提条件になるのだから。

実質賃金のピークは１９９６年で、１９９７年からは下がりつづけている。１９９７年は慢性デフレの起点だ。デフレとは経済学上の定義では、継続的な物価の下落のことを指すが、日本のデフレを説明するには不十分だ。日本では多くの期間、物価下落はなだらかだが、それ以上に賃金が下がっている。あるいは物価がエネルギー価格高や消費税増税などの要因で上がっても、賃金上昇がそれに追いついていない。

1997年4月には当時の橋本龍太郎政権が消費税増税、社会保険料の引きあげと財政支出の削減という緊縮財政3点セットを断行した。平成バブル崩壊不況から需要が立ち直っていなかったのに、消費税増税で強制的に物価を引きあげ、しかも民間からより多くの税や社会保険料を徴収し、さらに民間に対する支出を減らしたのだ。

人口1000人当たりの出生数は1990年が約10人、1997年は9・5人、2003年は8・9人、2016年は7・8人、2019年は7人を割り込み、2022年は6・3人と急減しっ放しだ。2012年12月からのアベノミクスは若者の就職氷河期を終わらせ、雇用を大幅に増やす成果を挙げたが、実質賃金の下落傾向は止められなかった。

雇用者合計の報酬は大きく増えたが、それはおもに専業主婦の女性が働きに出たためだ。厚生労働省統計によれば、25歳から34歳までの年齢層にある女性の就業率は、先述の時点ごとで列記すると56%、62%、66%、77%、81%、84%である。賃金デフレで主婦もパートなどで働かざるを得ない状況だ。これではより多くの子供を養育しようという気にはなれないだろう。

岸田文雄首相は少子化問題を国難だと見なし「異次元の対策」を声高に表明するが、その財源案として与党や経済界から出てくるのは、消費税増税、社会保険料引き上げ、歳出削減だ。これではデフレ、少子化の同時進行は止まらず、日本の円資金も回らず、国外、とくに中国に最終的に行きつく構図もまた変わりようがないのだ。

本書で述べたように米中通貨戦争は続く。決着はなかなかつかないだろう。その敗者は誰になるのだろうかを考えると、民主主義日本の、我々有権者が覚醒するしかないのではなかろうか。

田村秀男

2023年7月

【著者略歴】
田村秀男（たむら・ひでお）
産経新聞特別記者・編集委員兼論説委員。昭和21（1946）年、高知県生まれ。昭和45（1970）年、早稲田大学政治経済学部経済学科卒業後、日本経済新聞社に入社。ワシントン特派員、経済部次長・編集委員、米アジア財団（サンフランシスコ）上級フェロー、香港支局長、東京本社編集委員、日本経済研究センター欧米研究会座長（兼任）を経て、平成18（2006）年、産経新聞社に移籍、現在に至る。主な著書に『日経新聞の真実』（光文社新書）、『人民元・ドル・円』（岩波新書）、『経済で読む「日・米・中」関係』（扶桑社新書）、『日本再興』（ワニブックス）、『アベノミクスを殺す消費増税』（飛鳥新社）、『日本経済はだれのものなのか』（共著・扶桑社）、『経済と安全保障』（共著・育鵬社）、『日本経済は再生できるか』（ワニブックス【PLUS】新書）、『現代日本経済史』（ワニ・プラス）がある。

米中通貨戦争

――「ドル覇権国」が勝つのか、「モノ供給大国」が勝つのか

発行日　2023年7月30日　初版第１刷発行

著　　者　田村秀男
発 行 者　小池英彦
発 行 所　株式会社育鵬社
〒105-0023 東京都港区芝浦1-1-1 浜松町ビルディング
電話 03-6368-8899（編集）　http://www.ikuhosha.co.jp/
株式会社扶桑社
〒105-8070 東京都港区芝浦1-1-1 浜松町ビルディング
電話 03-6368-8891（郵便室）

発　　売　株式会社扶桑社
〒105-8070 東京都港区芝浦1-1-1 浜松町ビルディング
（電話番号は同上）

装　　丁　新 昭彦（ツーフィッシュ）
ＤＴＰ制作　株式会社ビュロー平林
印刷・製本　タイヘイ株式会社　印刷事業部

Printed in Japan ISBN 978-4-594-09391-4

本書のご感想を育鵬社宛にお手紙、Eメールでお寄せください。
Eメールアドレス　info@ikuhosha.co.jp